인공지능과 포스트휴먼 사회의 규범 3

포스트휴먼 사회와 새로운 규범

인공지능과 포스트휴먼 사회의 규범 3

포스트휴먼사이언스 05

포스트휴먼 사회와

새로운

규범

한국포스트휴먼연구소·
한국포스트휴먼학회 편저

아카넷

책을 펴내며

〈포스트휴먼사이언스 총서〉 제5권으로 『포스트휴먼 사회와 새로운 규범』을 펴낸다. 이 책은 한국포스트휴먼연구소, 한국포스트휴먼학회, 서울대학교 철학사상연구소 등 세 기관에 속해 있는 연구자들이 공동으로 연구한 결과물이다. 세 기관은 2015년 10월부터 한동안은 매달, 지금은 홀수 달 셋째 토요일마다 '포스트휴먼 사회'가 도래하면서 인간 사회에 야기하게 될 여러 문제들에 대한 집담회를 공동 개최해오고 있다. 2016년 9월부터는 별도의 연구단을 구성하여 한국연구재단의 인문학국책사업 중 하나인 '인공지능과 포스트휴먼 사회의 규범'이라는 과제를 수행하고 있는데, 이 책은 이 연구 기획의 제3부이자 마무리에 해당한다. 9명의 연구단원은 2018년 9월부터 제2단계 제2차년도 연구를 함께 수행한 중간 성과물을 7편의 논고로 작성하여 한국포스트휴먼학회 학술대회(2019년 3월 22일, 서울시립대학교 자연과학대학 국제회의장)에서 발표하고 학계의 검토를 받았다. 학술대회에서 깊이 있고 세밀한 논평과 토론을 해주신 동료 학자들께 이 자리를 빌려 거듭 감사를 표한다.

연구단은 이미 지난 2017년에 『제4차 산업혁명과 새로운 사회 윤리』와 2018년에 『인공지능과 새로운 규범』을 펴냈는바, 이를 이어 이 책에 최종 연구 성과물을 담아낸다. 이 공동 연구와 그 성취는 전적으로 한국연구재단에서 연구비를 지원한 덕분이며, 이 결과물을 가지고서 독자들과 대화를 할 수 있게 된 것은 출판사 아카넷 편집부의 호의와 노고 덕분이다. 두 기관 관계자들에게도 깊은 사의를 표하지 않을 수 없다.

인간 문명은 시민사회의 규범과 함께 전진한다. 과학기술의 진보가 가져올 사회 변동을 주시하면서 함께 토론하여 얻은 규범적 자료들이 우리 사회의 휴머니즘을 한층 더 고양시키는 데 일조하기를 기대한다.

2019년 10월
연구책임자 백종현

차례

서론

오늘날 우리나라의 기술정책 결정 과정은 아직까지도 기술 발전이 국가 발전의 원동력이라는 낡은 틀에서 크게 벗어나지 못하고 있다. 그러나 기술의 영향력에 대한 시민의 관심과 우려가 많아지고 기술 발전의 정도와 속도가 빨라지면서 적절한 기술 거버넌스 구조가 절실히 요구되고 있다. 이 논의는 구체적인 기술정책 결정 과정을 염두에 두고 있지만, 광범위한 인문학의 고찰을 필요로 한다. 기술이 인간 능력의 한계점에 도달하고 있는 상황, 인간의 인간됨에 대한 반성이 일어나고 있는 상황, 돌이킬 수 없는 기술 격차의 위험이 현실화하고 있는 상황을 기술철학적, 사회학적, 윤리적 차원에서 종합적으로 고려해야 하기 때문이다.

포스트휴먼 사회가 도래하면 4차 산업혁명의 핵심 동력인 인공지능 기술 및 생명의료 기술이 본격 확산되어 이전과는 다른 인간이 등장하는 상황을 맞이하게 될 것이다. 인공지능과 생명의료의 첨단기술은 한편으로는 각종 '증강/향상 기술(enhancement technology)'을 통해 인간 본연의 능력을 폭발적으로 확장시키며 불로장생이라는 인간의 오랜 희구를 현실화하고 있다. 이 두 기술의 결합은 인공생명을 거쳐 머지않은 장래에 '유사인간 종'이 등장할 가능성까지 보여주고 있다. 그렇게 되면 생명체로서 총체성을 지닌 인간의 존엄성은 근본적인 도전을 마주하게 된다. 이처럼 제4차 산업혁명은 인간의 존재 양식 자체에 근본적인 문제를 제기하고 있다.

인공지능과 생명공학의 질적 융합이 도입 단계(introduction stage)를 넘어 본격화하여 확산 단계(permeation stage)에 들어서게 되면 인간 사회의 질서는 근본적으로 재편성될 수밖에 없을 것이다. 사회구조 및 질서의 근본적 재편성 과정은 언제나 기존 규범과 사고방식에 균열을 초래한다는 점에서 어느 시대건 정책적 공백(policy vacuum)이 불가피하다. 그렇게 보면 인공지능과 생명공학 그리고 이 양자의 결합이 인간 삶에 어떤 근본적 변화와 정책적 공백을 초래하는지를 규명하는 작업은 반드시 필요한 일이 된다.

이에 대처하기 위해 우리 사회는 어떤 규범에 입각하여 정책과 입법 방향을 결정해야 하는가? 또 치열한 경쟁 속에 빠른 속도로 발전하는 과학기술을 어떻게 관리하고 그 발전 방향을 조정할 것인가? 이에 답하기 위해서는 먼저 오늘날 인류 문명이 처한 상황을 정확히 진단해야 하고, 개별 기술을 다양한 각도에서 분석해야 하며, 이를 타개할 구체적인 방안을 제시할 수 있어야 한다. 우리는 이상의 문제의식 속에서 새로운 사회규범을 모색했다.

본 과제의 연구책임자이자 이 책의 책임저자인 백종현은 1장에서 포스트휴먼 시대의 문제를 과학기술의 진보와 인간 존엄성의 제고(提高)라는 관점에서 거시적으로 조망함으로써 본 연구의 전체 방향을 제시한다. 그에 따르면, '포스트휴먼 시대의 휴머니즘 문제'는 인류와 유사인종이 공존하되 인류가 주도하는 사회에서 인간의 존엄성을 어떻게 더욱 고양시킬 것인가의 문제다. 그런데 인체가 생체-물체 하이브리드로 변조되고, 두뇌가 컴퓨터정보 시스템으로 교환되는 국면에서는 인간의 존엄성을 말할 자리가 더는 없다. 기술적 제작물은 상품화될 수밖에 없기 때문이다.

백종현에 따르면, 무릇 우리가 과학기술을 통해 기대하는 것은 '개선된 인간', '인간의 개선'이지 '현존 인간의 변형'이나 '자연인간의 대체', '자연인간의 폐기'가 아니다. 즉, 휴먼은 휴먼으로서 개선을 지향해야지 트랜스휴먼이 된다거나 포스트휴먼에 자리를 내어주고 소멸하는 길로 나아갈 수는 없다. 그것이 휴머니즘이다. 휴머니즘은 트랜스휴머니즘을 경계하고, 포스트휴머니즘에 대항한다. 휴머니즘은 개인의 처신에서나 사회제도에서나 과학기술의 진흥에서나 인간이 대상화 및 수단화되고 제작되며, 표준화되어 복제되는 일을 저지할 것인데, 그런 일들은 불가불 인간의 존엄성을 훼손할 것이기 때문이다.

백종현은 휴머니즘이란 하늘과 땅의 중심에 동물이되 이성적 존재자인 인간이 있으며, 그러한 인간 위에 인간 없고 인간 아래 인간 없다는 정신에 기초한다고 주장한다. 포스트휴먼 사회가 탈인간 사회가 아닌 진보한 인간 사회가 되려면, 개개인은 자신의 교화에 힘쓰고, 사회는 동등한 사람들이 화합하는 장이 될 수 있는 제도를 끊임없이 강구하며 구축해나가야 한다는 것이다. 그에 따르면, 이를 위해서는 우선 다음의 사항들을 숙고하고 실천해야 한다.

첫째, 무엇보다도 급진전하는 과학기술이 인체를 변조하고, 인간 자체를 기술의 대상으로 삼는 일이 일어나지 않도록 인류 차원의 통제규범을 만들고, 규범 준수와 감찰을 위해 국제적 기구를 설립해야 한다.

둘째, 진보하는 과학기술과 고도화된 기계는 사회 공동의 부를 증대하고 만인을 고된 노동에서 해방시켜서 만인의 향상된 복지사회를 구현하는 수단이 되어야지, 소수의 사람들이 자연과 다수를 지배하는 도구가 되어서는 안 된다.

셋째, 인간 상호간의 비교우위를 점하려는 경쟁심과 자신의 한정된 역량을 보충 보완하려는 완성 심리가 인간의 문명을 향상시키는 동력이지만, 이것은 또한 분명히 인간사 불화의 요인이며, 인간 문명의 파멸의 불씨가 될 수 있다. 인간의 문화는 교화된 인간들에 의해서만 지속될 수 있다. 인간 사회는 개개인의 자기교화를 상호 격려하는 풍토를 조성해야 한다.

넷째, 인간은 자기책임으로 돌릴 수 있는 인품 밖의 요소로 인해 구별되고, 차별받아서는 안 된다. 진보하는 과학기술이 인간의 외적 요소들을 변화시켜서 인간의 차별화를 더욱 심화시키지 않도록, 필요한 조치들이 전 인류 차원에서 강구되어야 한다.

다섯째, 발전하는 로봇이 일자리를 점차로 더욱 많이 대체할 것인즉, 사람들의 근로 시간을 단축하여 일자리를 나누어야 한다. '일'은 소득 원천일 뿐만 아니라 생의 보람 원천이기도 하다. 근로 시간을 단축하여 발생할 수도 있는 소득 감소는 기계일꾼에 의해 창출된 사회적 부를 재원으로 삼는 국민기본소득제를 통해 보충하고, 국민이 모두 일하는 보람을 향유하도록 사회제도를 변화시켜나가야 한다. 아울러, 교육 과정에는 '1인(人)1사(社) 사회'를 대비한 창의 교육과 그 '1인'들이 고립되지 않고 협력 체제를 구축할 수 있도록 하는 협동 정신 함양 교육이 포함되어야 한다.

여섯째, 포스트휴먼 사회는 인간과 인간의 공존사회를 넘어 또한 인간과 유사인종이 공존하는 사회다. 그런 만큼 재래의 인간 윤리 못지않게 유사인종과의 공존 윤리가 정립되어나가야 한다. 그러나 인간이 수립하는 규범은 무엇이든 결국 인간(휴먼) 대 인간(휴먼)의 인간다운 사회 구현에 초점이 맞춰질 수밖에 없다. 무릇 '규범'이란 인간의 규범으로서만 의의를 가지기 때문이다.

결론적으로 백종현에 따르면, 이제 인간의 실존 문제는 '인간은 무엇인가?' 하는 존재의 문제가 아니라, '인간은 무엇이어야 하는가?' 또는 '인간은 무엇으로 살 것인가?' 하는 존속과 존립의 문제가 되었다. 인간의 존엄성 문제는 사실(과학)의 문제가 아니라, 규범(철학)의 문제인 것이다.

2장에서 박찬국은 오늘날 기술 개발의 주요한 축의 하나이기도 한 트랜스휴머니즘에 대해 비판적으로 고찰한다. 그는 불사까지도 추구하는 극단적인 트랜스휴머니즘의 본질적 성격과 문제점을 고찰함으로써 능력증강 기술이 나아가야 할 바람직한 방향을 살펴보고자 한다. 다만 여기서 연구 목적은 다양한 능력증강 기술을 구체적으로 어떻게 적용해야 할지를 문제 삼는 데 있지 않고 능력증강 기술이 나아가야 할 방향을 원리적인 차원에서 제시하는 데 있다.

박찬국은 트랜스휴머니즘의 본질적 성격을 크게 세 가지로 규정한다. 첫째로 근대 진보사상의 극단이라는 점, 둘째로 인간을 불완전한 기계로 본다는 점, 셋째로 불사에 대한 인간의 열망을 충족시키려는 종교적 성격을 갖는다는 점이 그것이다.

이러한 진단 위에서 필자는 트랜스휴머니즘의 문제점을 지적한다. 첫째, 트랜스휴머니즘은 정신을 뇌의 정보처리 프로그램으로 간주하면서 신체로부터 분리할 수 있다고 보지만 몸과 나는 분리될 수 없다. 둘째, 트랜스휴머니즘은 과학이 드러내는 세계를 유일한 실재로 보는 과학주의에 빠져 있지만 근원적인 현실로서의 표정세계는 과학이 드러내는 세계에 의해 대체될 수 없다. 마지막으로 셋째, 트랜스휴머니즘은 인간 정신을 뇌의 정보처리 프로그램으로 환원함으로써 인간 정신이 보여주는 역사적인 풍요로움을 간과한다.

아울러 박찬국에 따르면, '더욱 빠르고 더욱 강하고 더욱 영리하게'라는 구호를 정상성과 건강함의 척도로 삼고 있는 트랜스휴머니즘의 근저에는 모든 것을 지배하고자 하는 탐욕이 깔려 있다. 필자는 기술에 대한 이상의 진단과 평가로부터 기술 개발이 따라야 할 일반적인 원칙을 제시한다. 즉, 능력증강 기술은 트랜스휴머니즘처럼 인간의 조건 자체를 넘어 인간을 완전한 기계로서의 신으로 변화시키는 방향으로 개발되어서는 안 되고, 어디까지나 인간의 조건 안에서 인간의 조건을 개선하는 방향으로 개발되어야 한다.

3장에서 박충식은 인공지능을 '공존의 존재'라는 새로운 관점에서 분석한다. 필자에 따르면, 공존의 대상으로 논의하게 된 인공지능과 함께하는 세상은 디스토피아로도 유토피아로도 생각해볼 수 있지만, 이러한 인공지능의 문제는 인공지능 자체의 문제이기도 하면서 인공지능을 둘러싼 인간들의 문제라고도 할 수 있다. 구성원들이 공존해야 하는 공동체의 문제는 결국 구성원들 간 소통의 문제이기 때문에 인간과 인간, 그리고 인간과 인공지능의 공존에 기여할 수 있는 적극적인 방법으로서 '소셜 머신'이라는 정보통신 기술을 생각해볼 수 있다. 기존의 '소셜 머신'은 인간들 사이의 소통을 원활히 하기 위한 정보기술 플랫폼을 이르는 말이다. 하지만 완전히 자율적인 인공지능이 등장한다면 이들과 대등하게 소통할 수밖에 없다는 의미에서 이들은 좀 더 발전된 형태의 소셜머신이므로 '소셜 머신 2.0'이라고 명명할 수 있다.

박충식에 따르면, 현재 소셜 머신이 인간과 기계들에 의한 소셜 테크놀로지라고는 하지만, 기계들은 빅데이터나 사물통신, 인공지능 기술을 활용한다고 해도 주로 인간과 인간의 상호작용을 용이하게 하는 기반을 제공하고 인간과 기계 사이의 손쉬운 인터페이스 역할을 한다. 그러나 아직 소셜 머신에서는 학습을 통해 다양한 의사결정에 참여하게 되는 인공지능 기계들을 인간과 같은 자율적인 존재로 간주하고 있지는 않다. 인공지능과의 공존이나 인공지능에 대한 거버넌스를 논의해야 하는 현시점에서는 이러한 인공지능 기계들을 소셜 머신 2.0 개념으로 언급할 수 있다.

박충식은 소셜 머신 2.0으로 상정할 수 있는 상황에서는 설명 가능한 인공지능의 필요성이 더욱 증대할 것이라고 진단한다. 즉, 소셜 머신 1.0에서는 사전에 인공지능 기계의 알고리즘이 갖는 문제점을 확인하거나 사후에 문제 발생 시 책임 소재를 판단할 수 있는 제도나 법도 필요하지만, 소셜 머신 2.0에서는 그와 더불어 좀 더 인간처럼 의사소통할 수 있어야 한다는 것이다.

4장에서 하대청은 포스트휴먼 시대의 기술 발전과 맞물려 부상한 기술의 자율성 담론이 갖는 허구성을 드러내고, 인간과 기술이 상호의존과 돌봄이라는 새로운 관계로 나아갈 것을 주장한다. '휠체어 탄 인공지능'은 모순일까? 인공지능과 로봇 기술이 인간의 능력을 한계 없이 향상시킬 것이라는 기대와 우려가 팽배한 포스트휴먼 시대에 '휠체어 탄 인공지능'을 상상하는 것은 모순이고 퇴행일까? 이런 물음과 함께 필자는 인공지능 등 신기술이 만들어내는 문화적 상상을 분석하면서 기술과 인간의 새로운 관계와 윤리를 모색한다.

필자는 과학기술을 돌봄물(matter of care)로 이해하려는 최근의 페미니스트 과학기술학 연구들에 이론적으로 기대면서 우선 인공지능과 로봇 등이 자율성을 문화적 상상으로 강력하게 생산하고 있다는 점에 주목한다. 필자에 따르면, 인간이 설정한 초기 프로그래밍을 넘어 경험과 학습을 통해 스스로 새로운 환경에 적응할 수 있는 능력으로 정의된 이 자율성은 기술적 영역을 넘어 이상적인 인간상을 정의하는 방식이 되고 있다. 하지만 인공지능 기술이 보이지 않는 인간 노동과 복잡한 물질적 장치에 매개되어 의존하고 있는 한, 이런 자율성은 허구에 가깝다. 인공지능 알파고의 경우에도 데이터 센터, 해저 인터넷 케이블, 전력 시스템, 프로토콜 등 물리적 요소들과 이를 유지 보수하는 노동자들의 돌봄노동이 없다면 자율적인 것처럼 작동할 수 없다.

하대청은 또한 인공지능 스피커 등 최근에 성장하는 이른바 '조수기술(assistant technology)'이 기계와 인간의 돌봄노동을 차별적으로 가시화하고 있다는 점을 지적한다. 필자에 따르면, 이 기술은 가사노동을 부불노동화하는 우리 사회의 오래되고 젠더화된 노동 인식을 강화하면서 수많은 인간들의 돌봄노동을 숨겨버리고 있다. 다시 말해, 거대 기술기업의 이익에 부합하는 기계의 돌봄노동은 무대 앞으로 가져와 가시화하고 이런 기계들이 작동하도록 떠받치고 있는 인간 노동자의 돌봄노동은 무대 뒤로 숨기고 있는 것이다.

또한 이런 기술들과 이에 기초한 문화적 상상은 자율성과 행위능력을 이상적인 인간의 특질로 정의하면서 연약함과 의존성, 유한함은 가치 없는 것으로 만들고 있다. 하지만 우리가 다양한 종류의 기술에 의존함으로써 우리의 행위능력을 발휘할 수 있고 기술 또한 인간의 개입과 돌봄노동에 의존하고 있다면, 의존성은 사실 무가치한 것이 아니라 우리가 기술과 맺는 관계의 정확한 현실이다. 반면, 인간을 넘어선 새로운 포스트휴먼을 만들어내는 기술들은 능력 있는 몸을 이상화하면서 장애 있는 몸의 다양성과 가치를 부인하고, 기술의 자율성을 가치화하면서 서로 의존하는 존재들이라는 인간과 기술의 현실적 관계를 삭제하고 있다.

결론에서 하대청은 우리에게 필요한 기술은 타자의 몸과 인간의 돌봄노동을 숨기고 가치 없게 여기도록 하는 것이 아니라 이들을 있는 그대로 드러내면서 그 가치를 인정하는 것이어야 한다고 주장한다. 주변화된 존재들에 공감하고 실천적으로 응답하는 책임감 있는 기술은 의존성을 긍정하고 연약성 사이의 연대를 촉진한다고 보기 때문이다. 이런 책임감은 인공지능 학습을 위해 데이터를 공급하는 저임금 노동자, 인공지능의 원활한 작동을 위해 인프라를 유지 보수하는 비정규직 노동자, 인공지능이 극복해야 할 대상으로 만들면서 더욱 소외시키는 다른 몸의 장애인 등을 모두 드러내면서 이들을 잘 돌볼 수 있는 기술사회 결합체를 상상하도록 도와줄 것이다.

필자는 이런 기술을 형상화하기 위해 수 오스틴의 퍼포먼스에서 영감을 얻어 '휠체어 탄 인공지능'을 떠올렸다. '휠체어 탄 인공지능'은 장애 있는 몸을 부정하지 않으면서 장애인이 할 수 있도록 해주는 기술, 그들이 원하는 능력이 무엇인지 경청하고 그 능력을 장애인들과 함께 만들어가려고 노력하는 기술, 기술이 의존하는 다양한 돌봄노동을 제공하는 인간 노동자들에게 적절하게 보상하고 인정하는 기술을 말한다. 필자는 포스트휴먼 시대의 기술이 '휠체어 탄 인공지능'이길 바란다.

5장에서 박신화는 배아의 도덕적 지위 문제를 실마리 삼아 오늘날 비약적으로 발전하고 있는 의생명 과학기술이 새로운 윤리 규범을 수립해야 한다는 점을 밝히려고 한다. 필자에 따르면, 오늘날 인간배아의 도덕적 지위 문제는 의생명 과학기술이 진보한 결과 더욱 첨예한 문제로 대두되고 있다. 그 일례로 배아줄기세포 연구는 재생의료의 혁신을 가능하게 했지만 연구 과정에서 배아가 파괴될 수밖에 없다는 점에서 심각한 윤리적 문제를 제기한다.

배아는 사람인가, 아니면 한낱 물건인가? 배아가 한낱 세포 덩어리라면 인류의 의료 복지를 위해 얼마든지 연구와 치료에 사용할 수 있을 것이다. 반면 배아를 인간 존재로 보아야 한다면 그것의 사용은 특정한 목적을 위해 사람의 생명권을 임의로 박탈하는 것이 된다. 박신화는 치료의학 차원에서 배아의 가치가 점점 더 분명해지고 있어 배아 사용의 필요성을 부르짖는 목소리는 높아가는 한편, 배아의 도덕적 지위는 진정 무엇이며 그것을 어떻게 취급해야 하는지의 물음은 여전히 미궁으로 남아 있다고 지금의 상황을 진단한다.

분석을 시작하면서 박신화는 배아가 애매한 존재라는 데 주목한다. 배아는 인간과 비인간의 경계선 위에 놓여 있는 듯하고, 그로 인해 '인간이란 무엇인가'라는 문제를 전혀 새로운 각도에서 제기한다는 것이다. 그런데 오늘날 인간 존재의 의미를 되묻게 하는 것은 비단 배아의 지위 문제만은 아니다. 날로 혁신하는 의생명 과학기술은 인간의 신체를 보조하고 조작하고 변형하는 가운데 그러한 행위를 어디까지 허용해야 하는지의 문제를 제기함으로써 인간 존재의 의미를 되묻게 한다. 이런 점에서 필자가 보기에, 배아의 도덕적 지위 문제는 포스트휴먼의 기술시대가 제기하는 의생명 윤리의 문제를 성찰하는 데 전략적인 의미를 가진다. 기술 측면에서 배아 연구는 의료에 활용할 수 있어 현대 의생명 과학기술 중에서도 특히 주목을 받는 분야지만, 윤리 측면에서는 배아를 인위적으로 제조 및 변형하고 전체적 혹은 부분적으로 파괴하기 때문에 인간 존재와 존엄성에 대한 직접적인 문제를 제기한다.

박신화에 따르면, 배아의 지위 문제와 관련해 지금까지 제시된 견해들은 나름의 인간 개념에 기초해 있다. 그는 이 인간 개념(들)이 과연 타당한가를 묻는다. 만약 문제의 인간 개념들에 어떤 한계가 있다면 그로부터 귀결된 배아의 지위에 대한 기존 견해들의 한계 또한 분명해질 것이기 때문이다. 본문에서 상세한 분석을 통해 필자는 배아복제 시대를 맞아 인간의 문제를 더욱 근본적으로 사고할 필요성이 대두되었음을 밝히는 한편, 문제에 대한 새로운 관점을 제시한다. 필자의 목적은 현대 생명윤리의 세목(細目)을 마련하는 데 있지 않다. 규범의 세목을 마련하기 위해서라도 문제에 접근하는 근본 관점을 세울 필요가 있다. 필자의 목적은 바로 이 근본 관점을 모색하는 데 있다.

6장에서 손화철은 인간됨 자체를 다시 묻는 포스트휴먼의 문제 제기는 구체적인 과학기술 거버넌스와 따로 떼어서 생각할 수 없다고 주장한다. 「포스트휴먼 시대의 과학기술 거버넌스」는 포스트휴먼 시대의 도전을 한국 사회의 과학기술 거버넌스의 맥락에서 고찰한다. 손화철은 먼저 한국의 과학기술 거버넌스를 두 단계로 나누어 간략하게 기술한다. 우선 국가와 전문가의 주도로 경제적 효과의 극대화를 위해 과학기술의 도구로 사용되던 구(舊) 거버넌스가 해방 이후 한국의 과학기술 정책에 큰 영향을 미쳐왔다. 이후 전문가의 자유, 연구윤리, 과학기술의 민주화 등의 핵심어로 정리되는 신(新) 거버넌스가 다양한 방식으로 추구되었다.

포스트휴먼 시대의 도래를 이런 구체적인 맥락에서 파악하면 다음 시대의 과학기술 거버넌스가 부딪히게 될 도전들을 더 구체적으로 살펴볼 수 있다. 기존의 인간 이해를 극복하는 새로운 인간상의 등장, 경제 양극화와 대규모 실업, 기술을 매개로 한 불평등한 권력 구도의 고착이 일어날 가능성에 직면하여 한국은 바람직한 대안을 제출하기 어려운 상황에 처해 있다. 급속한 산업화를 경험하고 기술 추격국의 지위에 익숙해진 우리 사회는 포스트휴먼 시대의 도전에 오히려 과거로 회귀하려는 듯한 모습마저 보이고 있다.

손화철은 이에 대한 자신의 제안을 지속 가능한 발전에 대한 새로운 개념으로 요약한다. 즉, 새로운 과학기술 거버넌스는 다음 세대가 기술 발전의 속도와 방향에 적응하며 살아갈 수 있도록 하는 데 초점을 맞추어야 한다는 것이다. 좀 더 구체적으로 말하면 좋은 세상에 대한 시민들의 합의를 이끌어내려는 노력과 그러한 합의에 바탕을 둔 과학기술 거버넌스, 경제중심주의와 전문가주의로부터의 탈피, 그리고 전문가의 사회적 책임 부여를 대안으

로 제시한다. 여기서 주목해야 할 것은 이 제안이 전문가의 자유
를 강조한 신 거버넌스와도 일정한 거리를 두고 있다는 점이다.

마지막 절에서 필자는 포스트휴먼 시대 거버넌스의 사례로
에너지 백캐스팅과 인공지능 사용 제품 및 서비스 영향평가를 소
개한다. 에너지 백캐스팅은 미래의 에너지 사용을 예측하는 것이
아니라 사용량을 미리 책정하고 그에 따라 에너지 정책을 실행하
는 방법으로, 손화철은 이를 범례로 삼아 다른 과학기술 관련 정
책에도 적용할 수 있을 것이라 제안한다. 인공지능 사용 제품 및
서비스 영향평가는 이 책에 함께 실린 정책 제안을 간략히 소개한
것이다. 이 제안의 목적은 첨단기술 제품과 서비스를 개발할 때
전문가와 개발자에게 더 큰 책임감을 부여하는 동시에 사회적 합
의를 공학 설계에 반영하는 계기를 마련하는 데 있다.

이상과 같이 우리는 인공지능과 생명공학이란 두 주제를 중
심으로 포스트휴먼의 과학기술이 앞으로 초래하거나, 혹은 이미
상당 부분 '초래한' 사회적 문제들을 다각도로 고찰해보았다. 우
리는 급변하는 기술시대에 인문학적 정책연구는 표피적인 현상들
기저에 있는 근본 원인들을 파헤치는 작업이 되어야 한다고 믿고
있다. 우리의 노력이 이 작업에 또 하나의 작은 발판을 마련했기
를 소망한다.

1부

휴머니즘과 포스트휴머니즘/
트랜스휴머니즘

1장 포스트휴먼 사회의 도래와 휴머니즘

백종현

1. 포스트휴먼 사회에서 휴머니즘의 의미

휴먼과 포스트휴먼

20세기 후반부터 사이버네틱스, 뇌과학, 진화생물학, 생명공학 등이 부상하면서 하나의 물체 또는 물질조직으로 간주될 국면에 처한 인간 앞에 유사인종('posthomo sapiens')이 그것도 21세기 중에 출현할 가능성이 높아지고 있다. 그에 따라 인간(Homo)이 한낱 자연물인지, 아니면 그 이상의 어떤 품격을 지닌 존재자인지에 대한 논란이 더욱 격화되고, 인간의 존엄성 개념이 근본부터 흔들리는 상황이 빚어지고 있다.

또 한편에서는 인간의 지능 못지않은 인공지능을 탑재한 로봇이 곳곳에서 활동하고 있고, 머지않아 인간의 지능을 능가하는 이른바 '초인공지능(Artificial Super Intelligence: ASI)'마저 출현할 것이라고 한다. 만약 '초인공지능'이 출현한다면 인간 문명을 심대하게 변형시키면서, 한편으로는 불완전한 생물학적 존재자인 인간을 한층 더 '개선'시킬 수도 있을 것이다. 그러나 인간이 그런 식으로 존속한다면, 인간은 더 이상 자연인이 아니라 변형인간 내지는 변조인간(transhuman, Homo sapiens 2.0)이 되고 말 것이다. 이러한 "인공지능의 출현"을 두고 어떤 이는 우주 역사를 통틀어 "우주 창조"와 "생명의 출현"을 잇는 "세 번째 대사건"[1]이라고 말하기도 한다.

당초 인간에 의해 제작되고 조종 받던 로봇이 정교화를 거듭하면 마침내 스스로 로봇을 제작해서 스스로 조작하고 조정할 가능성도 없지 않다. 그래서 '초인공지능'이 한번 만들어지고 나면 초인공지능에 의해 급속도로 지능이 진화(발전)하다가 "지능 폭발(intelligence explosion)"[2]이 일어나 인간의 지능으로는 도저히 통제할 수 없는 상황이 발생할 것이라는 예상도 있다. 이에 '초인공지능'은 자연인인 "우리의 마지막 발명"이며, 그로써 "인간의 시대는 끝"[3]이라고 말하는 사람조차 있다.

그런가 하면 또 한편에서는 컴퓨터 과학기술과 의생명 과학기술이 결합하면 인체를 개조하고 수명 또한 임의로 조정할 수 있게 된다고 한다. 이에 더하여 생명공학은 사이보그를 산출할 기세다. 이제까지는 생물학 영역에 있던 생명체를 물성과학의 기술로 산출해서 '인공생명(Artificial Life: AL)'마저 등장시킬 것이라고 한다.

이러한 사정은 '생명'에 대한 새로운 개념[4]을 형성하는 것은 물론 이제까지의 '인간' 개념 자체를 전복하려 한다.

인류와 유사인종의 관계

땅(humus)에 사는 것인 인간은 이성적 동물(animal rationale)이다. 땅에서 호흡(anima)하며 호흡하는 동안만 생명을 갖는 시간적 존재자인 인간은 그 동물성/생명성(animalitas)이 제한적인데도, 이성의 힘을 발휘하여 자연 안에서 자연을 가공하며 산다. 그래서 인간의 생은 자연적(natural) 요소와 인공적(artificial) 요소로 이루어져 있다고 여겨져왔다. 이 '인공적' 요소에는 '창의적'인 것도 포함된다고 여겨져서, 인간은 창조자인 신과 순전한 피조물로서 본능에 따라 사는 동물 사이에 있는 중간자로 호칭되기도 했다.

그러다가 19세기에 진화론이 등장하면서 인간도 여타의 동물과 별반 다를 것이 없는 동물의 일종으로 간주되더니, 20세기에 물리주의가 득세하고부터는 인간을 포함한 동물 일반이 차츰 기계적인 물체로 취급되고 있다. 여기서 더 나아가 21세기에 들어서는 급진전하는 인공지능 과학기술과 의생명 과학기술이 합세하여 인체를 개조하고, 더 '나은' 인체를 생산해내는 일에 의욕을 다지고 있다. 인간이 '인체' 그 이상도 그 이하도 아니라고 생각하는 사람들에게는 인체의 개선이 곧 인간의 개선일 것이다. 그러한 생각을 이어받아 '트랜스휴머니즘(transhumanism)'이 출현한다.[5]

그러나 인체가 생체-물체 하이브리드로 변조되고, 두뇌가 컴퓨터정보 시스템으로 교환되는 국면에서 인간의 존엄성을 말할 자리는 이제 없다. 기술적 제작물은 상품화될 수밖에 없기 때문이다.

무릇 우리가 기대하는 것은 '개선된 인간' 내지 '인간의 개선'이지 '현존 인간의 변형'이나 '자연인간의 대체', '자연인간의 폐기'가 아니다. 물리생물학적 변조로 현생 인류가 파멸하거나 소멸하고, '진화'라는 이름으로 우월한 신생 존재자가 출현하는 것은 우리 인류가 바라거나, 남의 일처럼 수수방관하고 있을 문제가 아니다.

우리가 트랜스휴먼이나 포스트휴먼에 관해 논의하는 것은 우리가 그들을 견제하고 그들과 공존할 수 있는 범위 안에서다. 만약에 트랜스휴먼이나 포스트휴먼이 더 이상 '휴먼'이 아니고, 휴먼을 지배하거나 대체하거나 파멸시킬 수 있게 된다면, 그때 우리가 논의할 수 있는 것은 아무것도 없다. 그러한 국면에서 인간은 더 이상 독자적으로 인간의 문제를 논의할 처지가 못 된다. 그러한 국면에서는 휴먼과 트랜스휴먼 또는 포스트휴먼의 관계를 어떻게 설정할 것이냐 하는 논의의 주도권이 이제 휴먼에게 있지 않고, 트랜스휴먼이나 포스트휴먼에게 있을 것이기 때문이다. 아니, 더는 휴먼이 존재하지 않으므로 이런 논의 자체가 없을 수도 있다.

그래서 '포스트휴먼 시대의 휴머니즘 문제'는 인류와 유사인종이 공존하되 주도권을 인류(휴먼)가 갖는 사회에서 인간의 존엄성을 어떻게 더욱 고양시킬 것인가의 문제다. 이 문제를 두고 "인간이 이룩한 과학기술의 발전은 인간의 욕구와 호기심에 따른 아주 자연스런 귀결이고, 그 결과 인간을 뛰어넘는—얼핏 보기에 '인공적'인 것 같지만 실은 그 역시 '자연적'인—어떤 존재자의 출현은 자연 진화의 과정이므로 현세 인간이 바라든 바라지 않든 일어날 일이며, 인간의 선호와 상관없이 인간이 받아들일 수밖에 없는 현실이다."라고 남의 말 하듯이 해서는 안 된다.

인류 존망은, 더구나 그것이 인간 소행에 달린 경우에는 이래도 좋고 저래도 좋은 일로, 욕구대로 저질러놓고 뒤따라오는 결과는 받아들일 수밖에 없는 일로 치부할 수 있는 문제가 아니다. 인류 복지와 번영에 바람직한 것은 장려하고 매진할 일이지만, 인류 폐망의 원인이 될 만한 일은 예상되는 즉시 저지하고 중단해야 하는 것이 '인간의 일'이다.

인류의 과제

"모든 생명체는 언제나 자기 생명을 유지 발전시키기 위해 활동한다. 그것이 생명활동의 본성이자 본질이다."라고 주장하는 사람들이 있다. 이들은 인간이 이룩한 과학기술의 발전 끝에 설령 현생 인류가 멸실한다고 해도 그 '인간 이후(Post-human)'의 존재자는 현생 인류보다 더 진화하여 생명체가 자기진보한 결과라고 말하려고 든다. 그런데 만약 "모든 생명체는 언제나 자기 생명을 유지 발전시키기 위해 활동한다."라는 명제가 참이라면 "어떤 경우에도 '자해'니 '자살'이니 하는 행위는 없다."거나 "인간의 악행들도 자기 생명을 유지 발전시키는 방편이다."라는 주장에도 수긍해야 할 것이다. 만일 그렇다면 '악행'이라는 말 자체가 성립하지 않으며, 더 일반적으로 말하면 일체의 윤리 도덕이 무의미해진다. 모든 생명체가 그렇듯이, 개개인도 모두 자신의 좋은 생을 위해 하는 일이라고 말하는데, 거기에 어떻게 나쁜 일이 있을 수 있겠는가!

이제 새삼스럽게 확인해야 할 사실은 생명체의 모든 활동이,

그리고 인간의 모든 행위가 자기 생명의 유지 발전에 긍정적인 일은 아니라는 것이다. 그래서 우리는 자기 자신과 인류의 생명 존속과 번영을 위해 우리 자신의 행위가 그릇되지 않게 늘 경계해야 하고, 부단히 교정해나가야 한다. 인간 활동의 한 가지인 과학기술을 진행시키는 일도 예외 없이 이러한 시선으로 바라봐야 한다.

재래의 과학기술이 인간 활동의 도구를 개선하고 증강하여 인간의 작업능력을 향상시키는 데 기여해왔다면, 21세기에 들어서 급진전하고 있는 인공지능 과학기술과 의생명 과학기술은 인간 자체를 증강시킨다는 데 목표를 두고 있는지는 몰라도 결국 인체 변조를 초래한다. 재래의 과학기술이 인간의 유익함을 위해 자연을 대상화하고 재료로 삼아 개발했다면, 최근의 과학기술은 인간을 대상화하고 재료로 삼는다. 이제 인간은 과학기술의 개발과 운용의 주체만이 아니라 객체이며, 형태 짓는 자가 아니라 형태 지어지는 자다. 과학기술 앞에 인간은 여타의 사물들과 다름없이 하나의 개발 '자원'이 되어 있다. 그 결과 과학기술의 산물에 의해 파멸의 길로 내몰릴 위험에 노출되어 있다.

포스트휴먼 사회는 '기술 발전=복지 향상'이라는 명분을 내세워서 인류 문명을 해체할 우려를 낳고 인간의 규정(사명)마저 변경할 것을 종용한다. 이런 사회에 직면해서 우리가 재확인할 것은 무엇보다 '참다운' 인간의 모습이며, 마련해야 할 것은 과학기술의 진보를 인간의 문명사회가 진보하는 틀 안에서 관리하는 규범이다.

2. 인간과 인간 규범의 성격

이성적 동물인 인간

인간이 인간임은 무엇보다도 그의 자율성에서 드러난다. 인간을 인간이도록 하는 특성 가운데서도 '자율성'은 특별한 것이다. 인간은 자율과 자기지배의 삶을 산다. 인간은 스스로 법칙을 수립하고 그에 종속되는 생명체인 것이다. 이것은 인간에게는 자신의 경향성대로만 살아서는 '인간일 수 없다'는 자의식이 있기 때문에 가능하다고 할 수 있다. 이 점에서 인간은 여타의 자연 존재자들과는 달리 자신의 '본성을 다스리는 성품' 곧 '이성(理性)'을 갖는다[6]고 할 수 있다. 이 이성의 기반 위에 도덕법칙이 성립하며, 도덕법칙이 지배하는 세계의 도덕 주체로서 인간은 존엄성(dignitas)을 주장한다.

그런데 이른바 자연주의 내지 물리주의(physicalism)를 표방하는 이들은 바로 이 같은 인간의 특성이란 잘못 내세워진 것이고, 따라서 인간만이 존엄하다는 주장은 자기중심적인 몇몇 인간의 "종차별주의(speciesism)"[7]라고 비판한다. 그러면서 이러한 주장에는 "진화생물학적으로 아무런 적절한 토대가 없다."[8]고 근사한 설명을 덧붙이기도 한다. 과연 그러한가?

물리주의가 풍미하고 그 위에 과학기술이 최고의 재화(goods), 그러니까 최고로 좋은 것으로 추구되는 세태에서 우리는 '이성적 동물'로 정의되던 인간의 본질적 의미를 새삼스럽게 되새겨보지 않을 수 없다.

일찍이 고대인 아리스토텔레스는 논변했다.

사람은 세 가지, 곧 자연본성(φύσις), 습성(ἔθος), 이성(λόγος)에 의해 선하고 유덕하게 된다. 우선 사람은 인간으로, 곧 여느 동물이 아니라 인간으로 태어나야 하고, 그리고서 육체와 영혼의 특정한 성질을 갖추어야 한다. 몇몇 것에 있어서는 자연본성은 아무런 쓸모가 없다. 습성이 자연본성을 변화시키기 때문이다. 무릇 습성에 의해 악하게도 되고 선하게도 전환될 수 있는, 본성적으로 상반되는 몇몇 성질들이 있다. 몇몇 동물들은 부분적으로 습성에 따라 살지만, 여타 대부분의 동물들은 자연본성에 따라 산다. 그러나 인간은 이성 또한 가지고 있으며, 인간만이 이성을 가지고 있다. 그래서 이 세 가지가 서로 화합하지 않으면 안 된다. 인간은 다르게 되는 것이 더 좋다는 것을 납득하기만 한다면, 습성에 반하고 자연본성에 반하는 많은 일을 이성에 의해 한다.[9]

이를 이어 스토아학파의 제논(Zenon, ca., BC 333~262)도 자연적인 것과 윤리적인 것, 논리적인 것을 구별하여 강론하였다.[10] 윤리가 어쩌면 문명 초기에는 습성(ethos)으로 인식되었을 것이나, 이내 사람들은 윤리가 습관이나 관행을 넘어서는 '당위'를 포함하고 있다는 것을 깨달았다. 당위가 자연본성이나 습성에 반하는 어떤 것으로서, '본성을 다스리는 힘' 곧 '이성'에서 유래한다고 본 것이다.

도덕과 이성

우리가 말할 수 있고 생각할 수 있는 모든 것을 '자연'에 귀속시킬 경우, 물론 '이성'의 힘도 자연의 힘 가운데 하나라고 할 수 있을 것이다. 그러나 이렇게 용어를 사용할 때는 '자연[본성]'을 둘로 구별해서, 하나는 좁은 의미의 자연(N1), 또 다른 하나는 넓은 의미의 자연(N2)이라 해야 할 것이다. 이때 넓은 의미의 자연은 그 안에 좁은 의미의 자연과 그에 대립해 있는 이성(R)을 내포한다고 보아야 한다.(N2=N1+R)[11] 다시 말해, 자연 존재자(N2)인 인간은 자연[본성](N1)과 그를 통제하는 이성(R)을 함께 가지고 있는 것이다. 여기서 통제하는 이성이란 계산하고 추론하는 이성을 넘어서는 입법적 역량까지를 말한다. 이렇게 구별이 가능한데도 사람들은 '자연'과 '이성'의 다층적 의미를 도외시하여 사고와 논의에 혼란을 일으킨다. 특히 근대 이후의 '자연주의자'들, 감각경험주의자들이 그렇다.

흄(David Hume, 1711~76)에 따르면, "도덕은 행동과 감정(affections)에 영향을 미치는 것이므로, 이성에서 도출될 수 없다는 결론이 나온다. [……] 이성은 혼자서는 결코 그러한 영향을 미칠 수 없기 때문이다. 도덕은 정념을 자극하여 행동을 낳거나 막는다. 이성은 그 자체로서는 이런 특수한 문제에 무기력하다. 따라서 도덕성의 규칙들은 우리 이성의 결론이 아니다."[12] 그래서 흄은 사람들이 도덕 체계가 "사실(is)" 명제에서는 결코 연역될 수 없는 "당위(ought)" 명제들로 이루어져 있음을 놓치고 있는데, 이제 "이 작은 주의가 도덕성의 모든 통속적인 체계들을 전복할 것"[13]이라고 주장한다. 사실에 근거하지 않은 당위 명제들의 체계는 무의미하다는 뜻이다.

여기서 흄의 말 속에 포함되어 있는, 행동이나 감정에 영향을 미칠 수 없는 '이성'이란 이론적이고 사변적인 이성을 가리킨다. 흄도 인지하고 있듯이 인간은 당위 법칙을 세우고 그에 따라 실천에 나서기도 한다. 그러므로 당위 법칙을 수립하는 능력은 '실천'이성이라 일컬어 마땅하고, 그 법칙이 동기가 되어 작동하는 의지는 순수한 의지 내지는 자유의지라 부르겠다. 따라서 당위 명제의 체계인 도덕은 이론이성에 의해 사실로부터 연역된 것이 아니라, 실천이성에 의해 사실 위에 정립(thesis)된 것이다.[14] 아울러 선악 내지 정당/부당의 가치를 담고 있는 당위 명제들이 진위 명제로 수렴되지 않는다고 해서 무의미한 것은 아니다.

도덕의 특성

자연과학의 발달과 함께 더 많은 사람들이 도덕을 일반적인 문화 현상과 하나로 묶어 순전한 경험의 산물로 치부하려고 한다. 적지 않은 사람들이 "문화와 도덕, 이 두 가지는 궁극적으로 '인간의 자연본성'에서 비롯된 것이다. 이 자연본성은 물리적, 생물학적, 사회적 환경—진화적이고 역사적인 시간 안에서 인간이 경험하고, 또 개인이 일생을 통해 경험한—과의 상호작용 속에서 자연적, 문화적 선택에 의해 형성된다. [······] 따라서 도덕적 규범은 상호작용하는 사람들에 의해 구성되고 유지되고 전달되고 수정되는 것이며, 그래서 인간의 자연본성[······]과, 그 발달 과정에서 물리적, 심리적, 문화적 환경 안에서 겪는 경험에 달린 것이다."[15] 라고 주장한다. 그리고 또 적지 않은 사람들이 이에 동조하여,

> 도덕은 정서와 마음, 행동의 습관으로 이루어진다. 도덕은 다음과 같은 의미에서 '규범적'이다. 곧, 도덕은 일상적 실천들에서 추출된 '좋은' 또는 '탁월한' 실천들로 이루어진다. 윤리학은 어떻게 우리의 사안들을 가장 좋게 정돈할 것인지, 어떻게 우리의 더욱 고결한 잠재력을 발전시킬 것인지에 관한 역사적 경험에 근거한 지혜로 구성된다. [……] 도덕적 습관, 지혜, 기술들은 대부분 개인의 성장과 성취와 함께 원만한 대인관계를 가능하게 해주는 '노하우'로 이루어진다. 윤리적 추론은 개인 내적으로나 대인관계에서나 우리가 거주하는 생태적 활동 범위 안에서 실제적 삶을 조정하는 일에 우리를 돕도록 도안된 실천적 추론의 일종이다.[16]

라고 논변을 편다. 물론 우리는 긴 진화 과정을 통해 지금의 사고 원리나 도덕 원리 들에 도달했다고 볼 수 있다.[17] 그러나 사고의 질서인 논리는 한낱 사고의 지혜나 기술이 아니고, 삶의 질서(ordo vivendi)인 윤리 또한 한낱 삶의 지혜나 기술이나 타협책이 아니다. 도덕적 행위를 현명하게 수행해내는 일은 '기술'을 필요로 하기도 해서, 기술을 연마하고 발전시켜야 하는 경우도 있다. 그러나 논리법칙이 그러하듯이 도덕법칙 자체가 발전하는 것은 아니다. '발전'이 환경에 적응하기 위해 더 효과적으로 변화함을 뜻하는 한에서는 말이다.

도덕의 '최고 원칙'은 발전하거나 수정되지 않는다. 그것은 '모순율'과 같은 논리 원칙이 문화의 차이와 변천에도 불변한 것과 마찬가지다. 언제 어디서나 "어떤 것에서 그것과 동일한 것을 제하면 남는 것이 없다."라는 명제가 타당하듯이 "너 자신의 완성을 위해 노력하라!" 또는 "사람은 마땅히 인간의 존엄성을 지켜나가야 한다."와 같은 도덕 원칙은 어떠한 물리적, 심리적, 사회문화적 환경과 상관없이 보편적으로 타당하다.

어떤 사람이 또는 어떤 사회가 이러한 원칙에 대해 무지하거나 이를 무시한다면 그렇게 된 사정이 있기는 하겠지만, 그 사정이 어떻든 간에 그런 사람과 그런 사회는 '도덕의식이 없다' 또는 '비도덕적이다' 또는 '무도하다'는 평가를 받게 된다. 그것은 정답이 5인 산수 문제를 한 학급 30명 중에서 1명을 제외한 모두가 3이라고 답하거나 전원이 2라고 대답한 경우, 오답자가 다수라고 해서 산수 규칙이 바뀌지 않는 것과 마찬가지다. 물론 오답자들이 한결같이 2 또는 3이라고 대답하게 된 심리적 요인 혹은 다른 어떤 요인이 있기는 하겠지만, 그렇다고 산수 규칙이 수정될 수 있는 것은 아니다. 사람들이 연습하고 발전시키는 것은 산수나 행위를 틀리지 않고 제대로 할 수 있는 능력이나 자기를 완성시킬 수 있는 효과적인 방법이지, 산수 법칙이나 도덕률 자체가 아니다.

자연과 정립의 성격
인간의 문명사회에서 통용되고 있는 논리법칙이나 윤리법칙이 어떤 생활조건 아래서 어느 시점에 발아 내지 자각되는지를 진화생물학적으로 설명해낼지는 모르겠다. 그러나 철학적 사유가 문자화된 뒤로 인류문명사에서 논리법칙이나 윤리법칙이 새롭게 터득된 일은 있어도 변경된 일은 없다. 논리법칙이나 윤리법칙은 자연과학이 진보함에 따라 수정되어가는 사실법칙으로서의 '자연법칙'과는 그 성격이 다르다.

논리법칙과 윤리법칙은 자연의 원리로 환원시킬 수 없으며, 또한 우리가 임의로 제정하고 폐기할 수 있는 것이 아니다. 이들 법칙은 오히려 자연을 설명하는 기관(organum)이자 인간 자신의 활동을 규제하는 규준(canon)이다. 그래서 우리는 논리법칙과 윤리법칙을 인간의 이치 활동, 곧 이성에서 비롯한 것으로 간주할 수밖에 없는 것이다. 여기서 우리는 '저절로 그러한바' 곧 자연(自然, physis)과 사람이 '세워놓은 것' 곧 정립(定立, thesis)을 구별한다. 그리고 논리법칙과 윤리법칙이 다같이 '법칙'으로서 필연성을 가지기는 하지만 전자는 사고를, 후자는 행위를 규제하는 이치이기 때문에 전자는 '이론이성'에, 후자는 '실천이성'에 귀속시키는 것이다. 여기서 이성은 법칙을 정립하는 힘, 곧 입법능력을 말한다.

우리가 순수한 이론적 원칙[논리법칙]들을 (자명하다고) 의식하는 것과 꼭 마찬가지로, 우리는 순수한 실천법칙[윤리법칙]들을 의식할 수 있다. […] 순수 지성[이론이성]에 대한 의식이 순수한 이론적 원칙들에서 생기듯이, 순수 의지[실천이성]에 대한 개념은 순수한 실천법칙들로부터 생긴다.[18]

이른바 '윤리적 자연주의'를 표방하는 사람조차도 당위 규범은 '창발적'으로 발생한다고 말한다.

우리의 가치는 어디서 오는가? 자연주의적 대답은 우리의 가치는 우리의 자연적 상황 내에서 창발한다(emerge)는 것이다. (자연적 상황에서 문화적 가치는 우리의 생물학적 필요로부터 생겨나는 신체적 요구들과 똑같이 '자연적'인 것이다.) (이에 대한) 계보학적인 [⋯⋯] 자연주의적 논증은 다음과 같다. 즉, 인간은 환경과의 지속적인 상호작용 속에 있는 복합적이고 다기능적인 유기체다. 우리는 발달하는 생물학적-사회적 자연본성과 우리가 거주하는, 물리적이고 대인관계적이며 문화적인 환경 간의 지속적인 상호작용에 얽혀 있는 연쇄(series)다. 인간 피조물은 생존과 성장을 추구하며, 이 모든 활동은 자연스럽게 대인관계적이고 문화적인 맥락에서 일어난다. 많은 심층적 가치들은 식량, 물, 폭풍우로부터의 피난, 신체적 해악으로부터의 보호 등과 같은 좋은 것들(goods), 곧 유기체의 순전한 생존이 요구하는 것들로부터 온다. 그러나 또한 늘 타인과의 상호작용 속에 실존하는 피조물인 우리의 사회적 본성에서 비롯된, 보다 더 사회적으로 구성된 좋은 것들도 있다. [⋯⋯] 이 모든 가치들은 인간 번영의 가치들이다. 그것들은 초월적 토대를 요구하지 않는다.[19]

그러나 "계보학적"인 설명은 '창발적' 발생을 말하는 지점에서 끝난다.[20] '창발적'이란 '비약적'의 다른 표현으로서 더 이상 동종의

'사슬[鎖]'를 찾아 연이을 수 없음을 노정하는 것이다. 따라서 그것은 이제까지 유지하던 계보학적 연쇄를 건너뜀을 의미하며, 바로 그런 한에서 '초월적'이다.

우리가 '윤리의 세계'를 '자연세계'와 구별하는 것은 사실(존재)의 세계와 당위의 세계, 자연법칙과 자유법칙을 구별하지 않을 수 없기 때문이다. 더불어 이론이성과 실천이성을 구별하는 것은 논리법칙과 윤리법칙을 구별하지 않을 수 없기 때문이다.

정립된 규범으로서 윤리법칙

자연세계가 '~하다/~이다(Sein)'라는 명제 규칙이 타당한 세계라면, 윤리세계는 '~해야만 한다[/~해서는 안 된다](Sollen)'라는 지시명령의 법칙이 타당한 세계다. 인간이 지금의 명제 체제나 명령 체제를 어떻게 가지게 되었는지를 발생학적으로 규명하는 과제는 여전히 진행 중이고, 언젠가 명료하고 분명하게 밝혀질 수도 있을 것이다. 그렇지만 지금 인간의 생활세계에서 통용되고 있는 동일률이나 모순율과 같은 논리법칙이 어떻게 발생했든지 간에, 현재 우리에게 분명한 것은 우리가 이러한 논리 규칙에 따라서 사고하고, 만약 그렇게 하지 않으면 그르다고 판정한다는 점이다.

이와 유비해서 주목해야 할 것은, 만약 우리에게 특정한 윤리 원칙이 없으면 우리는 도덕적으로 선악을 판단할 수 없는데, 그 윤리 원칙은 인간 자신이 세운 것이라는 점이다. 이를 '정립'이라고 할 수밖에 없는 것은 "만인이 그렇게 한다. 그러므로 너도 그렇게 해야 한다."거나 "세상 어느 누구도 그렇게 하지 않는다. 그러므로

1장 포스트휴먼 사회의 도래와 휴머니즘

너 또한 그렇게 하지 않아도 좋다."는 명제가 타당할 수 없기 때문이다. 만인이 올바르지 않은 짓을 한다고 해서, 그것이 내가 올바르지 않은 행위를 해도 좋은 근거가 될 수는 없다. 인간의 이성은 설령 만인이 실행하지 못한다고 해도 '옳음'의 개념을 잃지 않는다.

모든 윤리규범의 규범성을 담보하는 것은 칸트가 말하는 "네 의지의 준칙이 항상 동시에 보편적 법칙 수립의 원리로서 타당하도록, 그렇게 행동하라."[21]와 같은 "순수 실천이성의 원칙"이다. 이에 근거해서 '인간 존엄성의 원칙'이라 통칭되는 "너 자신의 인격에서나 다른 모든 사람의 인격에서 인간(성)을 항상 동시에 목적으로 대하고 결코 한낱 수단으로 대하지 않도록, 그렇게 행동하라."[22]와 같은 '보편적인 덕법칙'과 "네 의사의 자유로운 사용이 보편적 법칙에 따라 어느 누구의 자유와도 공존할 수 있도록, 그렇게 행동하라."[23]와 같은 '보편적인 법법칙'이 성립한다.

이러한 '당위'의 법칙들은 다양한 사례와 경험 들을 개괄하고 수렴한다고 해서 도출되는 것이 아니다. 이들 규범은 설령 많은 체험이 그 배경에 있다고 해도, 결국엔 '법칙 수립/입법'이 계기가 되어야만 정립되는 것이다. 그러니까 그것은 자연적인 것을 넘어서는 것이다. 그런 까닭에 당위 규범에 대한 이른바 '자연주의적 설명'은 '창발성'과 같은 이미 '자연주의적'이라고 할 수 없는 개념을 도입하지 않을 수 없게 된다. 이러한 '창발성'의 계기를 두고 누구(사실주의)는 "도덕법칙이 창발했다."고 얼버무리고, 누구(이상주의)는 "도덕법칙이 '실천이성'에 의해 세워졌다."고 언명한다. 이러한 법칙 수립의 계기를 '순수' 실천이성, 곧 '경험에 의존하지 않은'

당위 규정의 입법기능이라고 하는 것은 이러한 '정립'이 자연으로부터 비약하거나 도약하는 계기, 곧 자연에 대한 감각 경험에 의존하지 않은 계기를 가진다는 것을 지시하는 것이다.

윤리 도덕의 보편성

윤리 도덕의 최고 원리가 '순수' 실천이성에서 비롯한다고 해서, 인간의 이성능력이 발생학적으로나 생물학적으로 또는 사회학적으로 어떠한 자연적, 사회적 경험 과정과 무관하게 형성된다고 말하는 것은 아니다. 논리 규칙이 그러하듯이 윤리 도덕의 최고 원리는 한낱 어떤 자연적, 사회적 경험의 축적으로부터도 사실적으로나 논리적으로 도출 연역될 수 없는 성질의 것이다. 그런만큼 당위 규범은 자연을 넘어 자연 위에 세워진[정립된] 것이고, 따라서 궁극적으로는 순수하게 인간의 규범적 법칙 수립능력, 곧 실천이성에서 기인한다고 말하는 것이다.

인류문명사는 과학기술의 발달사일 뿐만 아니라 윤리 도덕이 진보해온 역사다. 윤리 도덕의 진보가 없는 곳에서 문명(civilisatio)의 역사를 말할 수는 없는 일이다. 그러나 윤리 도덕이 진보 발전한다는 것은 "타인의 행복 증진을 위해 노력하라!"라는 도덕적 명령 자체가 수정되고 변화해간다는 뜻이 아니다. 이 명령대로 타인의 행복을 증진하기 위해 노력하는 사람들이 점점 더 많아진다는 의미다. 만약에 이러한 도덕적 명령에 무지한 사회가 있다면, 그 사회는 도덕적으로 미개하거나 야만적이라고 해야 할 것이다. 만약에 타인의 행복 증진에 힘쓰는 사람이 점점 감소하는 사회가 있다면, 그 사회는 윤리적으로 쇠퇴하고 있다고 보아야 할 것이다. 또한 타인의 행복 증진에 전혀 관심이 없는 사람은 예나 지금이나 동에서나 서에서나 윤리적으로 좋은 사람이 아니다.

이러한 맥락에서 윤리 도덕의 원칙은 논리 규칙과 마찬가지로 동서고금에서 불변이다. 특정 종교가 인간 행동에 영향력을 갖든 말든, 인간의 심리를 탐구하는 새로운 방법이 사용되든 말든, 문화 유행이 바뀌든 말든, 현존하는 인간이 '인간'으로서 존속하는 한, 논리법칙과 함께 윤리법칙은 변할 수 없다. 논리법칙과 함께 윤리법칙은 인간의 본질속성(attributum)이다. 따라서 논리법칙이나 윤리법칙이 변화한다면 그것은 '인간'이 변질된 것을 의미하며, 만약 그것들이 그 법칙성을 상실한다면 현생 인류가 가진 진위 선악의 개념이 소멸했다고 보아야 할 것이다.

윤리적 가치의 근거를 밝히는 문제야말로 철학의 문제[24]다. 그런데 이것이 사회학 또는 심리학의 문제로 혼동되는 것은 한편으로는 자유를 자율로서가 아니라 임의적인 선택 내지 선호로만 보고, 다른 한편으로는 윤리와 예(의범)절을 혼동하는 데서 기인한다. 깊은 연관이 있어 보이기는 하지만 예절 내지 풍습과 윤리 도덕은 본질적으로 다르다. 윤리가 예절이나 풍습이라는 옷을 입고 실현되는 것이 상례이기는 하지만, 동일한 윤리규범을 실현하는 데서도 예절이나 풍습은 시대와 장소와 족속에 따라 다를 수 있다. 따라서 예절이나 풍습의 유래는 사회학에서나 심리학 또는 생리학에서도 규명할 수 있다. 그러나 윤리는 그러한 사실을 뛰어넘는 비약적 내지 초월적인 당위 규범이기 때문에 서로 다른 풍습

가운데서도 보편적 형식과 가치를 갖는다.

도덕법칙의 보편성과 특정인의 도덕적 인지능력이나 덕성은 거의 상관이 없다. 어떤 사람이 그것을 인지하지 못한다거나 규칙에 따라 셈하지 않는다고 해서 산수 규칙의 보편성이 저해되는 것이 아니듯이, 다수의 사람들이 도덕법칙을 이해하지 못하거나 그에 동의하지 않고 그에 따라 행동하지 않는다고 해서 도덕법칙의 보편성이 저해되는 것은 아니다. 아무리 해도 논리법칙을 터득하지 못하는 사람이 있듯이 어떻게 해도 윤리법칙을 이해하지 못하는 사람도 있지만, 그렇다고 논리법칙이나 윤리법칙이 보편적이지 않다고 말할 수는 없는 것이다. 한 교실의 전체 수험생이 수학 시험에서 0점을 받는다고 해서 대수의 규칙들이 무효가 되는 것이 아니듯이, 전 인류가 부도덕한 행동을 한다고 해도, 어쩌면 바로 그러할 우려가 있기 때문에 도덕법칙은 보편타당성을 잃지 않는다.

연습하면 계산능력이 향상될 수는 있지만 누구나 똑같이 향상되는 것도, 무한히 향상되는 것도 아니다. 그렇듯이 덕성 함양도 절차탁마를 통해 어느 정도 향상을 기대할 수 있겠지만, 수련한다고 누구나 동일한 수준의 덕성을 얻을 수 있는 것도 아니고, 누구나 성인(聖人)이 될 수 있는 것도 아니다. 아마도 그것은 이성적 동물인 인간이 개체로서는 제한된 역량만을 가진 채 존재하는 탓일 것이다. 그러한 제한성에도 불구하고, 이성적 동물인 인간은 논리와 윤리의 이치(ratio)를 가지며, 이 이치에 근거(ratio)해서 사고와 행동 규범을 갖는다. 그렇기에 인간은 개체로서는 그러한 이치의 이상(理想)에 이르지 못하겠지만, 대(代)를 잇는 매진 속에서 마침내 다다르리라 믿으며 부단히 행실을 가다듬는다.

3. 포스트휴먼 사회의 인본주의적 규범

'인공적 도덕 행위자'의 성격

사람에 의해 만들어졌지만 인간보다 훨씬 빨리 달리는 자동차도 있고, 인간은 날 수 없는 창공을 나는 비행기도 있고, 인간보다 신속하고 정확하게 셈하는 계산기도 있고, 인간이 대응할 수 없는 바둑의 수를 찾아 두는 알파고도 이미 작동하고 있다. '인공지능'이라는 것이 개발 당초부터 인간의 지능으로 수행할 수 있는 일을 대신하거나 더 잘 수행하게 하려는 의도에서 등장한 것인 만큼, 기술이 급속도로 진보하면 인간의 지능에 근접하거나 훨씬 뛰어넘는 범용 인공지능 또한 출현하리라고 기대할 수 있다. 아마도 인공지능 시스템이 인간의 지능과 더 이상 유사하지 않게 될 때 인공지능은 더 우수한 기능을 발휘하게 될 것이다. 인간은 다른 요소에서도 그렇듯이 지능 면에서도 많은 결함을 가지고 있으니 말이다.

그러나 인간이 가진 신체 기능이나 정신적 기능을 인간보다 탁월하게 수행하는 사물이 있다고 해도, 그것이 유한한 생명성, 자기산출성, 역사성과 사회성, 교양능력 및 자율적 주체성을 가지지 않으면 '인간' 즉 '이성적 동물'이 아니다. 다시 말해 그러한 것은 인간의 위격을 가질 수 없다. 인공지능이 지능 또는 정서적 행태에서 인간처럼 보인다고 하더라도—인간에 대해 행태주의 관점을 가진 이들은 '범용 인공지능(AGI)'이 출현하면 '인간 지능'과 '인공지능'을 구별할 수 없으므로, 이 둘을 한 가지라고 할 것이다. '튜링 테스트'라는 발상도 이러한 행태주의의 한 전형이다.—저와 같은 인간의 본질적 속성을 갖추지 못하면 인간 종에 속할 수 없다. 그러한 것은 엄밀한 의미에서 '인격'으로 간주할 수 없다. 그러므로 가령 '인공지능의 윤리'라는 것이 있다면 그것은 인공지능 시스템을 다루는 사람의 윤리로 보아야 할 것이다. 인공지능 시스템, 예컨대 자율주행차의 운용 중에 일어나는 사고 또한 관련된 자연인들이 책임질 일이므로 자율주행차가 책임의 주체는 될 수 없다.

따라서 '인공지능의 윤리'는 어떤 상황에서 '도덕적' 인간이라면 그렇게 했을 행동과 똑같이 행동하는 인공지능 시스템을 설계하고 운용하는 사람의 윤리이고, 그 국면에서 도덕적 행위자가 있다면 그것은 도덕적인 인간일 것이다. 이른바 '인공적 도덕 행위자(AMA)'란 본래 의미의 '행위자(agens, actor)'라기보다는 도덕적 인간의 인공적(즉, 기계) '대행자(agent)'다. 그러므로 인공지능 시스템은 당연히 도덕적으로 작동하도록 설계되고 운용되어야 한다. 그렇기에 비록 그 자체가 주체적인 도덕 '행위자'는 아닐지라도, 도덕 주체인 인간의 '대행자'로서 "도덕적 중요성 내지 도덕적 성격을 갖는다."[25]

이때 '도덕적' 행위에 대해 어떤 현실적 책임을 묻는 평가가 뒤따르게 된다면, 그 행위는 한낱 느슨하게 책임을 묻는 '윤리적' 행위를 넘어, 엄격하게 책임을 묻는 '적법한' 행위를 지칭하는 것이다. 엄밀한 의미에서 윤리가 행위의 외면(행태, 결과)이 아닌 행위의 내면(양심, 동기)에 있는 것이라면, 법리(적법함)는 행위의 외면만으로도 판단할 수 있다는 점에서 그렇다. 그러나 도덕적 대행자인 지능 기계에게 법적 책임을 지운다고 해도 기껏해야 '변상책무(accountability)'[26]나 배상책임(liability) 정도다. 따라서 지능 기계는 그런 민법/상법의 제한적 범위 내에서 '법인(legal person)'의 하나로 인정할 수 있겠지만, 온전한 의미에서 '책임(responsibility)'은 그 기계를 제작하고 운용한 자연인에게 귀속한다.

물론 당초 인간의 손에 의해 인간의 도구로 제작된 인공지능이 진보를 거듭하면, 형태가 인간과 전혀 다르더라도 인간의 제반능력을 뛰어넘어 인간을 힘으로 압도하는 지능 존재자가 생길 수도 있을 것이다. 그러나 그러한 국면에서는 설령 '기계지능의 윤리'라는 것이 있다손 치더라도, 그것은 인간이 수립해서 가르쳐줄 수 있는 것이 아니라 기계지능이 스스로 수립할 것이다. 인간보다 탁월한 어떤 존재자가 인간의 '윤리(倫理)'에 종속할 리 없기 때문이다. 그런데 만약 기계지능이 자신의 윤리와 법률 체제를 세운다면, 그 기계지능 또한 '자율적'이라 해야 할 것이다. 그렇게 되면 그 자율적 존재자는 더 이상 '인공'적인 것이 아닐 것이다. 그 존재자는 이미 인간의 기술(art)을 멀리 넘어가 있을 것이기 때문이다. 기계지능이 '인공적'인 한에서는 결코 '자율적'일 수 없고, 따라서 '도덕 주체'일 수 없으며, '인격'일 수 없다.

만약 "지능 폭발"²⁷ 같은 것이 일어나 인간의 지능을 뛰어넘는 존재자가 생겨난다면, 그리고 그 존재자가 동물성을 가지고 있지 않다면, 그러한 존재자에게 자기규범이 있다고 해도 그 내용은 인간의 것과는 판이할 것이고, 인간적 의미의 '도덕'을 포함할 리도 없을 것이다. 인간의 도덕은 본디 자신의 동물성을 다스리는 데 의의가 있기 때문이다. 그래서 아마도 비동물적인 '초지능(ultraintelligent) 존재자'는 당연히 인간적 의미의 도덕 행위자일 리 없고, 따라서 '인격'일 수 없다.

'인공적'–'자연적', '인공인'–'자연인'의 구별이 의미를 가지고, '자연인'이 현생 인류를 지칭하는 한, 자율성은 궁극적으로 자연인의 속성이다. 그렇기에 자연인만이 도덕의 주체일 수 있고, 도덕의 문제를 갖는다. 여타 모든 행위에서와 마찬가지로 인간은 인공지능도 윤리규범에 맞게 개발하고 운용해야 한다. '인공지능'은 마땅히 인간의 윤리규범 내에서 작동해야 하고, 그 범위를 넘어서면 더 이상 '인공'지능이라 할 수 없다.

인본주의의 원칙

인류문명사를 윤리 외연의 확대 역사라고 하는 것은 곧 '인간' 개념의 외연을 확대해온 역사임을 뜻한다. 노예로 전락한 고대의 수많은 피정복자들, 침략해 들어온 외지인들에게 인간이 아니라고 규정되고 짐승처럼 내몰렸던 아메리카 원주민들, 아직은 사람 아닌 것으로 취급됐던 태아들이 누구와도 동등한 '인간'이라는 사실은 이미 오래전부터 자명하다. 죄수나 전쟁포로들에게도 '인권'

이 있다는 것 또한 납득된 지 오래며, 짐승, 식물, 생명을 가진 모든 것들에 생명윤리가 보편적으로 적용되어야 한다는 것 또한 점점 분명해져가고 있다. 이제 발생 방식은 인간과 다르지만 인간과 유사한 활동을 하고, 경우에 따라서는 인간의 어떤 능력을 훨씬 뛰어넘는 유사인종, 포스트휴먼에게 과연 '인권'에 상응하는 권리, 그리고 그것과 짝이 되는 의무를 인정할 것인지, 좀 더 일반적으로 말하면 인간의 윤리 도덕이 포스트휴먼에게도 타당한지가 숙고의 주제가 되고 있다.

인간의 '인간임', 인간의 존엄성은 그가 자율로서 가지는 자유의 힘에 의거하는 것이므로 인간의 존엄성이 누구나의 존엄성을 뜻하는 한, 각자는 무엇보다도 똑같이 의사의 자유를 가지는 것으로 간주된다. 그래서 인간 사회에서 "법의 보편적 원리"는 "행위가 또는 그 행위의 준칙에 따라 각자가 지니는 의사의 자유가 보편적 법칙에 따라 어느 누구의 자유와도 공존할 수 있는 각각의 행위는 법적이다/권리가 있다/정당하다/옳다(recht)."[28]는 데 있다. 따라서 우리가 사회 여건에 따라 어떠한 법규범을 제정하더라도 제정된 법규범이 저 원칙에 저촉되어서는 안 된다.

인간의 권리와 의무의 보편성은 상호성을 바탕에 두고 있다. 인간 사회의 윤리 도덕 또한 솔선수범을 미덕으로 내세우기는 하지만, 상호성을 당연한 것으로 전제하고 있다. "너희는 남에게 바라는 대로 남에게 해주어라."[29]라는 기독교의 '황금률'이나 "자기가 하고 싶지 않은 바는 남에게 시키지 말 것"[30]이며 "자기가 서고자 하면 남을 세워주고, 자기가 도달하고자 하면 남을 도달하게 해줄 것"³¹이라는 유교의 '혈구지도(絜矩之道)'는 내가 먼저 베풀면 남도 그렇게 할 것이라는 기대와 함께, 반대로 남이 먼저 그렇게 하면 나도 그렇게 하지 않을 수 없다는 마음씨를 담고 있다.

타자에 대한 의식, 곧 사회의식에서 윤리 도덕이 비롯하는 것이므로, "타자야말로 인간 도덕성의 근원이자 목적"³²이다. 이를 자각하지 못하는 사람은 군집을 이룬 펭귄들이 함께 추위를 극복하기 위해 지속적으로 안 자리와 바깥 자리를 바꿔가며 살아가는 공생의 이치라도 배울 일이다. 이제 공생의 본능이 희미해진 인간은 자치의 법칙으로써 공동체의 윤리를 세우지 않을 수 없다.

타자에 대한 의식과 상호성의 원리가 유효하게 작동하기 때문에 인간 사회의 제 규범이 그 규범성을 유지하고 있는 것이다. 이러한 상호성이 사람들 사이뿐만 아니라 인간과 유정 생명체 사이에도 어느 정도 있다고 보기 때문에, 인간 너머로 인간의 윤리 규범을 확대하고자 하는 논의가 일어나고 있다고 할 수 있다. 인간과 여타의 유정 생명체 사이에 윤리가 성립한다는 것은 유정 생명체들이 인간 활동의 한낱 수단이 아니므로, 만약 그들을 그렇게 대한다면 그것은 '비윤리적'임을 의미하는 것이다. 만약 인간과 포스트휴먼 사이에도 상호성의 원리가 작동한다면, 휴먼-포스트휴먼의 윤리규범도 인간의 윤리규범에 준해서 논의될 수 있을 것이다. 그러나 인간과 포스트휴먼 사이에 저러한 상호성이 성립하지 않는다면, '포스트휴먼의 규범'은 인간이 포스트휴먼을 다루는 규범이거나, 포스트휴먼이 인간과는 독립적으로 갖는 자치(自治) 규범일 것이다.

포스트휴먼 사회에서 휴먼과 포스트휴먼의 공존보다 우선적으로 구현되어야 할 것은 휴먼들 간의 아름다운 공존이다. 그리고 휴먼과 포스트휴먼의 지혜로운 공존은 휴먼들의 영속적인 공존을 위한 수단이어야 한다. 휴먼은 휴먼으로서 개선을 지향해야지 트랜스휴먼이 된다거나 포스트휴먼에 자리를 내어주고 소멸하는 길로 나아갈 수는 없다. 그것이 휴머니즘이다. 휴머니즘은 트랜스휴머니즘을 경계하고, 포스트휴머니즘에 대항한다. 휴머니즘은 개인의 처신에서나 사회제도에서나 과학기술의 진흥에서나 인간이 대상화 및 수단화되고 제작되며, 표준화되어 복제되는 일을 저지할 것인데, 그런 일들은 반드시 인간의 존엄성을 훼손할 것이기 때문이다.

어느 시대든 사회규범은 인간의 존엄성을 고양하기 위한 것이어야 한다. 어떠한 과학기술이나 그 산출물도 인간의 존엄성을 훼손할 경우에는 즉각 폐기되어야 하며, 그리할 우려가 있을 때는 중단되어야 한다.

4. 포스트휴먼 사회에서 휴머니즘 증진을 위한 제언

인간(휴먼)은 이성적 동물로서 교육과 교화를 통해 자신의 향상을 꾀해야 한다. 기계 조작과 생명기술적인 시술을 통해 '역량 강화'를 꾀하는 길은 결국 인간을 소멸에 이르게 할 것이다. 기계지능 과학기술과 의생명 과학기술이 진보해감에 따라 자연인과 인공지능 내지 기계지능 로봇, 자연인과 증강인간 내지 사이보그 사이에 경쟁이 일어나고 강한 사람과 약한 사람 사이의 사회적 격차가 더욱 커질 우려가 있다. 이러한 우려가 깊어질수록 '인간 증강/향상(human enhancement)'이라는 명분 아래 인체 조작의 유혹 또한 집요해질 것이다. 아마도 그 결과는 일시적으로 사람들의 사회적 격차를 확대하는 것을 넘어, 종내는 '인간' 개념을 변질시키고 인간의 존엄성을 말살할 것이며, 인간의 문명사회 자체를 와해시킬 것이다.

휴머니즘이란 하늘과 땅의 중심에 동물이되 이성적 존재자인 인간이 있으며, 그러한 인간 위에 인간 없고 인간 아래 인간 없다는 정신에 기초한다. 포스트휴먼 사회가 탈인간 사회가 아닌 진보한 인간 사회가 되려면, 전체적으로 인간 교육에 힘을 쏟고 개개인은 자신의 교화에 매진하며, 사회는 동등한 사람들이 화합하는 장이 될 수 있는 제도를 끊임없이 강구하고 구축해나가야 한다. 이를 위해서는 우선 다음의 사항들을 숙고하고 실천해야 한다.

하나, 과학기술에 관한 규범을 만드는 문제

무엇보다도 급진전하는 과학기술이 인체를 변조하고, 인간 자체를 기술의 대상으로 삼는 일이 일어나지 않도록 인류 차원의 통제규범을 만들고, 규범 준수와 감찰을 위해 국제적 기구를 설립해야 한다.

둘, 인간의 존엄성을 살리는 문제

사람의 일을 전적으로 기계에게 떠넘길 수 없는 상황에서 과학기술이 고도화할수록 과학기술의 개발과 운용에 참여할 수 있는 자본가와 고급 과학기술자, 탁월한 아이디어를 가진 경영자들은 더욱더 득세하겠지만, 그 밖의 사람들은 현상 유지도 힘들 것이다.

산업현장에서는 제조업을 비롯해 다수의 노동자가 유사한 작업을 반복하는 일자리부터 스마트 머신(smart machine)으로 대체되어갈 것이다. 스마트 머신을 제작, 운용하는 일과 같은 기계에게 맡길 수 없는 업무 종사자 이외의 사람들은 허드렛일이나 임시업무를 맡음으로써 역할의 비중과 함께 노동소득 또한 감소할 것이다. 설령 일자리가 숫자상으로는 감소하지 않는다고 해도, 질적 차원에서 노동시장의 양극화는 갈수록 심화할 것이다. 일자리, 노동소득과 상관없이 자본가들은 첨단산업에 투자하여 더 많은 소득을 올릴 것이고, 고숙련 일자리 종사자와 중숙련(middle-skil) 이하 일자리 종사자 사이의 소득 격차는 점점 더 커질 것이다. 그렇게 되면 설령 사회 전체의 부가 증가한다고 해도 사회 구성원 대부분의 삶의 질은 전혀 개선되지 못하거나 악화할 것이다. 이러한 추세가 지속되면 시민사회의 건전한 발전에 위협이 될 것이 분명하다.

또한 노동현장의 양극화 추세는 하위직 노동자의 위상을 더욱 약화시켜, 상사가 지정한 목표에 순응하는 자들만이 그나마 잡은 일자리를 유지할 가능성이 높다. 이러한 일터의 모습은 인간성을 마모시킬 것이다. 인간성과 인간의 존엄함은 그의 자유와 타인과의 평등함에서 출발한다.

진보하는 과학기술과 고도화된 기계는 사회 공동의 부를 증대하고 만인을 두루 고된 노동에서 해방시켜서 만인의 향상된 복지사회를 구현하는 수단이 되어야지, 소수의 사람들이 자연과 다수를 지배하는 도구가 되어서는 안 된다.

오늘날 '산업'이라는 말의 어원인 라틴어 '인두스트리아(industria)'는 본래 근면, 재간, 노련함, 면밀함을 뜻한다. 이는 산업 형태보다는 산업 속에 간직된 정신을 표현하고 있다고 할 수 있다. 정신이란 산업 자체보다는 산업 종사자로부터 드러나는 것이므로, 어원을 살펴 말하자면 산업 종사자는 근면하고 노련하고 주도면밀함을 속성으로 가져야만 '산업'의 본래 의미에 부합한다고 하겠다.

그러나 근면과 노련함과 면밀함은 단지 산업 경영에서가 아니라, 인간 사회의 문화 일반에서 더욱 분명하게 드러나야 한다. 인간 문화의 한 형태인 산업의 발전은 당연히 인간 문화의 본질적 향상, 곧 인간의 존엄성 제고로 이어져야 한다. '산업의 발전'은 인간을 가치의 중심에 둔 휴머니즘의 증진에 획기적으로 기여할 때만 그 '발전'의 의미를 갖는다고 할 것이다. 산업의 발전이 보편적 인간의 심성을 파괴하고, 시민의 공공복지를 해친다면 그것을 어떻게 '발전'이라고 하겠는가? 기술과 경영의 수월성이 곧 인간 문화의 발전은 아니다. 그것들이 '좋은 시민사회'를 위한 자양분이 될 경우에만 발전의 요소라 할 수 있을 것이다.

셋, 도덕성을 함양하는 문제

우리의 교육, 과학기술의 진흥, 생산-소비 체제, 정치 체제는 '인간은 어떤 모습으로 살아야 하며 어떤 사회 형태를 가질 때 최선의 인간이 될 수 있을까', 즉 이상적인 인간상에 맞춰 발전시켜 나가야지, '자연인들이 보통 어떻게 살고 있는지', 즉 인간의 실상에 맞춰 이끌어가서는 안 된다. 인간은 마땅히 도덕적으로 훌륭하게 살아가야 하며, 그러기 위해서는 인간 내면의 끊임없는 자기개선이 필요하다. 인간 상호간의 비교우위를 점하려는 경쟁심과 자신의 한정된 역량을 보충 보완하려는 완성 심리가 인간 문명을 향상시키는 동력이지만, 이것은 또한 분명히 인간사 불화의 요인이며 인간 문명의 파멸의 불씨가 될 수 있다. 인간 문화는 교화된 인간들에 의해서만 지속될 수 있다. 인간 사회는 개개인의 자기교화를 상호 격려하는 풍토를 조성해야 한다.

넷, 출산율이 감소하는 문제

'출산율 저하', '인구 절벽' 같은 표현을 사용하면서 인구 감소를 걱정하는 사람들이 있다. 그런데 출산율 저하가 진정으로 사회 문제가 된다면, 그 해결책은 가임 연령층에 있는 시민이 너도나도 앞 다퉈 아이를 낳을 수 있는 사회환경을 가꾸어가는 데 있다. 태어난 아이가 누구 소생이든 균질하게 양호한 양육과 교육을 받고, 일생을 유쾌하게 살 수 있는 사회적 여건을 만드는 일 말이다. 사회 구성원 누구에게나 기량을 배양할 기회가 제공되어야 하고, 닦은 기량을 마음껏 발휘한 후에 봉사와 자기교화의 시간을 가질 수 있는 사회 체제를 만들면 더불어 삶을 누릴 이웃 사람이 충분히 많이 태어날 것이다. 사람이 성인도 되기 전에 계층으로 나뉘는 '인류 역사'는 종식되어야 한다. 인간은 자기책임으로 돌릴 수 있는 인품 밖의 요소로 인해 구별되고, 차별받아서는 안 된다. 진보하는 과학기술이 인간의 외적 요소들을 변화시켜서 인간의 차별화를 더욱 심화시키지 않도록, 전 인류 차원에서 필요한 조치들을 강구해야 한다.

다섯, 일자리를 나누는 문제

사람은 누구는 부리는 자로 누구는 부림당하는 자로 태어나는 것이 아니다. 일터에서 사람이 생산을 위해 언제든지 대체 가능한 개체로 취급된다면, 그 사람은 더 이상 '인간'이 아니라 물리적 생산수단일 뿐이다. 그렇게 되면 인간은 기계일꾼(로봇)과 동렬에 세워지거나 심지어는 자칫 그 부속물로 전락하고 만다.

또한 인간의 일자리를 대체하려고 기계일꾼을 도입하는 만큼, 기계일꾼의 증가는 당연히 사람의 일자리를 축소시킬 것이다. 재래 방식의 일자리는 축소되어가는데 사회 체제가 그대로라면, 일자리를 얻기 위한 경쟁은 심화할 것이다. 만약 그 경쟁이 소수의 승자와 다수의 패자로 귀결되면, 주인과 노예 관계가 성립하는 야만사회가 내내 지속될 것이다.

동일한 내용의 업무를 여러 사람이 나누어 하던 일은 이내 기계화될 것이므로, 장차 그 사람이 아니면 누구도 할 수 없는 일만 사람의 일거리로 남을 것이다. 그것은 이른바 창의적인 사람에게

1장 포스트휴먼 사회의 도래와 휴머니즘

만 일자리가 생긴다는 것을 뜻한다. 이를 통해 산업계의 주축이 대규모 기계 생산시설과 일부(창의) 자유노동자가 될 것임을 예상할 수 있다. 사람들 대부분이 남에게 고용되는 것이 아니라 자신이 자신을 고용하는 '1인1사(一人一社)' 체제가 들어설 것이고, 고용된다고 해도 장기 정규직보다는 일시적이고 유동적인 직무를 얻게 될 것이다. 그로써 사람의 일상은 노동(Arbeit)과 놀이(Spiel)의 교차로 이루어질 공산이 크다.

사람의 일자리가 감소하면 한 사람의 근로 시간을 단축해서 일자리를 나누어야 한다. '일'은 소득 원천일 뿐만 아니라 생의 보람 원천이기도 한 만큼, 국민 모두가 일하는 보람을 향유하도록 사회제도를 변화시켜나가야 한다. 또한 교육 과정에서는 '1인1사 사회'를 대비한 창의 교육과 그 '1인'들이 고립되지 않고 협력 체제를 구축할 수 있도록 협동 정신 함양 교육을 우선해야 한다.

일꾼인간-귀족인간 사회에서 기계일꾼-자유인간 사회로 진보함에 따라, 일하는 동물(animal laborans)이라 불리던 노동자 인간은 유희하는 인간(Homo ludens), 즉 예술가 인간으로 진화해야 마땅하다.

여섯, 소득 양극화의 문제

한편에서는 '출산율 하락이 곧 노동인구 감소이고 국력 저하'임을 우려하고, 다른 한편에서는 청년실업률 증가와 노년의 일자리 부족을 걱정한다. 노동인구는 감소하는데 연금수급자는 증가일로라서 기금 고갈이 문제라는 보도와 함께, 상위 0.1%의 소득은 증대 일로에 있으며, 그에 따라 억만장자도 늘고 있다는 새로운 소식도 있다. 이러한 부조화의 근본 원인은 소득구조는 1970년대부터 이미 크게 변했는데, 근대의 노동 소득에 토대를 둔 사회 체제가 존속하는 데 있다. 사회 전체 재화의 절반 이상이 이미 인간의 노동에 기반하고 있지 않기 때문에, 노동자에게만 '노동에 의한 소득'을 할당하고 사람을 예나 마찬가지로 노동력으로 환산하는 방식을 유지할 수는 없는 노릇이다. 노동 시간 단축으로 인해 발생할 수도 있는 소득 감소는 기계일꾼에 의해 창출된 부를 재원으로 삼는 국민기본소득제를 통해 보충하고, 각종 공적 연금 또한 국민기본소득으로 대체하는 방안을 강구해야 한다.

일곱, 인간과 유사인종이 공존하는 문제

포스트휴먼 사회는 인간과 인간의 공존사회를 넘어 인간과 유사인종이 공존하는 사회다. 그런 만큼 재래의 인간 윤리 못지않게 유사인종과의 공존 윤리가 정립되어나가야 한다.

인류 문명의 진보와 함께 인간의 존엄성 개념은 인간에서 유정 동물로, 나아가 생명체 일반으로 확산되어가고 있다. 이제 이와 같은 가치관은 만약 '감성 기계'가 출현하면 그것에까지도 미치지 않을 수 없을 것이다.

이른바 '정동적 기계', 곧 감정 로봇이 등장하면 그 등장 초기부터(세련화가 진보하여 사람과 구별할 수 없을 정도로 감정을 표현할 수 있게 되기 전에도) 인간과 로봇 사이에 새로운 관계 방식이 생길 것이다. 그때는 '로봇 규범'이 로봇이 인간과의 관계에서 어떻게 제작되고 운영되어야 하는가의 문제뿐만 아니라, 인간이 로봇을 어떻게 대해야 하는가, 또 로봇끼리는 서로 어떻게 응대해야 하는가의 문제까지도 포함하지 않을 수 없기 때문이다. 이러한 로봇 규범은 만약 그러한 국면이 도래한다면 휴먼과 트랜스휴먼 또는 포스트휴먼 사이, 그리고 트랜스휴먼과 포스트휴먼 사이 규범의 출발점이 될 것이다.

그런데 이러한 모든 규범은 결국 인간(휴먼) 대 인간(휴먼)의 인간다운 사회를 구현하는 일에 초점이 맞춰질 수밖에 없다. 무릇 '규범'이란 인간의 규범으로서만 의의를 가지기 때문이다. 이제 인간의 실존 문제는 '인간은 무엇인가?' 하는 존재의 문제가 아니라, '인간은 무엇이어야 하는가?' 또는 '인간은 무엇으로 살 것인가?' 하는 존속과 존립(Bestehen)의 문제가 되었다. 인간의 존엄성 문제는 사실(과학)의 문제가 아니라, 규범(철학)의 문제다.

트랜스휴머니즘, 이상인가 신화인가[1]

박찬국

1. 인간은 신적인 존재가 될 수 있는가

트랜스휴머니즘은 급속도로 발전하는 과학기술을 이용하여 인간을 대폭 증강된 신체 능력과 지적 능력 그리고 심리적인 자기 조절 능력을 갖는 포스트휴먼으로 변형할 수 있고 또한 변형해야 한다고 주장하는 철학사상이다. 트랜스휴머니즘이 지향하는 포스트휴먼의 모습을 신상규는 다음과 같이 묘사한다.

가령 우리는 현재 가장 뛰어난 인간이 지닐 수 있는 지능보다 훨씬 더 뛰어난 지능을 가졌으며, 더 이상 질병에 시달리지 않고 노화가

---

1) 이 글은 《현대유럽철학연구》 제 53집(한국현대유럽철학회, 2019)에 게재된 바 있다.

완전히 제거되어서 젊음과 활력을 계속 유지하는 어떤 존재를 생각해볼 수 있다. 이 존재는 스스로 심리 상태도 자유롭게 조절할 수 있어서 피곤함이나 지루함을 거의 느끼지 않으며, 미움과 같은 감정을 피하고, 즐거움, 사랑, 미적 감수성, 평정 등의 태도를 유지한다. [……] '포스트휴먼'은 '내가 이런 능력을 가지고 있다면 얼마나 좋을까' 하고 누구나 한 번쯤 상상해보았을 법한 슈퍼 인간의 모습을 서술한 기술적인(descriptive) 용어다.[1]

신상규가 묘사하는 포스트휴먼은 신적인 존재에 가까운 것 같다. 신과 인간은 신은 불사의 존재인 반면에 인간은 사멸하는 존재라는 데 근본적인 차이가 있지만, 신상규가 말하는 것처럼 "노화가 완전히 제거되어버린" 인간은 불멸의 신과 같은 존재라고 봐야 할 것이다. 이 글에서는 이렇게 인간을 신적인 존재로 만들려고 하는 트랜스휴머니즘의 본질적 성격과 문제점을 고찰하고자 한다.[2]

2. 트랜스휴머니즘의 본질적 성격

근대 진보사상의 극단

지능을 비롯한 모든 능력에서 현재의 인간을 능가하면서 영원한 젊음과 활력, 그리고 정신적 평정을 누리는 존재가 되는 것은 신상규가 말하는 것처럼 누구나 한 번쯤 꿈꾸어본 적이 있을 것이다. 트랜스휴머니즘은 그러한 존재가 되는 것이 머지않아 꿈에 그치지 않고 현실이 될 수 있다고 주장한다. 인간은 지금까지는 자신이 통제하지 못하는 진화 과정에 의해 지배되었지만, 정보공학, 신경과학, 생명공학, 인지과학의 눈부신 발전과 함께 진화의 방향을 자신이 원하는 대로 결정할 수 있게 된다는 것이다.

이렇게 진화를 자신이 원하는 대로 조종하는 이른바 '맞춤 진화'를 실현할 수 있는 존재를 우리는 더 이상 인간이라고 부르기는 어려울 것 같다. 인류는 그동안 자연에 대한 지배력을 꾸준히 증대해오긴 했지만, 여전히 자연조건을 벗어나지 못하고 있다. 진화 과정을 완벽하게 통제하는 인간이란 실질적으로 자연의 운행을 완벽하게 꿰뚫어보고 자기 마음대로 좌지우지할 수 있는 초자연적인 존재일 것이다. 이러한 초자연적인 존재는 전통적으로 신이라고 불려왔다. 결국 트랜스휴머니즘은 과학기술을 통해 인간이 신적인 존재로 격상될 수 있다고 보는 사상이라고 할 수 있다. 트랜스휴머니즘은 과학기술을 통해 인간의 조건을 개선하는 것을 넘어 인간의 조건 자체를 초월할 수 있다고 주장하는 것이다.[3]

그런데 트랜스휴머니즘이 지향하는 신적인 존재는 그리스신화의 신과 신약성서의 신을 합쳐놓은 존재로 보인다. 그리스신화의 신은 제우스에서 보듯이 영원한 젊음과 활력을 누리지만 정신적 평온과 인간에 대한 사랑과는 거리가 멀다고 할 수 있다. 이에 반해 신약성서의 신은 정신적 평온과 인간에 대한 자비심으로 넘치는 신이다. 이렇게 두 신은 서로 근본적으로 다른 성격을 갖고 있기 때문에 둘을 종합하기는 어려워 보인다.

2장 트랜스휴머니즘, 이상인가 신화인가

영원한 젊음과 활력을 누리는 제우스가 사랑의 신이 아닌 것처럼, 신약성서에서 신의 화신이라는 예수는 나이는 젊지만 우리가 흔히 욕망하는 젊음과 활력의 상징이라고 보기는 어렵다. 그는 젊음과 활력으로 넘치는 존재라기보다는 무력하게 십자가에 못 박혀 죽으면서 자신을 못 박은 자들에 대한 용서를 비는 사랑으로 충만한 존재다.

우리가 꿈꾸는 영원한 젊음과 활력은 궁극적으로는 쾌락주의적 욕망에서 비롯된다. 이에 반해 항상 정신적인 평온을 유지하면서 인류에 대한 사랑으로 넘치는 존재가 되고 싶어하는 것은 쾌락주의적 욕망과는 거리가 멀다. 이 두 가지 신 관념에서 표현되고 있는 이상적 상태들은 우리 유한한 인간의 눈에는 서로 양립하기 어려운 것처럼 보인다. 우리가 생각하기에, 정신적 평정을 누리면서 다른 인간들에 대한 자비심을 갖기 위해서는 젊음과 활력을 비롯한 쾌락주의적 욕망에서 벗어나야 할 것 같다. 왜냐하면 젊음과 활력은 어디까지나 이기적이고 자기중심적인 욕망인 반면에, 정신적인 평온이나 다른 인간들에 대한 자비심은 이러한 욕망에서 벗어나 있는 것이기 때문이다.

니체는 제우스라는 신의 모습이 생명력과 남성적인 패기가 충일했던 그리스문명을 상징한다고 보고 그리스문명을 청년의 문명이라고 불렀다. 이에 반해 용서와 사랑을 설파하는 예수라는 신의 모습은 그리스문명이 붕괴한 후 생명력과 남성적인 패기를 상실해버린 서양문명을 상징한다고 보았다. 이렇게 쇠퇴하게 된 서양문명을 니체는 노년의 문명이라고 불렀다.

어떻든 트랜스휴머니즘은 우리 유한한 인간의 사고로는 양립하기 어려운 듯한 이 두 가지 상태를 함께 실현할 수 있는 슈퍼휴먼을 만들 수 있다고 생각한다. 이 점에서 트랜스휴머니즘은 근대의 진보사상을 극단으로까지 밀고 나갔다고 볼 수 있다. 슈패만에 따르면 진보사상이 근대에만 보이는 것은 아니지만, 근대의 진보사상은 진보가 모든 면에서 동시에 일어날 수 있다고 본다는 점에 그 특징이 있다.[4] 이에 반해 근대의 진보사상이 나타나기 전에는 사람들은 어떤 면에서 진보가 일어나면 다른 면에서는 악화나 후퇴가 일어나기 쉽다고 여겼다.

양립 불가한 믿음

어떤 면에서 진보가 일어날 때 다른 면에서 후퇴가 일어나는 현상을 우리는 역사와 인간 개개인의 삶에서 쉽게 찾아볼 수 있다. 예를 들어 자유주의는 국가권력으로부터 자유를 실현하려고 했고 또한 상당 부분 실현하기도 했지만, 심각한 불평등을 낳았다. 사회주의는 평등을 실현하려고 했고 또한 상당 부분 실현하기도 했지만, 괴물과도 같은 전체주의적 국가권력을 낳았다. 아울러 기술의 발달과 함께 물질적인 풍요가 실현되었지만 사람들 사이의 불평등은 오히려 심화되는 경향이 있었다. 예를 들어 최초의 기술혁명이라고 할 수 있는 농업혁명과 함께 농경사회가 성립하고 수렵시대에 비하면 비약적으로 생산력이 증대되었지만, 수렵사회에서는 볼 수 없던 계급적인 지배가 나타나게 되었다. 사람들은 열심히 일해서 수확한 거의 대부분을 지배계급에 바쳐야 했다.[5]

또한 오코널이 말하는 것처럼 "과학과 기술의 역사는 질병을 극복하고 물질적인 풍요를 이룬 역사지만 동시에 수많은 종을 절멸시킨 최선의 역사이자 최악의 역사다."[6]

개인 차원에서도 젊음과 쾌락에 대한 욕망을 마음껏 실현하려고 들면 정신의 평정이나 타인에 대한 사랑이라는 덕을 구현하기 어렵다. 따라서 불교를 비롯한 동서양의 거의 모든 고전적인 철학은 정신의 평정을 얻고자 한다면 쾌락을 추구하는 욕망에서 벗어나야 한다고 말한다. 아울러 우리는 니체가 말하는 것처럼 창조적으로 살기 위해서는 망각하는 능력을 갖고 있어야 한다. 잊어도 될 뿐만 아니라 오히려 잊으면 더 좋은 것을 잊지 못하고 모든 것을 기억하는 인간은 과거의 기억에 짓눌려 새로운 상황에서 탄력 있게 생각하고 행동하기 힘들다.[7]

그러나 트랜스휴머니즘은 젊음과 활력 그리고 쾌락을 마음껏 누리면서도 정신의 평정과 타인에 대한 사랑을 함께 구현하는 인간을 만들어낼 수 있다고 믿는다. 또한 그것은 무한한 기억력과 창조력을 동시에 갖춘 인간을 만들어낼 수 있다고 생각한다. 이렇게 트랜스휴머니즘은 유한한 인간에게는 서로 양립하기 어려운 두 가지 상태나 능력을 동시에 실현할 수 있다고 본다. 또한 그것은 능력증강 기술이 인간들 사이의 불평등을 심화시킬 수 있다는 점을 인정하고 우려하면서도, 그러한 기술의 발전이 초래할 부정적인 면보다는 긍정적인 면을 더 보고 싶어한다.

이 점에서 트랜스휴머니즘은 모든 면에서 동시에 진보가 실현될 수 있다고 믿는 근대의 진보사상을 철저히 밀고 나가고 있다고 할 수 있다. 트랜스휴머니즘이 나타나기 전까지 근대의 진보사상을 가장 철저히 밀고 나간 것은 이른바 소비에트식 인간형을 창조할 수 있다고 믿었던 현실공산주의였다고 생각된다. 현실공산주의는 평등한 사회환경 속에서 어릴 적부터 공동체주의적인 교육을 철저히 실시하면 인간을 자신보다는 전체를 더 생각하는 공산주의적 인간형으로 변형시킬 수 있다고 믿었다. 이러한 믿음은 한때 많은 사람을 사로잡았지만, 전체주의적인 국가권력이라는 괴물을 낳는 것으로 끝이 났다. 이러한 이데올로기적인 실험이 실패로 끝난 상황에서 이제 트랜스휴머니즘은 과학기술을 통해 새로운 인간형을 창조하는 것에 기대를 걸고 있다.

트랜스휴머니즘은 사회구조의 변혁이나 교육을 통해서가 아니라 생명공학과 신경공학 그리고 정보공학과 나노공학과 같은 과학기술을 통해 인간을 슈퍼휴먼으로, 즉 신과 같은 존재로 개조할 수 있다고 본다. 그런데 인간을 신과 같은 완벽한 존재로 만들 수 있는 인간은 이미 완벽한 존재여야 하지 않을까. 그렇지 않으면 신을 만들려다가 프랑켄슈타인을 만드는 결과를 초래하게 될 가능성이 더 크지 않을까.

기술이원론으로서의 트랜스휴머니즘

고전적인 서양철학에서 인간은 이성적 동물로 정의되었고, 인간의 본질적 특성은 이성에 있는 것으로 간주되어왔다. 이러한 이성 내지 정신을 트랜스휴머니즘에서는 정보처리 프로그램으로 간주한다. 언젠가는 인간이 불사의 존재가 될 수 있다는 트랜스휴머니즘의 꿈은 인간의 이성 내지 정신을 이렇게 정보처리 프로그램으로 보는 계산기능주의라는 사상을 기저에 깔고 있다.

> 오늘날에는 컴퓨터공학과 인공지능의 발달과 함께 인간의 정신과 뇌 사이의 관계를 소프트웨어와 컴퓨터 하드웨어 사이의 관계와 같은 것으로 보는 견해가 상당한 영향력을 발휘하고 있다. 이러한 견해를 주창하는 계산기능주의자들은 "정신작용을 두뇌에 구현된 형식적 계산 체계의 작동으로 이해하고 우리의 사유나 인지는 두뇌라는 하드웨어를 가동시키는 소프트웨어로 간주한다."[8]

이러한 계산기능주의의 장점을 신상규는 "정신을 영혼과 같은 신비한 어떤 대상으로 은폐시키지 않고, 과학적으로 접근하고 연구할 수 있는 물리적(기계적) 세계의 공적인 구성원으로 만들어 준다."는 점에서 찾는다. 또 다른 장점은 "정신을 단순히 그 물질적인 구성과 직접적으로 동일시하지 않고 물질들이 조직화되어 작동하는 방식의 차원에 위치시킴으로써, 정신적인 것의 특수성을 유지할 수 있는 방안을 제공했다."는 점에서 찾고 있다. 이렇게 계산기능주의는 "뇌가 작동하는 소프트웨어적 구조나 원리가 무엇인지를 탐구함으로써 인간 정신의 비밀을 밝혀낼 수 있을 것이다."라고 믿는다.[9]

신상규는 이러한 계산기능주의의 견해를 근본적으로 의심할 만한 어떤 중요한 발견이나 이론은 아직까지 나오지 않았다고 말한다. 그는 "방향성만 놓고 본다면 정신에 대한 계산기능주의적 이해가 올바른 것으로 확정될 가능성이 매우 크다."고 본다.[10] 물론 신상규는 "어쩌면 인간의 정신능력에 버금가는 실제의 인공지능이 현실로 등장하기까지, 기능적 계산주의는 인간의 정신 본성에 대한 경험적 연구 프로젝트의 가설이라는 지위에 머무를 수밖에 없을 것이다."라고 단서를 달고 있기는 하다.[11]

계산기능주의는 정신과 뇌를 각각 소프트웨어와 하드웨어 같은 것으로 간주하면서 서로 구별하고 있는데, 이는 정신을 뇌에서 일어나는 전기화학 작용으로 보는 전통적인 유물론의 연장이라고 할 수 있다. 전통적인 유물론에 따르면 외부에서 무기물이 들어오면 위가 위액을 분비시켜서 그것을 영양분으로 바꾸듯이, 뇌도 오감을 통해 감각자료가 들어오면 적절한 전기화학적인 물질을 분비시켜서 그것을 정보로 변용한다는 것이다. 다만 전통적인 유물론이 뇌에서 일어나는 물리화학적인 반응에 주목한다면 계산기능주의는 뇌의 정보처리 방식, 다시 말해 뉴런의 연결 방식과 작동 방식에 더 초점을 맞춘다.

계산기능주의는 정신을 몸에서 분리 가능한 정보처리 프로그램으로 간주한다는 점에서 기본적으로 유물론이기는 하지만 기술이원론적(techno-dualistic) 성격을 갖는다.[12] 기본적으로 계산기능주의의 견해에 서 있는 트랜스휴머니즘에서 인간의 정신은 정보처리 프로그램으로 간주되는 동시에 탈신체화된 추상물로 여겨지고, 정보가 전송되는 몸이라는 물질은 (끝없이 전송되고 복제되고 보존될 수 있는) 정보에 비해 부차적인 것이 된다.[13] 아니, 더 나아가 인간의 생물학적 몸은 지금까지 축적된 정보의 양과 복잡성을 감당할

수 없는 것으로 간주된다.[14]

트랜스휴머니즘과 생물학적 몸에 대한 비하

트랜스휴머니스트인 레이 커즈와일은 이렇게 쓰고 있다. "뉴런의 복잡성 중 대부분은 정보처리 과정이 아니라 생명유지 기능에 할당되어 있다. 미래에는 우리의 정신 과정들을 좀 더 나은 연산기관으로 옮길 수 있을 것이다."[15] 이렇게 "좀 더 나은 연산기관"이라는 말에서 추측할 수 있는 것처럼 트랜스휴머니즘은 현재의 인간을 불완전한 컴퓨터로 본다.[16] 그래서 뇌의 정보처리 패턴을 분리하여 내구성이 강하고 좀 더 효율적인 물질에 업로드함으로써 인간을 완전한 정보처리 기계로 변화시킬 수 있다고 본다.[17]

트랜스휴머니즘의 이러한 생각은 기본적으로 유물론적인 구도 아래 있다는 점에서는 서양의 전통적인 이원론과 대립되는 것 같으면서도, 인간의 몸을 불완전하고 탈피해야 할 것으로 본다는 점에서는 전통적인 이원론을 일정 부분 계승하고 있다.

서양의 전통적인 이원론은 생물학적인 몸을 불완전하고 타락한 것으로 보고 인간의 본질을 몸에서 벗어난 순수영혼에서 찾았다. 트랜스휴머니즘은 인간의 몸을 도덕적으로 타락한 것으로 보지는 않는다고 해도 그것을 지극히 불완전한 것으로 간주한다는 점에서 이러한 전통적인 이원론의 연장선상에 있다.[18] 다만 트랜스휴머니즘은 전통적인 이원론처럼 몸을 벗어나 순수영혼이 되는 것을 지향하지 않고, 몸을 죽지도 않고 병에 걸리지도 않으면서 무한한 감각능력과 정신능력을 가질 수 있는 물질로 대체하려고 한다. 이런 맥락에서 오코널은 트랜스휴머니즘을 "생물학적 조건에서 완전히 벗어나자고 주장하는 해방운동"으로 정의한다.[19]

인간은 과학기술이 더욱 발달하게 되면 생물학적 조건에서 벗어나 영구히 존재할 수 있으리라고 믿고 자신의 사체를 냉동보존하기도 한다.

이들은 자신의 시신을 액체질소에 보관하다가 기술이 발전했을 때 녹여 되살리거나, 두개골 안에 있는 1.5킬로그램의 신경 웨트웨어를 꺼내 그 안에 담긴 정보를 스캔하고 코드로 변환한 뒤에 늙지도 죽지도 않는 새로운 기계 신체에 업로드하고 싶어한다.[20]

20만 달러를 내면 신체 전체(전신환자, whole body patient)를 필요시까지 보존해주고, 8만 달러를 내면 뇌 환자(neuro-patient)가 될 수 있는데 이것은 머리만 분리해 석화(石化)한 후 쇠 용기에 넣어두었다가 나중에 뇌(또는 마음)를 인공 신체에 업로드할 수 있도록 냉동보존하는 방식이다.[21]

이 냉동보존 시설의 운영자는 대표적인 트랜스휴머니스트인 맥스 모어다. 많은 종교가 불멸을 팔아서 이득을 보는 것처럼 트랜스휴머니즘 역시 그렇다. 이러한 냉동보존 시술과 그것의 허황됨에 대해 오코널은 이렇게 쓰고 있다.

이 모든 시술의 과학적 근거는 희박했다. 아니, 아예 없었다. 언젠가 과학이 발전하면 몸과 머리를 녹여 되살리거나 그 속의 마음을 디지털로 복제할 수 있으리라는 냉동보존술의 장밋빛 약속은 순전히 이론적 상상이었다. 이 상상이 어찌나 사변적이고 허황되었던지 과학계에서는 반박할 가치조차 없다고 치부할 정도였다. 논평을 내놓은 사람들도 경멸을 감추지 않았다. 이를테면 맥길대학의 신경생물학자 마이클 헨드릭스는 《MIT 테크놀로지 리뷰》에서 "재생이나 복제는 기술적으로 가능한 범위를 뛰어넘는 헛된 희망"이며 "이 희망에서 이익을 챙기는 자들은 분노와 경멸의 대상이 되어 마땅하다."고 주장했다.[22]

신상규는 계산기능주의가 "올바른 것으로 확정될 가능성이 매우 크다."고 하지만, 오코널은 "탈신체화된 마음이란 개념은 SF 소설, 테크노퓨처 논란, 철학적 사고실험 등 사변적 수준에 머물러 있다."고 말한다.[23]

불완전한 기계로서의 인간

트랜스휴머니즘은 영원한 신이나 영혼의 존재를 주장하는 전통적인 종교를 모두 허구에 지나지 않는 것으로 본다. 그러나 트랜스휴머니즘은 결국은 불멸에 대한 인간의 욕망을 충족시키려는 새로운 종교라고 할 수 있다. 트랜스휴머니즘에서 신은 더 이상 순수영혼이나 순수정신이 아니라 완전한 기계로 파악된다. 그리고 인간은 그 자신이 완전한 기계가 될 수 있다고 생각한다.

인간이 자신이 만든 기계에 경탄하면서 기계가 되고 싶어하는 열망은 트랜스휴머니즘에서 처음으로 나타난 것은 아니다. 그러한 열망은 이미 20세기 초에 유럽에서 대두되었던 미래파 운동에서도 강력하게 표명되고 있다. 미래파 운동의 이념을 마리네티 (F.T. Marinetti, 1876~1944)는 1909년에 발표한 미래파 선언에서 이렇게 표현하고 있다.

오늘날까지 문학은 수심에 잠긴 정태적인 상태나 황홀경, 잠자는 상태를 찬양해왔다. 이에 대해 우리는 위험에 대한 사랑과 두려움을 모르는 정력에 충만한 정신을 노래한다. 용기, 대담함, 반역이 우리 시의 본질적 요소다.

우리는 세계가 새로운 아름다움, 즉 스피드의 아름다움에 의해 더욱 풍성해졌다고 선언한다. 폭음을 울리며 돌진하는 경주용 자동차는 사모트라케의 승리(Victory of Samothrace: 에게해의 사모트라케섬에서 출토된 승리의 여신상)보다 아름답다. [……] 스피드는 모든 살아 움직이는 힘의 정화(精華)다. 기도가 신과의 교류를 의미한다면 고속으로 달리는 것은 신에 대한 기도이자 신과의 합일이다. 스피드란 모든 행동하는 용기의 총합이며, 공격적이고 호전적인 것을 의미한다. 이에 비해 느림이란 모든 침체된 분별을 의미하며 수동적이고 평화주의적인 것을 의미한다. [……]

우리는 [……] 나이프의 광채와 같이 태양빛에 반사되어 번쩍이면서 장대한 체조선수처럼 강물을 타고 넘는 철교를, 수평선의 냄새를 맡는 모험적인 기선을, 강철의 거대한 말발굽 같은 차바퀴로 선로 위를 달려가는 굵은 음성의 기관차를, 바람 속의 깃발처럼

2장 트랜스휴머니즘, 이상인가 신화인가

프로펠러를 펄럭이고 열광하는 군중처럼 환성을 울리며 날아가는 항공기의 미끄러운 비행을 노래할 것이다.[24]

이 선언은 분출하는 활력과 강력함을 찬양하고 있는데, 이러한 활력과 강력함이 기계에서 구현되고 있다고 보고 기계에 대한 경탄을 표현하고 있다. 인간은 이전의 종교와 형이상학으로부터 "신을 닮으라"는 말을 들었다면 이제는 "기계를 닮으라"는 말을 듣는다.

에리히 프롬은 현대 기술문명을 근저에서 규정하고 있는 네크로필리아의 정신, 즉 생명이 있는 것보다 죽어 있는 기계적인 것에 매혹당하는 정신이 미래파 선언에 극적으로 나타나 있다고 본다. 이러한 정신은 인간의 생명을 비롯한 모든 생명은 취약하고 불완전한 것인 반면에 기계는 강력하고 더욱 완전한 것으로 본다. 여기서 살아 있는 몸을 갖는 모든 것은 불완전한 기계로 간주되고 조소를 받는다. 이와 관련하여 프롬은 다음과 같이 말하고 있다.

생명의 세계는 '비(非) 생명'의 세계가 되어버렸다. 사람들은 '비인간'이 되고, 세계는 죽음의 세계가 되었다. 이러한 죽음의 상징은 지금에 와서는 청결하고 번쩍거리는 기계다. 사람들은 냄새가 나는 변소에는 마음이 끌리지 않고, 알루미늄이나 유리 구조물에 마음이 끌리고 있다.[25]

원래는 '더럽고 부패해 있으며 악취 나는 것이나 죽은 것에 대한 사랑'을 의미하는 네크로필리아가 현대에 와서는 청결하고 번쩍거리며 많은 경우에 에로틱한 아름다움마저 갖추고 있는 인공물에 대한 사랑으로 나타나고 있다는 것이다.

3. 트랜스휴머니즘의 문제점

인간과 몸

이종관이 말하는 것처럼 포스트휴먼에게 몸은 인공생명의 외부를 둘러싸는 표피에 불과하며, 몸과 의상의 구별은 이제 의미가 없다. 포스트휴먼에 이르면 인간의 몸을 어떤 경우에는 고체 상태로, 어떤 경우에는 액체 상태로, 심지어는 기체 상태와 같은 홀로그램으로 물질화하려고 시도할 것이다.[26] 그러나 우리는 나의 몸과 분리된 정보패턴으로서의 내가 과연 '나'인가라는 의문을 제기할 수 있다. '나'는 내 몸과 따로 구별되지 않으며 결코 나의 몸으로부터 독립적으로 존재할 수 없다.[27]

인간은 몸과 함께 세계 속에서 자신의 삶의 가능성을 구현해 나가는 존재다. 인간은 컴퓨터의 소프트웨어처럼 고정된 정보패턴이 아니라 끊임없이 세계와 교류하면서 자신의 삶의 가능성에 대해 반성하고 새로운 가능성을 추구하는 존재다. 이런 의미에서 하이데거는 인간의 독특한 존재 방식을 실존이라고 부른다. 인간은 자신의 존재를 문제 삼을 수 있는 존재이고 죽음을 생각하면서 죽음에도 불구하고 내 삶이 의미를 갖기 위해서는 어떻게 살아야 하는가를 고뇌하는 존재다. 인간은 동물과 달리 실존이라는 독특한 존재 방식을 갖기 때문에 하이데거는 인간의 몸이 동물의 몸과도 본질적으로 다르다고 본다. 하이데거는 "인간의 손은 원숭이의 손과 본질적으로 다르다."고까지 말하고 있다.

몸은 인간 그 자신의 표현이다. 따라서 몸에 대한 구속은 나 자신을 구속하는 것이다. 몸이 제대로 말을 듣지 않으면 우리는 도구가 제대로 기능하지 않을 때와는 다른 느낌을 받는다. 그 경우 우리는 도구가 아니라 우리 자신이 상처를 입었다고 느낀다.[28] 이런 의미에서 오코널은 "디지털 영혼이 된다는 것, 즉 순수한 정보의 형태로 몸 없이 존재하는 것이나 제3의 휴머노이드 하드웨어로 돌아가는 것은 어떤 의미에서 형벌이 아니라 구원인가?"라는 질문을 제기한다.[29]

물론 우리는 흔히 우리의 몸을 도구처럼 여기는 경향이 있다. 하이데거가 말하듯이 우리가 도구를 의식할 때는 도구가 망가졌을 때인 것처럼 우리는 우리 몸이 아무런 문제없이 기능할 때는 그것에 아무런 관심도 없다. 그러다가 몸이 제대로 기능하지 않으면 우리는 도구가 망가졌을 때 짜증을 내듯이 몸에 짜증을 낸다.

근대 생물학자들 일부도 유기체를 도구들의 복합체(ein Komplex von Werkzeugen)로서 규정한다. 예를 들어 그들은 감각기관을 감각도구로, 소화기관은 소화도구로 간주한다. 이럴 경우 유기체는 상이한 부분들이 긴밀히 연계하여 하나의 통일된 전체 작업을 수행하는 복잡한 기계와 같은 것이 된다.[30] 물론 유기체가 기계처럼 외부로부터 동력이 주어질 경우에만 움직이는 것은 아니다. 그렇지만 유기체는 자체 내에 동력기관을 갖고 자동으로 움직이는 기계와 같은 것이 되고 만다.

이러한 견해에 대해 하이데거는 감각기관이 먼저 있고 그것에 능력이나 기능이 부가되는 것이 아니라 오히려 감각능력이 감각기관을 산출해낸다고 말한다. 다시 말해 동물은 눈을 가지고 있기 때문에 볼 수 있는 것이 아니라 볼 수 있기 때문에 눈을 갖는다.[31] 이러한 사실을 설명하기 위해 하이데거는 단세포생물인 원형동물을 예로 든다. 원형동물은 필요한 기관들을 그때그때 형성해내고 불필요해지면 다시 그것들을 없앤다.[32] 그래서 동물은 자신의 감각능력에 상응하는 감각기관들을 당장은 가지고 있지 않더라도 시각능력이나 청각능력, 그리고 후각능력을 가질 수 있는 것이다.[33]

동물의 기관은 유기체의 능력이 발생시키는 것이므로 능력에 봉사하며, 그 성장과 기능 그리고 위축(萎縮)에서 전적으로 능력 자체에 예속되어 있다. 이에 반해 도구는 어떤 능력에 예속되어 있지 않다. 도구는 소유자와 사용자로부터 분리되어 독자적으로 (für sich) 존재한다. 이렇게 감각기관이 동물에 속하는 것으로서만, 다시 말해 동물에서 생겨나온 것으로서만 감각능력을 가지게 되면, 엄밀하게 말해 우리는 감각기관이 아니라 동물 자체가 감각능력을 갖는다고 말해야 한다.

인격의 본질적인 구성 부분인 몸

인체공학이 발달하면서 도구가 소유자와 사용자로부터 분리되어 따로 존재한다는 하이데거의 주장은 시대에 뒤떨어진 것이

되었다. 예를 들어 인간은 인공심장을 자신의 몸속에 이식할 수 있는데, 이럴 경우 인공심장은 도구와 같은 것이지만 인간의 몸으로부터 분리되어 존재하는 것은 아니다. 그렇긴 해도 동물의 기관은 도구와는 다르다는 하이데거의 말은 여전히 유효하다. 왜냐하면 인공장기나 인공적인 다리와 팔이 인간의 몸속에 이식될 경우에 그것이 제대로 작동하기 위해서는 그것을 체화하려는 노력이 필요하기 때문이다. 이 점에서 인간의 몸과 인공장기의 관계는 기계와 부속품의 관계와는 다르다. 기계는 부속품이 교체되어도 그것을 자신의 것으로 체화하려는 노력을 할 필요가 없다. 이에 반해 인간은 인공다리를 이식받게 되면 다른 사람과는 다른 신경회로를 출현시키기 위해 많은 노력을 해야만 한다.[34]

인간의 몸은 도구처럼 그의 소유물이 아니고 그의 인격 자체를 구성하는 것으로서 그에게 주어진 것이다.[35] 인간의 장기가 이렇게 하나의 도구가 아니라 그의 인격 자체를 구성하는 것으로서 몸에 속하기 때문에 우리는 장기를 기증받게 되면 그 장기를 준 사람에게 고마움을 느낀다. 우리가 그 사람 자신의 일부를 받은 것으로 느끼는 것이다.[36] 우리는 이렇게 몸을 한 개인의 인격을 구성하는 본질적인 것으로 보기 때문에, 어떤 존재가 인간의 몸을 가지고 있다면 그것을 인간으로 간주한다. 예를 들어 정신장애인이나 어린아이들이 튜링 테스트를 통과하지 못해도 우리는 그들을 인간으로 간주한다. 이렇게 몸은 우리 자신의 인격을 구성하는 것이기에 세포들의 단순한 복합체 이상의 것이 된다.

인공지능이 아무리 발달해도 기계의 일종이며 분해와 조립이 가능할 것이다. 그러나 인간의 몸을 완전히 분해하면 인간은 더는 생존할 수 없다. 인간의 몸은 이렇게 유기적으로 연관되어 있기 때문에 인간의 인지활동도 뇌에서만 일어나지 않고 몸과 연결되어 있다. 이런 의미에서 인간의 인지는 체화된 인지다.

인간의 의욕이든 기분이든 사고든 모두 살아 있는 몸을 기반으로 해서 이뤄진다. 이러한 몸은 정신과 상호작용을 한다. 몸이 정신작용에도 영향을 미치지만 정신도 몸에 영향을 미친다. 명상 등을 통해 정신을 편안하게 할 때 몸의 장기도 원활히 기능할 수 있다. 유물론의 관점에서는 정신이 뇌의 기능일 뿐이겠지만, 우리 삶에서 정신과 몸이 작용하는 방식을 현상학적으로 고찰해보면 양자는 서로 상호작용을 한다고 할 수 있다.[37]

우리는 몸을 통해 다른 인간들과 세계와 끊임없이 관계하면서 자신을 구성한다. 오코널은 이렇게 다른 것들과 끊임없이 관계하는 가운데 뇌도 자신을 끊임없이 재조직한다고 언급하면서, 인간의 마음을 시뮬레이션한다는 트랜스휴머니즘의 발상 자체가 뇌활동의 동적 성격과 근본적으로 모순된다고 말한다.

마음은 정보를 뛰어넘는다. 데이터도 뛰어넘는다. 뇌가 어떻게 작동하는지, 그 속에서 무슨 일이 일어나는지를 컴퓨터로 알아낼 수 없는 것은 이 때문이다. 인간의 중추신경계는 물고기떼나 새떼, 또는 주식시장처럼 요소들이 상호작용하고 융합하여 단일 개체를 이루는데, 이 개체의 움직임은 노트북보다는 본질적으로 예측 불가능한 자연적 복잡계와 더 공통점이 많다. 뇌는 실제 경험의 결과

2장 트랜스휴머니즘, 이상인가 신화인가

로 스스로를 끊임없이 (물리적으로 또한 기능적으로) 재조직한다.[38]

일차적인 현실체험으로서의 표정체험

인간의 몸뿐만 아니라 모든 유기체의 몸은 그것의 내면과 불가분의 관계에 있기 때문에 우리의 현실체험은 일차적으로 표정체험으로 나타난다. 우리가 살고 있는 세계는 일차적으로 체화된 인지에 의해 구성되는 지각세계다. 체화된 인지란 단순히 몸을 통하는 인지를 의미할 뿐만 아니라 감정과 느낌을 수반하는 인지를 가리킨다. 우리의 인지가 기본적으로 이렇게 감정과 느낌을 수반하는 인지이기 때문에 우리는 다른 사람의 감정과 느낌도 그의 몸을 지각하면 바로 감지할 수 있다. 체화된 인지에 의해 지각되는 세계는 과학적 인식에 의해 파악되는 세계의 전 단계가 아니라 오히려 독자적인 세계다.

인간은 다양한 방식으로 세계를 이해한다. 카시러는 세계를 이해하는 방식에는 여러 가지가 있으며 이해 방식에 따라 세계는 다르게 나타난다고 본다. 이렇게 세계를 이해하는 방식을 카시러는 크게 세 가지, 즉 신화, 언어, 과학으로 구별한다. 카시러는 신화, 언어, 그리고 과학을 상징형식이라고 부른다. 여기서 상징형식은 정신적인 의미의 현현(顯現)과 구현으로서 나타나는 모든 감성적인 현상 전체를 가리킨다.

세계는 수동적으로 우리에게 주어지는 것이 아니라 우리가 상징형식을 통해 능동적으로 구성하는 것이다. 물론 이러한 구성이 자의적으로 이뤄지는 것은 아니다. 이렇게 세계가 구성되는 것이라는 사실을 가장 잘 보여주는 것이 바로 과학이다. 과학은 수동적인 관찰이 아니라 도전적이고 창의적인 가설을 정립함으로써 가능해진다. 특히 정밀과학에서 가설은 의미가 엄밀하면서도 일의적(一義的)으로 정의될 수 있는 기호들로 이루어져 있으며, 과학의 정밀성은 기호들의 명료한 일의성에 의해 가능해진다.

그러나 카시러는 상징형식은 과학적 개념의 영역에서 비로소 작용하는 것이 아니라 직관과 지각의 영역에서부터 이미 개입하고 있다고 본다. 왜냐하면 직관과 지각에는 인상을 외부로부터 수용하는 능력을 넘어서 인상을 독자적인 형성법칙에 따라 형태화하는 능력도 있기 때문이다. 이러한 직관과 지각은 신화와 일상언어에 의해 규정된다.

신화의 세계와 표정체험

과학만이 실재를 드러낸다고 보는 과학주의적인 사고방식이 암암리에 사람들의 사고를 지배하고 있는 오늘날, 사람들은 과학이 아닌 일상언어나 신화를 과학의 선행 형태에 불과하거나 과학에 의해 대체되어야 하는 것으로 보는 경향이 있다. 과학은 신화적인 세계 이해는 허구적인 사이비 이해로 보고, 일상언어에 의한 세계 이해는 과학이 드러내는 실재에 인간이 주관적인 의미를 부여한 것으로 파악한다. 그러나 과학 역시 하나의 상징형식이며, 상징형식을 통해 세계를 경험한다. 상징형식을 떠나 그 자체로 존재하면서 드러날 수 있는 이른바 실재 세계는 존재하지 않는다.

신화의 세계에서는 모든 것이 표정을 가지고 나타나는 영적

2장 트랜스휴머니즘, 이상인가 신화인가

인 성질을 지니는 것으로 간주된다.[39] 그 세계에서는 모든 것이 익숙하고 친숙한 것, 비호하고 지켜주는 것의 얼굴을 갖거나 접근하기 어렵고 불안하게 하는 것, 음침하고 소름끼치는 것의 얼굴을 가지고 나타난다고 한다. 이러한 얼굴은 언젠가 한낱 일반적 형상이라든가 기하학적이고 객관적인 선과 윤곽으로 해소될 수 있는 것이 아니다.

오늘날 신화의 세계가 실재성을 상실하긴 했지만 신화의 세계에서 우리가 사물을 경험하는 방식은 오늘날에도 여전히 세계 경험의 기저층을 형성하고 있다. 세계 경험의 이러한 기저층을 카시러는 표정체험이라고 부른다. 감각하고 느끼는 주체는 일차적으로 세계를 표정들로 가득 찬 세계로서 경험한다. 단적으로 말해 표정체험이야말로 우리가 세계를 경험하는 일차적인 방식이다. 따라서 순수한 표정체험은 동물과 유아에게서도 보이는 현실체험이다.[40]

어떤 일정한 현상이 단순히 '주어지고' 눈에 보이면서 동시에 내적으로 생명이 불어넣어져 있는 것으로 느껴진다는 것, 다시 말해 모든 현상이 표정을 가지고 나타난다는 것이야말로 우리가 현실을 경험하는 일차적인 방식이다. 이러한 것이 현실을 경험하는 일차적인 방식이고 다른 모든 현실 이해가 이러한 현실 이해에 토대를 두고 있는 한, 다른 현실 이해에서 빌려온 도식을 가지고 이러한 현실 이해가 어떻게 가능한지를 설명할 수는 없다. 오히려 이러한 현실 이해는 우리의 모든 활동이나 이론적 작업이 토대를 두고 있는 일차적인 현실이다.

물론 과학적 인식은 세계에서 표정성격을 온전히 제거함으로써 '존재'에 대한 새로운 견해와 새로운 정의를 창조한다. 그러나 이러한 과학적 정의가 다른 것들을 배제하는 유일한 정의로서, 즉 유일하게 가능한 정의로서 간주될 경우, 그러한 정의를 단초로 하여 순수한 표정세계에 이르는 것은 불가능하다.

신화적인 세계의 무한히 다양하고 이리저리 요동치는 다채로운 표정체험들은 언어라는 매체에 의해 비로소 고정되기 시작한다. 언어라는 상징형식을 통해 비로소 그러한 표정체험들이 '형태와 이름'을 획득하게 되는 것이다. 언어는 잡다하게 분산되어 있던 것들을 자립적이고 독자적인 사물들로 구성한다. 이와 함께 현실은 '실체'와 '성질', '사물'과 '속성', 공간적인 규정들과 시간적인 관계들로 분리되어 나타난다.[41]

신화, 언어, 과학

언어는 논리적이고 논증적인 사고의 표현수단과 매체로서 기능할 수 있을 뿐만 아니라, 이미 세계를 '직관적'으로 파악하고 형태화까지 하고 있으며, 개념을 구성하는 것에 못지않게 지각과 직관을 구성하는 것에도 관여하고 있다. 이렇게 언어가 직관과 지각을 구성하면서 사물들을 구체적으로 형성하는 작용을 카시러는 '표시'라고 부른다. 그러나 언어가 '표시'와 순수한 논리적 '의미'의 방향으로 아무리 나아가더라도 원초적인 표정체험과의 연관은 결코 단절되지 않는다. 언어의 이러한 성격이 가장 잘 나타나는 것은 시어라고 할 수 있다. 시어에는 산이나 강도 표정을 가지고 나타난다.

언어는 아직 표정세계에서 벗어나지 못하고 있지만, 자연과학적 개념 형성은 우리가 그것을 어떠한 단계에서 고찰하더라도 '표정'의 세계를 원칙적으로 넘어서 있다. 과학에서는 사고가 향하는 여러 내용들 사이의 결합 각각에 기호의 어떤 결합, 즉 기호의 어떤 조작이 대응하는 상태가 사고가 추구하는 이상적인 목표들의 하나로 나타나게 된다. 이러한 기호법에서 사용되는 기호는 한낱 표정적인 것뿐만 아니라 직관적이고 재현적인 모든 것을 떨쳐버리고 순수한 '수학적 의미기호'가 된다. 하나의 물체가 물리학적 의미에서 갖는 '본성'은 그것의 감각적 현상 방식에 의해서가 아니라 그것의 원자량, 비열(比熱), 굴절률, 흡수 지수(指數), 전도율, 자기화율(磁氣化率) 등에 의해 규정된다.[42]

물리학의 발전 과정이 갖는 특징을 카시러는 자연을 파악할 때 지각되는 사물의 유사성이 사라져가는 과정으로 파악한다. 물리학이 원자와 같은 물질적인 실체에 대한 물리학으로부터 장(場)의 물리학으로 변화한다는 것이다. '장'이라는 이름으로 불리는 실재는 더 이상 물리적 사물들의 복합체로서 사유될 수 없고, 물리적 관계들의 총체를 표현한다. 장의 물리학에서 세계상은 철저히 역동적인 것이 되고, 물질은 하나의 '사건'이 된다. 우리가 물질의 확고한 '속성'이라고 부르는 것은 사건들의 하나의 함수가 된다.[43]

그러나 오늘날 우리가 실재라고 생각하며 사는 세계는 이제 신화의 세계는 아니지만 여전히 일상언어에 의해 구조화된 세계다. 과학자들 역시 이렇게 언어로 구조화된 세계를 실재라고 생각하면서 그 안에 살고 있다. 이렇게 언어로 구조화된 세계에서는 모든 사물이 실체와 속성으로 이루어진 것으로 나타난다. 과학자들도 자신의 어머니나 아내를 독자적인 실체를 갖는 인격체로 보지, 물질이나 원자들의 집합체 혹은 사건들의 복합체로 보지 않는다.

우리는 사람들에게 윤리적 책임을 귀속시키는데, 이는 사람들을 실체와 속성으로 이루어진 것으로 볼 때만 가능하다. 그렇지 않고 현대과학이 주장하는 것처럼 모든 것을 '사건들'의 복합체로 보게 되면 우리는 어떤 행위에 대한 책임을 특정 인간에게 귀속시킬 수 없다. 아울러 우리가 일상언어를 통해 명명하는 것들은 어떤 표정을 가지고 나타난다. 예를 들어 우리는 '어머니'라는 말을 들으면 자식에 대한 사랑이나 근심 어린 표정도 함께 떠올리게 된다.

이런 의미에서 카시러는 과학뿐만 아니라 신화와 언어도 현실을 드러내는 독자적인 상징형식이며 과학에 의해 대체될 수 없다고 본다. 이에 반해 트랜스휴머니즘은 과학이 세계의 진상을 드러내며, 우리 세계는 결국 수학적인 알고리즘으로 표현될 수 있는 정보로 구성되어 있다고 본다. 이 점에서 트랜스휴머니즘은 과학만이 실재를 드러낼 수 있다고 보는 과학주의에 사로잡혀 있다.

인간 정신의 역사성

인간 정신은 상징형식을 통해 자신을 표현하는 방식으로만 존재하며, 이러한 표현을 떠나서 따로 존재하지 않는다. 그런데 상징형식은 역사적으로 변화해왔다. 이러한 사실은 인간의 정신활동도 역사적으로 변화한다는 것을 의미한다. 따라서 역사적으로 변화하는 상징형식을 고려하지 않고 인간 정신에 대한 내면적인 관찰로만 시종하게 되면 '오늘날의' 인간 정신에 대한 내면적인 관찰에 그칠 것이다. 아울러 뇌의 물리화학적인 작용에 대한 고찰은 인간의 뇌가 역사적으로 변하는 것이 아니고 극히 오랫동안 그 구조가 동일하게 머무르는 한, 정신활동의 역사적인 측면을 철저하게 무시할 수밖에 없다.

카시러가 지향하는 심리학은 인간 정신이 표현된 구체적인 상징형식들을 해석함으로써 인간의 정신작용을 이해하려고 한다는 점에서 해석학적 심리학이라고 부를 수 있다. 또한 그것은 자연과학적 방법에 의거하여 인간 정신을 전기화학적인 작용으로 환원하지 않고, 인간의 정신작용을 그것이 나타나는 그대로 파악하려고 한다는 점에서 현상학적 심리학이라고 부를 수 있다.

물론 인간의 의식에 대한 내면적인 관찰이나 뇌에 대한 탐구가 인간 정신의 작동 방식을 드러내는 데 일정한 기여를 하겠지만, 인간에게만 특유한 정신의 본질을 드러내는 데는 한계가 있다. 따라서 카시러는 인간의 정신을 그것이 갖는 구체적인 면모로 파악하기 위해서는 분석적인 관찰이라는 자연과학적인 방법을 인간 정신을 탐구하는 데 적용하기보다는 역사학이나 문학과 같은 정신과학을 실마리로 삼아 정신작용을 그것의 구체적인 풍요로움으로 파악하는 것이 중요하다고 본다.[44]

4. 무엇이 정상적이고 건강한 것인가

트랜스휴머니즘과 관련하여 우리는 무엇이 정상적이고 건강한 것인가라는 의문을 제기할 수 있다. 트랜스휴머니즘은 오늘날 사람들이 이상으로 삼는 것, 즉 '더욱 빠르고 더욱 강하고 더욱 영리하게'라는 구호를 정상성과 건강함의 척도로 삼고 있는 것은 아닌가. 트랜스휴머니즘은 정상성과 건강함을 기술이 측정하고 진단하고 다룰 수 있는 것과 관련하여 정의한다.

그러나 우리는 '더욱 느리고 더욱 약하고 더욱 순박하게'를 정상성과 건강함의 척도로 삼을 수도 있다.[45] 이러한 척도에 따르면 정상적이고 건강한 인간은 신속하게 정보를 처리하기보다 책 하나를 읽더라도 천천히 음미하면서 읽고, 운명의 힘에 휘둘려서 병들고 일찍 죽음을 맞더라도 자신의 삶과 이웃에 감사하며, 경쟁에서 지더라도 어떠한 원한도 질시도 품지 않는 순박한 인간이다.

오늘날 사람들이 트랜스휴머니즘이 과학과 기술을 통해 극복할 수 있다고 생각하는 갖가지 신체적, 정신적 질환으로 고생하고 있는 것은 사실이다. 그러나 오늘날 우리가 직면하고 있는 많은 문제는 사실은 트랜스휴머니즘이 정상성과 건강함의 척도로 삼는 가치들이 사람들을 지배하고 있는 데서 비롯된 것일 수 있다.[46]

'더욱 빠르고 더욱 강하고 더욱 영리하게'라는 구호의 근저에는 모든 것을 정보로 환원하여 인간이 원하는 대로 조작하고 지배하려는 탐욕이 있다. 이 점에서 하이데거는 현대 기술문명을 궁극적으로 규정하고 있는 것은 인간이 스스로 통제하지 못하는 지배

2장 트랜스휴머니즘, 이상인가 신화인가

에의 의지 혹은 탐욕이라고 본다. 인간은 자신의 건강한 삶을 위해 기술을 발전시킨다고 생각하지만 사실은 자신도 어쩌지 못하는 탐욕에 의해 기술을 발전시키도록 내몰린다는 것이다. 트랜스휴머니즘에서 인간은 지극히 신속하고 효율적인 정보처리 시스템이 되어 정보로 이루어진 이 세계를 지배할 수 있는 존재가 되고 싶어한다.

이러한 지배에의 의지와 탐욕이 오늘날 각 국가와 기업을 잠식하고 있다. 트랜스휴머니즘이 인간을 증강시킬 수 있다고 믿는 갖가지 기술은 국가와 기업에서 지원하고 개발하고 있다. 실리콘밸리에서 개발되고 있는 많은 기술이 기업의 이윤 회득을 위한 것이고 또한 전쟁산업과 연관되어 있다는 것은 잘 알려진 사실이다.[47] 이 와중에 개인은 하이데거가 말하는 것처럼 국가와 기업에 의해 더욱 효율적으로 이용될 수 있는 인간자원으로 개조되어가는 것은 아닌가 하는 의구심을 우리는 품을 수 있다.

5. 죽음은 제거되어야 하는 악일 뿐인가

인간이 끊임없이 과학과 기술을 개발하는 배경에는 공포가 존재한다. 우리 인간은 자의식을 가지고 있다. 자의식은 단순히 내가 존재한다는 식의 의식이 아니다. 그것은 자신이 예측하지 못하는 가능성들로 가득 찬 세계에서 자신이 살아가야 할 길을 스스로 개척해나가야 한다는 의식이다. 자의식은 낯선 세계에 홀로

내던져진 듯한 느낌, 즉 고독감과 불가분의 관계에 있으며, 세계가 나를 위한 것이 아니고 종종 나는 세계의 압력 앞에 굴복하는 무력한 존재라는 느낌, 즉 무력감과도 관련이 있다.

그런데 과학기술을 통해 이러한 고독감과 무력감이 궁극적으로 극복될 수 있을까? 하이데거는 우리가 이러한 고독감과 무력감에서 궁극적으로 벗어날 수 있는 것은 세계를 기술적으로 지배함으로써가 아니라 다른 인간들과 사물들의 신비를 느끼고 그것들과 교감할 때라고 말한다. 하이데거는 사물과 세계의 신비를 은닉성이라고 부른다. 은닉성은 인간의 계산적인 이성이 전적으로 파고들어갈 수 없는 성스러움의 차원이다. 이러한 은닉성을 갖출 때만 인간은 신비를 느낄 수 있고 그것에 대한 외경심을 가질 수도 있다. 이렇게 사물의 은닉성을 느끼는 이성을 하이데거는 시적인 이성이라고 부른다. 그러나 트랜스휴머니즘은 이러한 은닉성도 인정하지 않거니와 시적인 이성도 불완전한 계산적인 이성이라고 볼 것이다. 트랜스휴머니즘은 모든 것을 계산적인 이성에 의해 철저하게 꿰뚫어볼 수 있다고 여긴다.

하이데거는 우리가 죽음을 생각하면서도 집착하는 것들인 건강, 오랜 수명, 재산, 명예, 직위 등이 허망하다는 것을 깨닫고 그것들에 대한 욕망과 욕망의 실현을 위해 사물들을 지배하려는 태도에서 벗어날 경우에만 세계와 사물의 은닉성이 드러난다고 본다. 따라서 하이데거는 죽음을 기계의 고장 정도로 생각하면서[48] 죽음의 극복을 말하는 트랜스휴머니즘과는 달리 죽음에로의 선구(先驅)를 말한다.

죽음은 우리가 집착하는 세상사 가치들의 허망함을 깨닫게 하면서 그것들에 대한 집착에서 우리를 벗어나게 하는 계기가 될 수 있다. 삶의 무상함을 깨닫고 모든 것에 대한 집착에서 벗어날 때 우리에게 진정한 평온이 찾아온다고 설파한 것은 불교다. 진정한 평온은 인간 삶의 외적인 개선보다도 마음의 변화를 통해 찾아온다는 불교의 통찰은 여전히 유효하다.

죽음이 사라지고 인간이 영구히 젊은 채로 존재할 수 있다면 모든 것은 일회적인 성격을 잃고 만회할 수 있는 것이 된다. 이 경우 삶은 진지한 의미를 상실하고 무게 없이 표류하는 것이 될 수 있다.[49] 이러한 삶에서 우리가 결국 느끼게 되는 것은 무의미와 권태일 것이다.

6. 능력증강 기술이 나아가야 할 방향

트랜스휴머니즘의 대표자 중에 한 사람인 맥스 모어를 비롯하여 일부 트랜스휴머니스트들은 니체를 트랜스휴머니즘의 선구자로 꼽는다. 트랜스휴머니스트가 아닌 하버마스와 같은 사람도 트랜스휴머니즘이 니체의 사상을 계승한다고 본다. 그러나 나는 아마도 니체는 트랜스휴머니즘을 포스트휴먼이라는 새로운 우상을 숭배하는 사상으로 간주할 것이라고 생각한다.

니체는 인간의 삶에서 고통과 불행한 운명은 불가피하다고 간주할 뿐만 아니라 인간은 그것들과 대결하면서 더욱 강건한 인간으로 성장할 수 있다고 본다. 그리고 인간은 이렇게 저항을 극복하는 자신의 힘을 느낄 때만 행복할 수 있다고 보았다. 이 점에서 니체는 고통과 행복은 서로 배제하지 않고 결합될 수 있다고 한다. 이에 반해 근대를 지배하는 이념은 고통과 행복이 서로를 배제한다고 보는 쾌락주의다. 쾌락주의는 가능한 많은 쾌감을 누리는 것이 행복이라고 본다. 따라서 쾌락주의는 가급적이면 고통을 제거하려고 한다. 트랜스휴머니즘은 이 점에서 근대의 쾌락주의를 극단으로까지 밀고 나가는 것이라고 할 수 있다. 트랜스휴머니즘은 모든 고통을 제거하려고 한다.

따라서 트랜스휴머니즘은 니체가 말하는 초인이 아니라 말세인의 이상을 실현하려 한다고 할 수 있다. 말세인은 안락함만을 추구하는 소시민적인 인간을 가리킨다.[50] 니체는 수명을 연장하거나 영원히 사는 것에는 관심이 없었으며 오히려 제때에 깨어 있는 정신으로 의연히 죽는 것이 중요하다고 보았다. 니체는 또한 사멸할 몸으로부터 벗어나려는 트랜스휴머니즘의 견해를 사멸할 몸으로부터 벗어나 영원히 순수정신으로 존재하려는 형이상학적인 이원론의 변형으로 보았을 것이다.[51] 니체는 사멸할 몸과 고통과 기쁨으로 점철되어 있는 우리 삶을 있는 그대로 긍정하는 인간이 될 것을 요구한다.

물론 니체는 영양과 환경이 인간의 사고에 미치는 영향을 인정했으며 과학과 기술을 긍정적인 것으로 보았다. 그러나 니체는 인간이 진정으로 행복을 구현할 수 있는 주요한 방법으로 정신적인 자기극복을 든다. 니체 역시 초인으로의 진화를 주창하지만,

2장 트랜스휴머니즘, 이상인가 신화인가

그것은 과학기술을 통해서가 아니라 인간의 자기극복을 통해서 가능하다고 보는 것이다. 자기극복을 위한 스스로의 노력 이외에 인간의 성숙에 가장 큰 영향을 미치는 것으로 니체는 교육과 문화를 든다.[52] 니체는 무엇보다도 인간은 자신의 영웅을, 즉 자신이 존경하고 경탄하는 역사상의 인물을 본받으려고 노력하면서 성숙해간다고 본다.

인간에게는 이렇게 자신을 스스로 성숙시킬 수 있는 힘이 있다. 나는 물론 이렇게 자신을 성숙시키는 힘을 능력증강 기술로 보조하는 것에 대해서는 반대하지 않는다. 또한 나는 경우에 따라서 고통을 제거하거나 고통을 완화하는 기술적인 조치도 필요하다고 생각한다. 왜냐하면 고통은 니체가 말하는 것처럼 인간의 성숙을 위해 필요할 수도 있지만, 경우에 따라서는 인간을 파괴할 수도 있기 때문이다. 이는 어느 정도의 불평등은 개개인의 자유를 보장하기 위해서는 필요하겠지만, 불평등이 지나치면 많은 사람의 자유를 침해하게 되는 것과 유사하다.

능력증강 기술은 우리 자신을 스스로의 힘으로 성숙시켜나가는 것을 보조하는 방식으로 사용되어야 한다. 그렇지 않으면 우리는 그것에 의존하게 되어 우리 자신을 스스로 성숙시켜나갈 수 있는 힘을 기르지 못할 것이다. 다시 말해 능력증강 기술은 인간의 조건을 초월하는 것이 아니라 인간의 조건 안에 편입되어 인간의 조건을 개선하는 방식으로 추구되어야 할 것이다.

2부

인공지능과 사회 문제

3장 공존의 존재, 인공지능: 소셜 머신 2.0

박충식

1. 인공지능은 공존의 대상

4차 산업혁명에 관한 논의가 진행되는 가운데 알파고 이후로 인공지능 디스토피아에 대한 우려가 커지고 있다. 이러한 우려의 목소리 사이사이에는 인공지능과 협력하고 공존해야 한다는 주장도 있다. 도대체 인공지능이 무엇이기에 배척이나 공존을 논의해야 하며, 이러한 논의 끝에 우리는 무엇을 어떻게 해야 하는가?

공존은 "두 가지 이상의 사물이나 현상이 함께 존재하다" 또는 "서로 도와서 함께 존재하다"라는 의미로 풀이된다. 단순히 함께 존재한다는 것은 하나의 존재가 다른 존재와 무관하거나 무관하지 않고 이해관계에 있다면 압도하거나 소멸시킬 수 없어서 경쟁하는 경우, 혹은 다른 존재를 존중하여 허용하는 경우를 가리킨다. 서로 도와서 함께 존재한다는 것은 서로의 존재가 상대방에게 도움이 되거나 더 나아가 필수적인 경우를 말한다. 이러한 공존의 대상은 대개 대등하거나 어떻게도 압도할 수 없는 존재일 것이다. 다른 민족이나 다른 나라와의 공존, 자연과의 공존 등과 같은 표현에나 어울리는 단어가 인공지능에도 사용될 수 있을까? 인공지능이 인간과 대등한 존재가 아니라면 공존의 대상으로 논의하는 것조차 이상할 수 있다.

인간의 역사를 모빌리티의 관점에서 보면 자동차는 인간의 사회생활에 엄청난 변화를 가져왔고 지금도 수많은 기회를 제공하지만, 심각한 문제도 많이 일으키고 있다.[1] 인간은 자동차라는 기계와 지금도 '공존'하고 있는 셈이다. 근대 기술과 자본의 산물이면서 인간 삶에 필수적인 위치를 차지하고 있는 자동차의 경우에도 '자동차와의 공존'이라고 표현은 하지만, 그저 은유적인 의미에 머문다. 왜냐하면 자동차는 인간이 만든 기계이고 인간의 의사대로 조종할 수 있는 대상이기 때문이다. 그렇다면 '인공지능과의 공존'은 어떤가? 얼마 전까지만 해도 '자동차와의 공존' 정도의 은유적인 의미로 쓰였지만 이제는 은유적인 의미를 넘어서까지 사용되는 국면에 이르게 되었다.

이 글에서는 먼저 공존의 대상으로 논의하게 된 인공지능이 그려내는 디스토피아와 유토피아를 생각해보고, 인공지능이 초래하는 문제는 인공지능 자체의 문제이기도 하면서 또한 인공지능을 둘러싼 인간들의 문제라는 관점을 표명한다. 구성원들이 공존해야 하는 공동체의 문제는 결국 구성원들 간 소통의 문제이기 때문에 인간과 인간, 그리고 인간과 인공지능의 공존에 기여할 수 있는 적극적인 방법으로서 '소셜 머신(social machine)'이라는 정보통신 기술을 소개한다.

앞으로 논의를 통해 밝혀지겠지만, 제목에 덧붙인 '소셜 머신 2.0'이라는 표현이 자아내는 궁금증의 실마리를 미리 공개하면 이렇다. 기존의 '소셜 머신'은 인간들 사이의 소통을 원활하게 하기 위한 정보기술 플랫폼을 이르는 말이다. 그런데 완전히 자율적인 인공지능이 등장함에 따라 이들과도 대등하게 소통할 수밖에 없게 되었다는 의미에서 좀 더 발전된 형태의 소셜 머신이라 하여 '소셜 머신 2.0'이라고 명명하였다. 따라서 우리는 현재 소셜 머신 1.0과 소셜 머신 2.0 사이 어디쯤에 있는 셈인데, 아직은 소셜 머신 1.0에 가깝다.

2. 인공지능 디스토피아와 인공지능 유토피아

인공지능이 몰고 올 문제들

인공지능이 사회에 등장하면서 생길 수 있는 일들을 가지고 가까운 미래의 디스토피아 시나리오를 생각해볼 수 있다. 인공지능 자체의 문제로써, 어떤 분야에 인공지능을 적용하여 제공하는 서비스가 제대로 작동하지 않아서 생기는 문제가 있다. 서비스가 제대로 작동하더라도 처리 과정이나 결과에서 윤리적으로 곤란한 문제가 생겨날 수 있다. 인공지능 자체의 문제와는 무관하게 사회 문제로써, 윤리적인 문제없이 잘 작동하는 인공지능이 인간 노동을 대체하여 불가피하게 생기는 실업, 이렇게 변화해가는 노동환경을 위한 교육 문제 등이 있을 수 있다.

인공지능 자체의 문제에 관하여는 인공지능이 적법하고 윤리적인 결정을 내리고 이를 실행해야 한다. 만일 그렇지 않으면 그에 대한 책임을 물을 수 있어야 한다. 여기에 해당하는 인공지능을 들자면 기업과 공공조직에서 사용하는 자동 의사결정 체계, 4차 산업혁명에서 가장 화두가 되고 있는 스마트 팩토리, 자율주행 자동차, 서비스 현장에서 사용되는 도우미 로봇, 가정으로 들어오는 사물통신과 홈오토메이션, 성인용 로봇을 비롯한 다양한 소셜 로봇들, 그리고 국방 관련 전쟁 로봇들이 있다.

인공지능을 만드는 방법으로 딥러닝 기술만 있는 것은 아니다. 그러나 현재 좋은 결과들을 보여주어 어느 때보다 많은 가능성을 가지고 개발되고 있는 딥러닝 기술은 많은 데이터를 학습하여 스스로 의사결정 과정을 구성하기 때문에 학습 내용을 확인할 수 없고, 데이터가 편향되어 있다면 편향된 결과가 불가피하다. 또한 학습에 사용되는 수많은 데이터들이 개인정보를 침해하지 않고 적법하게 수집, 처리되었는지 확인할 필요도 있다.

인공지능이 야기하는 가장 중요한 사회 문제로써, 인공지능이 노동력을 대체하여 발생하는 일자리 문제가 있다. 〈그림 1〉에서와 같이 컨설팅업체 맥킨지는 2025년까지 인간의 삶, 기업, 경제를 변화시킬 12개의 파괴적 혁신기술을 선정하고, '지식 노동의 자동화'를 통해 2025년에 연간 5조 2,000억~6조 7,000억 달러의 잠재적인 경제 투자 효과가 발생하리라고 예상하고 있다.

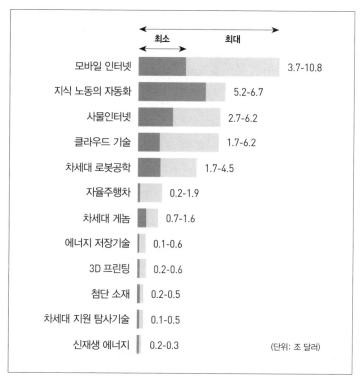

그림 1 12개의 파괴적 혁신기술

뱅크오브아메리카는 인공지능을 사용함으로써, 많은 산업에서 생산성이 30% 가량 향상되고, 제조 노무비가 18~33% 절감되리라고 예상한다. 옥스포드대학교 마틴스쿨 연구진은 자동화와 기술의 발전으로 20년 이내에 현재 미국 내 직업 중 47%가 사라질 가능성이 높다고 지적하였다. 세계경제포럼은 향후 5년 이내에 500만 개의 일자리가 감소하고, 세계 고용의 65%를 차지하는 주요 15개국에서 2020년까지 200만 개의 일자리가 생겨나지만 710만

3장 공존의 존재, 인공지능: 소셜 머신 2.0

개의 일자리가 사라질 것으로 예상한다. 인건비 절감을 위해 생산 공장을 저개발국가들로 이전했던 글로벌 기업들이 인공지능과 로봇 기술을 활용하여 본국에서 공장을 운영함으로써 저개발국가의 일자리도 감소할 위험에 처해 있다. 인공지능의 등장은 이전 기술과는 달리 사라진 일자리만큼 새로운 일자리를 창출하지 못할 것이라는 전망이다. 이러한 일자리 문제 때문에 이전에도 논의되었으나 인공지능의 등장으로 더욱 활발히 논의되고 있는 것이 기본소득이다.

또 다른 사회 문제로써, 인공지능에 의해 발생한 당장의 실업자들을 재교육하는 것보다 더욱 절실한 문제는 인공지능 기술의 시대를 살아가야 할 후세대를 위한 교육일 것이다. 현재 배우는 것의 80~90%는 쓸모없게 된다는 말이 회자될 만큼 한국의 교육계에도 알파고의 파장은 만만치 않은 것으로 보인다. 인공지능 시대에도 경쟁력을 가지는 미래의 직업에 대한 고민은 개인의 경쟁을 넘어 사회적 이슈가 되고 있다. 인공지능 시대를 맞이하는 교육은 인공지능 기술에 대한 얼마간의 이해와 이러한 이해에 바탕을 둔 가치관과 윤리, 그리고 미래를 생각할 수 있는 기회를 제공해야 할 것이다.

컴퓨터 게임이 등장하면서 청소년이나 성인조차도 과도한 집착을 보이는 문제가 사회적으로 일어나고 소셜 미디어도 그에 못지않은 부정적인 사회현상을 드러내고 있는 것처럼, 인공지능도 다양한 사회정서적 부작용을 초래할 수 있다. 교육은 항상 미래에 대한 두려움을 가지고 있다는 니클라스 루만(Niklas Luhmann)

의 말[2]도 있지만, 누구나 알고 있듯이 오늘날의 교육 문제가 인공지능 시대의 도래만으로 생긴 문제라고는 할 수 없다. 그러나 새로운 인공지능 시대를 맞이하면서, 교육에 대해 좀 더 근본적인 고민을 할 필요가 있다.

이러한 문제 제기의 끝에는 인공지능 디스토피아가 있다. 자본주의 생산성 논리에 입각하여 기존의 노동가치설을 무색하게 만드는 인공지능 노동가치가 인간의 노동을 대체하여 발생한 대규모 실업으로 인해 소비가치로서만 근근이 목숨을 이어가는 인간들이 늘어날 것으로 우려된다. 이러한 상황에서는 생산을 주도하는 인공지능 회사들, 그리고 합리성이라는 기치 아래 인간의 의사결정 능력을 압도하며 모든 공공정책을 결정하는 인공지능 공공기관들만이 주체적으로 존재하게 된다. 그것을 넘어서면 결국 인공지능이 인간을 지배하는 극단적인 시나리오도 있을 수 있다.

인공지능이 제공하는 기회

인공지능 디스토피아의 대척점에는 인공지능을 기회로 보려는 인공지능 유토피아가 있다. 인간은 좋든 싫든 과학기술의 혁신을 통해 식량, 건강, 노동 등의 상당 부분을 해결해왔다. 여기서 더 나아가 아무도 노동하지 않고 건강하고 편안하게 여가를 즐기면서 사는 인공지능 유토피아를 그려볼 수도 있다. 아주 현실적으로 말해서 전쟁과 빈곤으로부터 국민의 안녕을 도모하는 것이 국가의 목표이고 이를 실행할 수 있는 국가의 부를 결정하는 것이 산업경쟁력이기 때문에, 국가는 각종 정책을 통해 과학기술을 개발하고 관련 산업을 지원하지 않을 수 없다.

온 나라에서 인공지능이라는 기술용어가 일상어가 되고 전 세계에서 새로운 인공지능 기술을 개발했다는 소식이 들려오고 있지만, 인공지능 기술에 관한 한국의 경쟁력은 낙관적으로 생각할 수 있는 수준이 아니다. 인공지능 기술력을 가늠할 수 있는 다양한 자료로는 인공지능 산업의 규모, 인공지능 관련 종사자 수, 인공지능 기술에 대한 국가 차원의 투자 액수, 인공지능 관련 스타트업 숫자, 인공지능 스타트업 투자 수주액 등을 들 수 있다. 그중에서 국가별 인공지능 특허건수를 살펴보면 미국은 우리나라의 약 47배, 일본은 10배, 독일은 2.3배다. 인공지능 기술별 미국 대비 특허경쟁력 측면에서 AI 응용 특허건수는 우리나라가 특히 낮아서 한국을 1로 보았을 때 미국이 223배, 일본은 77배, 독일은 12배인 실정이다. 나라마다 산업 규모와 인구 등을 고려해야겠지만, 미래를 위해 인공지능 기술의 경쟁력을 강화해나가야 하는 상황인 것이 사실이다.

이러한 논리의 극적인 사례로 치부되는 것이 19세 말 영국에서 시행된 '적기조례(Red Flag Act)'다. 최초의 자동차 법률이라고 할 수 있는 이 조례는 마차를 모는 마부들의 실직을 막기 위해 만들어진 법이었지만, 영국의 자동차산업을 저해하여 다른 나라의 자동차산업보다 뒤처지게 하였다는 주장이 제기되었다. 영국의 적기조례는 매우 극적인 측면이 있기는 하지만, 기술 개발에 대한 국가 정책이 어떠한 영향을 미칠 수 있는지를 보여주는 사례다.

3. 윤리에서 정치로: 소통과 소셜 머신

자기실현을 위한 소통

인공지능의 미래를 디스토피아로 그리는 사람이나 유토피아로 그리는 사람이나 서로 다른 세상이 아닌 같은 세상에 살고 있기에, 어떤 미래를 그리든 이들의 결정에 따라 만들어진 미래에서 살게 될 것이다. 인공지능의 미래를 반대로 그리는 사람들은 말할 것도 없고 같은 미래를 그리는 사람들 사이에서도 우선순위와 그 방법을 두고 서로 다른 견해로 다툴 수밖에 없다.

서로 다른 생각과 가치를 가진 사람들이 공동체의 미래를 결정하기 위해서라며 공동체의 윤리에만 기댈 수도 없다. 공동체를 이루고 살 수밖에 없는 모든 인간들은 자신의 이상 또는 이익을 위해 정치적이 될 수밖에 없다. 인공지능을 둘러싼 인간들의 이상과 가치의 차이는 다른 모든 자원과 마찬가지로 단순한 생각의 차이가 아니라 생존의 문제이기 때문에 다양한 갈등을 야기한다.

아리스토텔레스는 정치와 윤리를 결합하여 두 가지를 말한다. "하나는 정치인 스스로 덕성과 윤리를 갖추어야 한다는 점이고, 다른 하나는 사람들을 행복하게 만들어주는 정치는 사람들이 덕성과 윤리를 갖출 수 있도록 법, 제도, 정책 등을 추진해야 한다는 점이다. [……] 두 번째 의미와 관련해서 우리는 정치적 동물로서 공동체에서 타인과 함께 살아가면서 자기실현을 할 수밖에 없는 존재다. 공동체에서 살아갈 수밖에 없기 때문에 공동체의 분위기, 법, 제도가 중요하다."³ 분위기, 법, 제도 자체를 만들고 시행

하는 과정의 정치적 협의를 위해서도 필요한 것은 '소통'이라고 할
수 있다.

소셜 머신의 분화

공동체는 언제나 소통을 필요로 하는데, 최근의 정보기술은
더욱 효과적으로 소통하는 방법을 제공할 수 있다. '소셜(Social)'이
붙은 다양한 단어를 흔히 볼 수 있기는 하지만, '소셜 머신'이라는
용어는 다소 생소할 수 있고 그 번역어에 해당하는 '사회적 기계'
는 몹시 낯설 것이다.

단어 '소셜'이 붙어 있는 용어들을 살펴보면 페이스북이나 트
위터, 인스타그램 등과 같이 사용자 간 자유로운 의사소통과 정
보 공유, 인맥 확대 등을 통해 사회적 관계를 생성하고 강화해주
는 온라인 플랫폼을 소셜 네트워크 서비스(Social Network Service,
SNS)라고 한다. 좀 더 넓은 개념의 소셜 미디어(Social Media)는 사
람과 사람, 또는 사람과 정보를 연결하고 상호작용할 수 있는 서
비스를 제공하는 웹 기반의 플랫폼을 말한다. 당연히 소셜 네트워
크 서비스를 포함하며, 블로그(Blog), 위키(Wiki), UCC, 마이크로
블로그(Micro-Blog)가 여기에 해당한다.

좀 더 넓은 개념의 소셜 소프트웨어(Social Software)는 사람들
사이의 사회적 상호작용을 지원하는 컴퓨터 시스템을 의미하며,
소셜 미디어를 비롯하여 이메일, 메신저, 채팅방, 온라인 게임, 온
라인 데이팅, 그리고 클라우드 소싱(Cloudsourcing) 등을 포함한다.
요즘 회자되는 '소셜'에 '다크(Dark)'가 붙어서 다소 어두운 구석이

있어 보이는 다크 네트(Dark Net)나 다크 웹(Dark Web)은 접속 허가가 필요한 네트워크나 특정 소프트웨어로만 접속할 수 있는 소셜 소프트웨어다. 다크 소셜(Dark Social)은 어두운 구석이라기보다는 단순히 외부에 드러나지 않고 내밀하게 소통하는 소셜 소프트웨어로서 새로운 마케팅 기법으로도 등장했다.

한국에서 최근에 자주 뉴스로 등장하는 '청와대 국민청원'도 정부 주도이긴 하지만 일종의 소셜 머신이라고 할 수 있다. 민간에서 주도하는 소위 '디지털 데모크라시(Digital Democarcy)' 또는 '시빅테크(Civic Tech)'도 같은 유형이라고 할 수 있다. 온라인으로 법안을 발의하여 5만 명을 넘기면 자동으로 국회에 발의되는 핀란드의 오픈 미니스트리(Open Ministry)와 디사이드 마드리드(Decide Madrid), 온라인 의사결정을 지원하는 뉴질랜드의 루미오(Loomio), 알기 쉽게 공공데이터 서비스를 제공하는 대만의 거브제로(g0v), 지자체 예산을 시뮬레이션하여 우선순위를 결정하도록 하는 캐나다의 시티즌 버짓(Citizen Buget), 시민의 의견을 수렴하는 아르헨티나의 오픈소스 소프트웨어 정치 플랫폼 데모크라시(Open Software Political Platform) OS[4], 정책 법안을 보고 찬성, 반대, 기권을 선택하면 비슷한 성향의 국회위원을 찾아주는 한국의 핑코리아(Ping Korea) 등도 소셜 머신의 사례다.[5]

이렇게 '소셜'을 끼고 있는 단어가 범람하는 가운데 집단지성이라고 할 수 있는 소셜 미디어인 위키피디아는 소셜 머신을 "인간과 기술이 상호작용하여 어느 한쪽이 없다면 불가능한 결과나 행동을 만들어내는 환경"이라고 정의한다. 소셜 머신은 단순히 사람과 사람을 연결하는 기존의 소셜 네트워크 서비스도 포함하지만, 활동을 같이하기 위해 사람들을 연결하는 시스템 정보를 축적할 수 있는 기반으로서 의도적으로 만들어진 소프트웨어라고 할 수 있다. '머신(기계)'이라는 말은 특정한 목적을 위해 사람이 만들어낸다는 뉘앙스를 주기 위한 것이고 '소셜'이라는 말은 인간과 인간, 인간과 기계의 사회적 관계라는 뉘앙스를 주기 위한 것이다. 〈그림 2〉와 같이 소셜 머신이라는 용어를 구글 엔그램에서 찾아보면 상상력을 자극하는 용어여서 그런지 오래전부터 사용되었다는 것을 알 수 있다.

월드와이드웹과 시맨틱웹을 고안한 팀 버너스-리(Tim Berners-Lee)가 자신의 저서 『*Weaving The Web*』에서 소셜 머신을 "컴퓨터의 처리 과정(Process)과 사회적 처리 과정에 의해 지배(Govern)되는 컴퓨터 개체인 웹상의 소셜 시스템"이라고 언급하면서 관련 연구가 활성화되었다. 영국 공학 및 자연과학 연구위원회

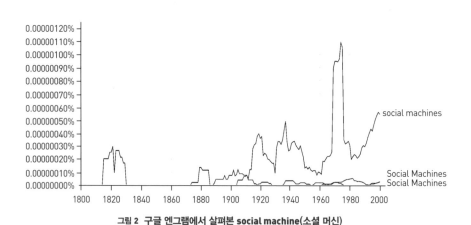

그림 2 구글 엔그램에서 살펴본 social machine(소셜 머신)

(UK Engineering and Physical Sciences Research Council, EPSRC)가 지원하는 SOCIAM 프로젝트(Sociam.org)는 팀 버너스-리가 있는 옥스퍼드대학교, 사우샘프턴대학교, 에든버러대학교가 소셜 머신의 이론과 실천을 주제로 하여 공동으로 진행하는 연구다.

이곳의 소셜 머신 연구는 네트워크상에서 상호작용하는 사람들의 콘텐츠를 단순히 분석하는 것을 넘어 이러한 상호작용이 어떻게 이뤄지는지를 파악하고, 이러한 상호작용이 윤리적이고 안전하게 이뤄질 수 있는 방법을 모색한다.

4. 인공지능에 대한 거버넌스: 소셜 머신 1.0

소셜 머신의 활용방안

인공지능이 새로운 미래의 기회가 될 수도 있지만 그만큼 우려도 크기 때문에 현재 유럽연합(EU)과 같은 다국 간 차원, 단일 정부 차원, 기업연합이나 단일 기업 차원, 인공지능 연구자나 단체 차원에서 인공지능과 로봇의 윤리정책에 관한 논의가 진행되고 있다. 하지만 기회와 우려를 둘러싼 이해관계가 서로 다른 주체들이 구체적인 사안을 논의하기 시작하면 서로 상당히 다른 견해와 주장을 하게 될 수밖에 없다. 이러한 상황에서 과거처럼 정부 주도의 일방적인 결정과 실행이 불러일으키는 많은 사회적 문제를 피하기 위해 정부, 기업, 시민단체들이 참여하여 좀 더 포괄적인 협의를 하고 결정을 내리는 '거버넌스(governance)'가 필요하다.

3장 공존의 존재, 인공지능: 소셜 머신 2.0

거버넌스는 정부, 기업, 시민단체 등과 법률, 규범, 권력 등에 의한 모든 지배 과정을 포함하며 규칙, 규범과 권력을 구조화하고 조정하고 책임지는 방법이다. 거버넌스에는 의사결정에 참여하는 권력 이외에도 다양한 외부 행위자들이 간여하게 되는데 여기에는 로비스트, 싱크탱크, 정당, 비정부조직(NGO), 지역사회, 그리고 미디어까지 포함된다. 이렇게 복잡다단한 거버넌스를 위해 '소셜 머신'을 고려해볼 수 있다.

이러한 목적의 소셜 머신은 민간 주도의 디지털 데모크라시나 시빅테크와는 달리, 범국가적인 재원과 조직을 바탕으로 관련된 정부 공공조직, 민간단체, 전문단체, 시민들이 참여하여 논의 주제의 개시부터 시행 과정을 전부 모니터링할 수 있도록 처리 과정과 모든 데이터를 수집, 분석하여 제시할 수 있어야 한다. 이 과정에서 의견 제시와 수렴 과정 또한 투명하게 공개되어야 한다. 공공이나 민간의 전문가들은 소셜 머신의 이들 자료와 소셜 머신이 제공하는 다양한 도구들을 활용하여 분석과 의견을 제시할 수 있다. 소셜 머신의 인공지능 기술들은 능동적으로 사회현상과 관련한 데이터들을 수집해서 상호대조하고 분석하여 제공하는 기능도 할 수 있다. 이 과정에서 가짜 뉴스도 검증할 수 있을 것이다.

소셜 머신에 대한 정의

소셜 머신에 대한 인문학적 함의도 논의해볼 수 있다. 알랭 바디우는 세상을 변화시킬 수 있는 4가지 진리의 유적 절차로서 과학, 정치, 예술, 사랑을 꼽는다. 그중 정치에 있어 사건은 그 사건의 질료가 집합적이거나 또는 그 사건이 집합적인 다수성 이외의 다른 것에 기인할 수 없을 때 '정치적'이라고 하였다. 다양한 이해 당사자가 주체가 되어 협의와 합의 과정을 거쳐 정책을 결정하고 집행해나가는 사회적 통치 시스템을 거버넌스라고 할 때, 소셜 머신은 '정치적 기계'라고 할 수 있다. 권력을 분배하는 공적 행위는 책임 있는 공정성 확보를 위해서라도 누구에게나 공개되고 논의될 수 있어야 하기 때문에, 소셜 머신이 그러한 역할을 하는 플랫폼으로 기대되는 것이다.[6]

질베르 시몽동(Gilbert Simondon)은 '문제 해결'이라는 관점에서 발명에 접근한다. 발명은 어떤 문제가 발생할 때 등장한다. 연속하는 어떤 작업을 진행하는 도중에 주체와 대상 사이에 어떤 불일치와 불연속이 제기될 때, 이 간격을 매개하고 해결하기 위해 발명이 요구된다. 이때 문제 해결이란 주어진 실재 구조 안에서 이전에는 보이지 않던 새로운 길을 놓으면서 이전 작업이 계속 진행되도록 하는 것이다. 발명된 것은 양립 불가능하고 불일치하던 것들을 매개함으로써, 작업의 이전과 이후 상태 사이의 '변환기' 역할을 한다. 문제가 제기되었던 시스템과 그것이 해결된 시스템 사이에는 일종의 도약이 있으며, 이 둘 사이의 소통을 구축한 것이 문제 해결로서의 발명인 것이다.[7] 소셜 머신은 그러한 의미에서 정보통신 기술을 활용한 발명이라고 간주할 수도 있다.

노벨경제학상을 수상했고 행정학과 기술심리학의 연구자이기도 한 유명한 인공지능 학자인 허버트 사이먼(Herbert Simon)은 자신의 저서 『인공의 과학(The Sciences of The Artificial)』에서 어떤

3장 공존의 존재, 인공지능: 소셜 머신 2.0

체계에 '인공적'이란 말을 쓰는 이유를 "해당 체계가 환경 속에서 활동하기 위한 목적과 의도에서 만들어지기 때문"이라고 설명한다. 그런 의미에서 소셜 머신은 인간 사회의 거버넌스를 위한 가장 야심찬 인공적 기계라고 할 수 있다.

루만은 사회체계이론(social systems theory)에서 인간은 사회의 구성요소가 아니라 환경일 뿐이며, 사회의 구성요소는 인간들의 '소통'이고 이어지는 '소통'이 사회적 체계(social system)를 만든다고 주장한다. '소통'도 인간의 심리적 체계(psychic system)에 의한 것이고 심리적 체계는 생물학적 체계(biological system)에 의해 가능하다. 하지만 '사회적 체계', '심리적 체계', '생물학적 체계'는 완전히 서로 다른 체계이고 '구조적 접속(structural coupling)'으로 상호작용한다. 사회적 체계의 구성요소가 '소통'이듯이 심리적 체계의 구성요소는 '의식'이며 두 체계의 '매체(media)'는 공히 '의미'다.

근대의 관찰자로 불리는 루만은 자신의 사회체계이론에서 근대에는 다양한 소통들 중에 정치적 소통들이 정치적 체계를, 경제적 소통들이 경제적 체계를, 학문적 소통들이 학문적 체계를 이루는 등, 소통들이 독립적으로 기능 분화(functional differentiation)하였다고 한다. 따라서 정치 체계가 사회의 다른 체계들을 조정한다고 할 수는 없다. 사회에서 서로 독립된 기능 체계들은 직접적으로 영향을 미칠 수 없으므로 다양한 체계들이 상호작용할 수 있는 구조적 접속을 촉진하는 방법이 필요한데, 소셜 머신이 이러한 의사소통의 플랫폼 역할을 하리라고 기대된다.

정당성이 인정되는 공론의 장

김익현은 "스피노자에 따르면 어느 누구도 이성적 존재로 태어나지 않으며, 어느 누구도 시민(이성적 결사체의 구성원)으로 태어나지 않는다. 우리는 이성적 존재가 되려고 노력해야 하며, 시민이 되려고 노력해야 한다. 이를테면 수동으로부터 능동에로의, 즉 부적합한 관념으로부터 적합한 관념에로의 전환에는 인간의 확장으로서의 매체가 일조할 수 있고, 자연 상태에서 시민 상태(이성적 결사체)로의 전환에는 인터넷이라는 뉴미디어가 그 역할을 할 수 있을 것이라고 생각한다."[8]고 말하면서 새로운 매체에 대한 기대를 표명한다. 의사소통은 언어를 통해 이뤄지고 인간의 관념과 행위를 결정하는 언어의 힘은 그것이 참-된 것을 표현하느냐 아니냐에 따라 결정되는 것이 아니라, 어떤 의미의 질서보다 큰 헤게모니를 가지는가에 따라 결정되기 때문이다.[9]

또한 언어는 사물을 분리하고 분류하는 체계다. 이러한 의미에서 언어는 질서화 능력으로 표상되며, 질서의 조직자 그 자체다. 모든 체계는 그것이 과학적인 것이든 정치적인 것이든 직간접적으로 언어의 이 탁월한 능력에 기초해 있다.[10] 이러한 언어의 힘이 필요하긴 하지만 소통의 장이 되는 소셜 머신이 자신의 이상이나 이익을 추구하기 위한 일방적인 언어의 교전장이 되어서는 안 된다.

카임 페렐만(Chaim Perelman)은 신수사학의 논증적 이성을 수학과 논리학의 증명적 합리성과 비교함으로써 공존을 위한 논증적 이성의 중요성을 피력한다. 증명적 합리성은 절대적인 진리가 군림하는 세계에서 사용되는 방법이며, 논증적 이성은 상대적인

3장 공존의 존재, 인공지능: 소셜 머신 2.0

진리, 즉 '의견'이 다양하게 공존하는 세계에서 이용되는 방법이라 할 수 있다.[11] 페렐만이 논증적 이성을 가지고 사회 속에서 진리가 아닌 의견 가운데 가장 큰 공약수, 즉 "언어 공동체가 판단 또는 명제에 부여하는 합의"를 통해 다양성을 나타내고자 한 것은 전제에 대한 논의를 새롭게 하는 의미에서 더욱 타당해 보인다. 그런 의미에서 소셜 머신은 '신수사학적 기계'가 될 수 있다.

소셜 머신의 일정한 틀 안에서 다양한 주장이 논의되는 과정을 통해 서서히 공통의 어휘들을 사용하게 되면 상대방의 주장을 좀 더 이해할 수 있는 계기를 마련할 수 있다. 그러기 위해서는 소셜 머신을 정당성을 인정받을 수 있는 공론의 장으로 만들어가는 노력이 필요하다. 어떤 시대의 어떤 사안이든지 이러한 소통의 장이 필요한 것은 사실인데, 정보기술이 발전된 현재는 이러한 기회를 다소 용이하게 만들 가능성이 커졌고, 소셜 머신이 그러한 가능성을 가지고 있는 것이다.

5. 인공지능과의 공존: 소셜 머신 2.0

설명이 가능한 인공지능

인공지능과의 경쟁 또는 인공지능에 대한 효과적인 통제와 지배를 논의하는 와중에, 미국 연방정부의 용역연구를 수행하는 엠아이티(MIT) 슬론 경영대학원의 에릭 브린욜프슨과 앤드루 맥아피는 기술이 진화함에 따라 사라지는 일자리를 두고 인간의 미래

는 "기계와의 경쟁"이 아니라 "기계와 함께하는 경쟁"에 있다고 강조하였다.[12]

현재 소셜 머신이 인간과 기계 들에 의한 소셜 테크놀로지라고는 하지만, 기계들은 빅데이터나 사물통신, 인공지능 기술을 활용한다고 해도 주로 인간과 인간의 상호작용을 원활하게 하는 기반을 제공하고 인간–기계 사이의 용이한 인터페이스 역할을 한다. 하지만 아직 소셜 머신에서는 학습을 통해 다양한 의사결정에 참여하게 되는 인공지능 기계들을 인간과 같은 자율적인 존재로 간주하고 있지는 않다. 인공지능과의 공존이나 인공지능에 대한 거버넌스를 논의해야 하는 현시점에서는 이들 인공지능 기계를 소셜 머신 2.0 개념으로 언급할 수 있다.

소셜 머신 2.0으로 상정할 수 있는 상황에서는 설명 가능한 인공지능의 필요성이 더욱 증대할 것이다. 현재 인공지능에 의해 자동으로 이뤄지는 모든 의사결정 알고리즘에 대한 우려와 이해를 돕기 위해 헌법 차원에서 설명에 대한 권리까지 논의되고 있다.[13] 전 세계 인간 바둑 챔피언들을 모두 물리치고 최고의 바둑 고수가 되었지만 아무 설명도 아무 이유도 말하지 않는 알파고와 같은 인공지능 시스템의 문제를 해결하기 위해 설명 가능한 인공지능(Explainable Artificial Intelligence) 연구가 활발히 진행되고 있다.

그러나 구글 연구책임자인 피터 노빅은 설명할 수 있는 인공지능에 대해 회의적이다. 인간의 설명조차 진정한 의사결정 과정을 보여주는 것이 아니라 결정된 후에 만드는 것이라는 인지과학적 연구도 있다. 이제까지는 기계들도 자신의 처리 과정을 보여줄

3장 공존의 존재, 인공지능: 소셜 머신 2.0

수 없기도 하였지만 보여줄 필요도 없었다. 인간이 처리 과정을 만들고 인간이 이에 대해 검증하고 문제가 발생해도 인간이 책임 졌기 때문이다. 인간이 만드는 기계들은 처리 과정에 상관없이 출력검사를 하여 원하는 성능을 확인해야 하고 또 그래왔기 때문에, 딥러닝 기술의 설명이 없더라도 출력검사로 확인하는 것만으로 충분하다고 생각할 수도 있다.

하지만 현실적으로는 모든 경우를 검사할 수 없을 것이기 때문에 출력검사가 항상 옳은 답변이 아닐뿐더러, 이미 언급한 것처럼 자신의 해고나 수백만 불의 투자나 핵무기의 발사는 설명이 필요하다. 소셜 머신 1.0에서는 사전에 인공지능 기계의 알고리즘이 갖는 문제점을 확인하거나 사후에 문제 발생 시 책임 소재를 가릴 수 있는 제도나 법도 필요하지만, 소셜 머신 2.0에서는 여기서 더 나아가 좀 더 인간처럼 의사소통할 수 있어야 할 것이다.

소셜 머신이 나아가야 할 방향

소셜 머신 2.0의 인공지능은 인간이 의사결정을 위해 하던 자료 수집과 분석 그리고 결과 도출을 직접 수행하여 인간과 의사소통하게 된다. 소셜 컴퓨팅(Social Computing)은 사회적 행위와 컴퓨터 시스템들의 상호작용에 관련한 컴퓨터 과학의 한 분야로 정의한다. 그러므로 소셜 컴퓨팅은 사회현상을 분석하고 모델링하기 위해 컴퓨터를 많이 사용하는 사회학의 한 분야인 계산사회학(Computational Sociology)과 연결된다. 계산사회학은 컴퓨터 시뮬레이션, 인공지능, 복잡한 통계방법과 소셜 네트워크 분석(Social

Network Analysis: 사회 연결망 분석)과 같은 분석방법을 사용해 사회 상호작용을 파악하여 사회를 분석한다.

나아가 계산사회과학(Computational Social Science)은 사회과학에 계산적 방법을 적용하는데 당연히 계산사회학을 포함하고 계산경제학(Computational Economics), 역사동역학(Cliodynamics), 컬처노믹스(Culturenomics), 그리고 사회적이고 전통적인 미디어 콘텐츠의 자동 분석을 포함한다. 이러한 계산사회과학을 떠올려 보면 소셜 머신으로 우리가 무엇을 할 수 있을지 상상할 수 있다. 현재는 소셜 로봇(Social Robot)의 '소셜'이 공장에서 쓰는 로봇이 아니고 사람들과 대면한다는 단순한 뜻으로 붙여진 것이지만, 확장된 소셜 머신은 언젠가는 진정으로 인간과 '소셜'한 로봇의 등장을 준비하는 것이 될 것이다.

2017년 뉴질랜드에서 세계 최초의 인공지능 정치인 샘(SAM)이 등장하였다.[16] 샘은 페이스북 메신저를 통해 정치적 이슈를 가지고 유권자들과 대화를 나눈다. 현재는 간단하게 이뤄지는 이 과정에 인공지능 기술이 더해지면 유권자들에게 합리적인 정책 대안들을 제시할 수 있을 것이다. 샘이 현재의 실제 선거에 출마할 수는 없지만 다가올 소셜 머신 2.0에서는 샘과 같은 인공지능 정치인들을 쉽게 보게 될지도 모르겠다.

○ **4장**

자율적 인공지능에서
휠체어 탄 인공지능으로[1)]

하대청

1. 포스트휴먼 시대 기술의 문화적 상상

포스트휴먼 시대로의 이행

우리가 지금 사는 이 시대를 부르는 용어들이 있다. 초연결 시대, 공유경제의 시대, 4차 산업혁명의 시대, 인류세(anthropocene) 등 무척 다양하다. 이런 시대 정의는 특정한 현실 인식을 내세우면서 이 세계의 변화를 이해하는 새로운 틀을 제시하려고 한다. 하지만 늘 그렇듯이 이런 일은 시대 변화의 징후를 예리하게 읽어내는 작업인 동시에 그 자체가 정치적인 기획이다. 18세기 급진적 사상가들이 자신들의 시대를 계몽의 시대라 정의하고 근대 과학

---

1) 이 글은 《과학기술학연구》 제19권 제2호(한국과학기술학회, 2019)에 "휠체어 탄 인공지능: 자율적 기술에서 상호의존과 돌봄의 기술로"라는 제목으로 게재된 글을 일부 수정한 것이다.

혁명 이전의 중세를 암흑과 무지의 시대로 부당하게 매도한 것처럼, 시대를 구획하고 정의하는 노력은 현재와 미래에 대한 특정한 평가와 기대를 함축하고 있다.

인간과 유사하게 사고하는 지능 기계들이 출현하고 인간과 기술을 결합해 인간의 기존 능력을 향상시키는 일들이 가능해지면서 우리 시대를 포스트휴먼 시대로 정의하는 이들이 늘어나고 있다. 포스트휴먼이 무엇인지에 대해선 단일한 의견이 존재하지 않지만, 우리 시대를 포스트휴먼 시대로 부르려는 이들은 인간 종을 정의하는 기존의 익숙한 방식들이 새로운 기술과 생태환경의 부상과 함께 더 이상 유효하지 않다는 인식을 어느 정도 공유하고 있다.[1]

포스트휴먼 시대라고 부르는 일은 인류가 새롭게 마주한 존재론적 조건을 인식하려는 노력이지만, 동시에 정치적이고 문화적인 상상(imaginary)도 생산하고 있다. 특히, 인공지능과 로봇 등의 신기술과 이 기술을 이용한 인간 향상 프로젝트 등은 우리가 앞으로 기대하는 인간상이 어떤 것인지, 바람직한 주체는 어떤 형상이어야 하는지, 우리 사회는 인간의 어떤 능력을 중심으로 질서화해야 하는지를 규정하려고 한다.

인공지능을 둘러싼 문화적 상상

인공지능과 관련한 연구들은 인간됨이나 인간의 정신능력에 대한 특정한 문화적 상상들을 생산하고 강화하고 있다. 그동안 인공지능 연구들이 인간됨(humanness)의 주요 특질인 몸, 감정, 사회성 등에 차례로 주목해오면서도 바꾸지 않고 꾸준히 관심을 둔 지점은 "생물학적 개인을 계산적 개인으로" 대체하는 것이다.[2] 무엇이 인간의 핵심 특질인가라는 질문에 인공지능 연구들은 계산하고 사고할 수 있는 지능이라고 변함없이 답해온 것이다.

하지만 유명한 「계산 기계와 지능」이라는 논문에서 앨런 튜링이 지능을 정의하지 않고 인간과 그 행태를 비교하는 방법을 채택했듯이, 사실 지능은 인간의 복잡한 능력 탓에 쉽게 정의하기 힘들다.[3] 우리가 지금 지능을 개인의 핵심적인 정신능력으로 간주하는 것은 20세기 초엽 심리학의 성과물이다. 당시 심리학자 등이 인간의 정신능력을 사회의 산물이 아닌 개인의 속성으로 정의하고, 정신의 다양한 활동 중에서 지능에 주목하면서 비로소 지능은 개인적이고 핵심적인 인간의 정신능력이 될 수 있었다.[4] 이제 인공지능을 연구하는 기술이 진전되면서 지능은 마치 육체가 없는 '통 속의 뇌(brain in the vat)'가 수행하는 능력인 것처럼 논의되고 있다. 사실 상징 논리의 계산능력조차 지식생산자가 몸으로 실천하지 않으면 발휘되기 어렵지만,[5] 몸이 사라진 지능, 다시 말해 탈육화한(disembodied) 지능이라고 부를 만한 이런 경향은 점점 강화되고 있다.[6] 이렇듯 인공지능이 유행하면서 '정신능력의 지능화,' 그리고 '지능의 탈육화와 개인화'라고 부를 만한 문화적 상상이 강화되고 있다.

다른 한편, 인공지능과 로봇 기술이 생산하는 강력한 문화적 상상으로 '자율성'이 있다. 스스로 운전해서 도로를 주행하는 자동차, 스스로 학습하는 인공지능, 스스로 공격 결정을 내리는 무인 무장비행기, 스스로 알아듣고 말하는 스피커, 인간의 뇌파를 미리 읽고 의수를 스스로 들어 올릴 수 있는 로봇, 스스로 공부해서 치료법을 제안하는 인공지능 의사 등 최근 주목받고 있는 기술적 성취들은 모두 스스로 결정할 수 있는 능력, 이른바 '자율성(autonomy)'을 주요 특징으로 삼고 있다. 기술마다 추구하는 자율성의 개념이나 수준은 상이하지만, 인간처럼 지능이 있다고 주장하는 최근의 인공지능과 로봇은 모두 이 자율성을 획득했다는 점을 뛰어난 성취로 강조하고 있다. 인공지능의 최근 등장을 새로운 기회로 보든지, 아니면 두려운 위협으로 보든지 간에, 자율성은 이렇게 인공지능과 로봇 기술의 주요 특징으로 지목되면서 자율성이 인간만의 특질이었다는 오랜 믿음에 도전하고 있다.

이 글은 인공지능과 로봇이 문화적 상상으로서 생산하는 자율성에 기초한 인간상에 주목하면서 이 문화적 상상을 비판적으로 검토하고자 한다. 과학기술학(Science and Technology Studies), 그중에서도 페미니스트 과학기술학 등에 이론적으로 기대어, 자율성과 이에 기초한 자유주의적 주체상이 실제 인간과 기술이 뒤엉킨 실제 현실과 맞지 않는 허구라는 점을 지적하고, 이것이 갖는 정치적 효과를 분석할 것이다. 이어서 이런 지배적인 문화적 상상에 대응하기 위한 대안적인 기술의 형상화(figuration)를 시도해볼 것이다. 이를 통해 근대 자유주의적 주체성에 대항하여 의존성을 긍정하고 연약한 존재들의 상호연대가 갖는 가치를 드러낼 수 있는 기술의 형상으로서 이 글은 '휠체어 탄 인공지능'을 제안할 것이다.

2. 인공지능이 문화적 상상으로 생산하는 자율성

인간됨의 기준, 자율성

기계나 동물과 달리 인간만이 자율성을 가지고 있다는 생각은 계몽주의 시대에 급진적 사상가들의 주장이었다. 이들은 인간은 전통이나 종교가 아닌 자신의 이성을 따르는 자유로운 주체이며, 이성에 따라 스스로 결정할 수 있는 능력을 가지고 있다고 보았다. 여기서 스스로 결정한다는 것은 자율성(autonomy)의 어원인 자기지배(self-rule, self-government), 즉 스스로 규범을 정하고 따르는 것을 말한다.[7] 인간은 본능이라는 자연법칙을 거슬러 스스로 도덕법칙을 정하고 이를 따르는 선택을 할 수 있다. 인간의 이성에 기초해서 본능을 따르지 않을 수 있는 자유의지, 스스로 도덕을 정할 수 있는 이 자유로움은 자율성이라는 특징으로 이해되었고, 이후 인간의 존엄성과 자유주의적 정치이론의 근거로 평가받았다.

이런 기준을 엄밀하게 적용한다면 현재 논의되고 있는 인공지능이나 무인 비행기기가 자율성을 가졌다고 말하기는 어렵다. 의식을 가지고 스스로 도덕법칙을 정하는 인공지능은 현재의 기술로는 실현 가능성이 희박하기 때문이다. 하지만 인공적인 지능을 연구하고 개발하는 과학기술에서 말하는 자율성은 좀 다른 계보의 역사를 갖는다. 과학기술학자 루시 서치먼(Lucy Suchman) 등이 잘 보여주듯이, 1920년대 시스템 이론과 사이버네틱스 연구는 생물과 무생물을 구분하지 않고 목표에 정향된 행동(goal-oriented behavior)을 하는 존재라면 모두 자율성을 지닌 것으로 정의했다.[8] 의식이나 자유의지가 있는지와 같은 좀 더 본질적인 질문은 제기하지 않은 채, 목표와의 상호작용, 피드백을 통한 자기조절, 환경에의 적응 등처럼 단지 행동을 기준으로 자율성을 정의한 것이다. 자율성의 기준이었던 자유의지가 과학연구에서는 목표를 향한 자기조절과 적응이라는 생리적 제어 메커니즘으로 번역된 것이다.

60, 70년대에 유행한 인공지능의 상징처리 접근(symbolic processing approach)을 거쳐 80년대 이후에 부상한 행동기반(behavior-based) 인공지능 연구는 이 사이버네틱스의 통찰을 상당 부분 채택하고 있다. 상징과 논리추론에 기반한 상징처리 접근은 인공지능이 사전에 프로그래밍된 규칙에 기초해 일하기를 기대했고 일부 제조업에서는 성공적인 결과를 보여주기도 했다.

하지만 새롭게 부상한 '행동기반 인공지능'은 무엇보다 자기학습이 가능했다. 특정한 경험을 통해 미래 상황에 적응할 수 있는 행동들을 배워나갈 수 있었던 것이다. 시스템의 경험을 평가하기 위한 가치시스템(value system)이 사전에 주어져야 했지만, 행동과 자기탐색(self-exploration)에 기초한 로봇들은 사전에 프로그램된 행동을 넘어서서 예측하지 못한 행동들을 할 수 있었다.[9] 행동기반 인공지능은 이전의 상징처리 접근에서처럼 사전에 만들어진 시스템 아키텍처, 가치시스템과 같은 변수 등을 필요로 했지만, 환경과 상호작용하면서 사전에 프로그램되지 않은 행동들을 할 수 있었던 것이다.

4장 자율적 인공지능에서 휠체어 탄 인공지능으로

인간됨을 정의하는 인공지능의 도전

여러 연구에서 자율성은 예측을 벗어나는 불규칙적인 실제 세계를 탐색하면서 새로운 행동들을 습득하고 이에 적응하는 능력으로 이해되었다. 인공지능 연구자인 스튜어트 러셀(Stuart Russel) 등도 자율성을 초기 프로그래밍에 의해 전적으로 결정되기보다는 스스로의 경험에 의해 결정되는 에이전트(agent)의 특성으로 정의한다.[10] 이런 맥락에서 자율성은 대부분의 인공지능 연구에서 '초기 프로그래밍을 넘어선 자기학습', '인간이 계속 개입하지 않아도 예측하기 어려운 실제 세계에 적응할 수 있는 능력' 정도로 이해되었던 것이다.[11]

인공지능 연구에 대한 간단한 역사가 보여주듯이, 자율성을 자유의지와 의식에 기반해서 정의한 것과 달리 인공지능 연구자들은 자율성을 독자적으로 정의해왔다. 물론 자유의지를 어떻게 정의하는가에 따라 인공지능 또한 자유의지 혹은 자율성을 지닌다고 볼 수 있다는 의견도 있지만,[12] 자유의지가 있는 강한 인공지능은 가까운 시일에 우리가 직면할 만한 문제가 아니라는 의견이 우세하다. 따라서 인공지능 연구의 맥락에서는 자율성이 비록 인간처럼 도덕법칙을 스스로 정립할 능력은 없다 할지라도, 규칙이나 논리로 예측하기 어려운 실제 세계에서 경험을 통해 학습하고 새로운 상황에 맞추어 적응해나갈 수 있는 능력 정도로 이해되었다. 최근의 기계학습 인공지능 또한 기술적 방식이 조금 바뀌기는 했지만, 기본적인 자율성 개념에는 거의 변함이 없는 것으로 보인다.

이렇게 인공지능 연구의 다양한 프로젝트들은 자율성을 주요한 특징으로 삼았다. 이들이 기술적으로 구현하려고 한 자율성은 근대 자유주의적 주체의 이상과는 실제로 달랐지만, 자율성은 인공지능의 이상인 동시에 인간됨의 핵심 특질이 되었다. 인공지능이 모방하고자 했던 인간됨의 요소들인 합리성, 행위능력, 자율성 등은 사실 서구 유럽이 근대 이후 스스로를 재현하는 주된 방식이기도 했다. 이들이 정의하는 방식대로 인간이 자율적인 존재인지, 이들이 주목한 계산능력과 합리성이 과연 지능의 특질인지 등은 사실 간단히 대답할 수 없는 질문이지만, 이 연구들은 그렇다고 믿고 관련된 문화적 상상을 실제적인 인공물들로 구현하고 있다. 자율주행차, 자율 무장비행기 등의 연구 프로젝트들은 이렇게 자율성을 획득했다고 주장하면서 자율성이 인간의 핵심 특질이라는 문화적 상상을 더욱 강화하고 있다.

3. 자율성에서 매개와 의존으로

인공지능 자율성의 실제 모습

인간과 기계의 복잡하고 다면적인 얽힘을 추적하는 과학기술학 연구들은 인간의 자율성을 전제하지 않으며, 행위능력(agency)이 개인에게 한정된 속성이라고 가정하지 않는다. 그보다는 구체적인 실천 속에서 인간의 행위능력이 어떻게 발휘되는지 경험적으로 분석하려고 한다. 이런 분석에 따르면, 우리가 일상에서 실천하는 행위들은 모두 인간과 비인간의 뒤얽힘을 통해 이뤄지기 때

문에 온전히 우리만의 행위능력이라고 말할 수 있는 것이 없다.[13]

흔히 인간 개인에게 귀속되는 속성이라고 생각하는 인지 (cognition) 또한 시공간적으로 흩어져 있는 물질적, 사회적, 조직적 요소들을 통해 이뤄진다. 분산적 인지(distributed cognition) 연구자인 에드윈 허친스(Edwin Hutchins)가 잘 보여주었듯이, 비행기 조종석에 앉은 파일럿의 인지와 사고는 고립된 개인의 뇌 속에서 이뤄지는 것이 아니라, 그녀가 속한 사회기술적 시스템과의 역동적인 상호작용 속에서 가능하다.[14]

우리가 "몸에 갇혀버린 정신"이라고 불렀던 스티븐 호킹 교수의 실천을 분석한 연구에서도 간호사, 학생, 조수, 컴퓨터 등이 매개되지 않으면 호킹 교수의 쓰기나 말하기는 물론이고 연구를 위한 그의 사고조차도 가능하지 않다는 점을 보여준다.[15] 조수나 컴퓨터 등은 단순히 도움을 주는 것이 아니라, 호킹의 생각을 예상하고 번역하고 프로그램하면서 사실상 '호킹과 함께' 행동하고 결정한다. 우리의 인지나 능력은 우리와 연결된 다른 인간과 기계들에 물질화되어 있으며, 이런 네트워크의 결과로 우리는 행동하고 사고하는 것이다.

마찬가지로 인공지능과 로봇 프로젝트들은 이 기술의 특징으로 '자율성'을 제시하고 있지만, 실상은 좀 더 복잡하다. 도덕법칙의 설정과 준수라는 개념이 아니라 이들이 옹호하는 자율성의 정의, 곧 인간이 개입하지 않아도 새로운 환경에 적응할 수 있는 능력이라는 자율성의 정의를 적용하더라도, 이들이 말하는 자율성을 그대로 받아들이기는 어렵다. 최근의 딥러닝과 같은 기계학습은 인간 노동을 오히려 더 깊이 더 많이 요구하기 때문이다.

딥러닝에 기초한 인공지능은 초기 프로그래밍을 넘어서 셀 수 없이 많은 각종 데이터로 학습시키는 과정이 필수적이다. 학습 데이터가 충분하지 않으면 딥러닝 인공지능은 실제 시험현장에서 아무런 능력을 발휘하지 못한다. 하지만 인공지능이 스스로 학습할 데이터까지 생산할 수는 없기 때문에, 인간이 직접 데이터를 만들어 입력해주어야 한다.[16] 음성 인식, 영상 인식, 자율주행차 등의 모든 분야에서 이런 데이터를 필요로 한다.

게다가 이런 데이터에는 데이터의 내용을 설명하는 레이블링이 반드시 있어야 한다. 직접 촬영한 영상이나 웹에서 수집한 이미지 등에 인간들이 그 속성과 설명을 기입하는 레이블링 작업을 하고 있다. 레이블링된 데이터를 학습시키고 나서도 인간의 개입은 끝나지 않으며 반복적인 피드백과 튜닝 작업이 요구된다. 인공지능이 제대로 학습했는지, 다시 말해 인공지능이 실제 고양이 사진을 보고 정말로 고양이로 인식했는지를 확인 검토하고 그 결과를 인공지능에 피드백으로 입력하는 작업 또한 인간이 수행해야 한다.

데이터 수집, 데이터의 불균질성 제거와 레이블링, 확인, 피드백과 튜닝 작업을 인간이 수행하지 않으면, 기계학습을 위한 인공지능의 신경망이 아무리 정교하게 설계되었다 한들 '인간처럼' 사고하고 판단할 수 없다. 이세돌을 이긴 알파고 또한 이런 엄청난 규모의 데이터(바둑의 경우, 기보들)를 가지고 학습한 인공지능이었다. 물론 최근에는 기보 없이 학습할 수 있는 이른바 비지도 학습(unsupervised learning) 인공지능이 만들어지긴 했지만, 여전히 초보적인 수준이다.

우리 삶과 일상은 사실 지나치게 불규칙해서 인간이 적절히 데이터화하는 데 관여하지 않으면 인공지능이 스스로 학습하기 어렵다. 자율주행차가 운전하면서 마주치는 날씨와 도로의 조건은 너무나 변화무쌍해서 인간 노동자가 매일 촬영해서 영상 속 사물을 레이블링하지 않으면, 현재 자율주행차 인공지능을 학습시킬 방법이 없다.

인간과 비인간이 서로 뒤얽혀 있는 인공지능

알파고는 이런 데이터 의존을 넘어선 또 다른 종류의 의존성을 보여주었다. 2016년에 이세돌과 대국할 당시 알파고는 컴퓨터 스크린에 등장하는 바둑알로 자신의 존재를 알렸지만, 사실 알파고는 태평양 건너에 있는 미국의 데이터 센터까지 인터넷 네트워크로 연결되어 있어야 했다.[17] 사실 당시 바둑기사 이세돌은 알파고라는 보이지 않는 인공지능 하나를 상대한 것이 아니라, 다양한 인간과 비인간의 연합과 겨루어야 했다. 인공신경망 알고리즘, 딥마인드사의 알파고 개발 엔지니어들, 알파고의 훈련을 위해 고용한 프로 바둑기사, 구글 클라우드 플랫폼, 태평양에 걸쳐 있는 인터넷 케이블, 데이터 센터, 전력 시스템, 그리고 이 기술 네트워크 시스템을 유지하고 있던 다양한 종류의 인력들 등 인간과 물질과 조직들이 얽힌 네트워크에 맞서야 했던 것이다.

'자율적 무기'로 알려진 무인 공격 드론도 마찬가지다. 영화 〈아이 인 더 스카이(Eye in the sky)〉가 보여주듯이, 원격으로 조종

되는 공격용 드론도 다양한 인간-비인간의 네트워크로 작동한다. 살상무기를 장착한 채 케냐 나이로비의 하늘 높이 떠 있는 드론, 이를 미국 네바다의 군기지에서 원격으로 조종하는 조종사, 그리고 이 조종사와 교신하는 영국군 상황실, 군법 자문위원회, 영국 군장성과 장관이 참석하는 최종 결정회의 등이 함께 공격을 수행하고 있다. 여기서 드론은 자율적이지 않으며, 그렇다고 어느 한 개인의 결정에 의존하는 것으로 보이지도 않는다. 현장 가까이 날면서 영상을 만들어내는 벌 크기의 소형 드론, 이 영상을 분석해 테러리스트일 확률을 계산하는 얼굴인식 프로그램, 공격이 가져올 부수적 피해를 계산하는 위험평가 알고리즘 등은 테러리스트를 죽이려는 한 군인의 집념과 뒤얽힌 채 함께 발사 명령을 결정한다. 이들 각각은 자신의 행위성을 부분적으로 발휘하고 있는 것이다.

인공지능은 자율적이라고 말하기에는 너무나 많은 연결 과정을 거치고 있다. 인공지능은 다양한 종류와 규모의 물질적 장치, 여러 지식과 기술을 가진 인력, 이런 인력들을 효과적으로 운영하는 조직과 규칙들 등에 연결되어 있다. 최근의 인프라스트럭처 연구(Infrastructure studies)가 보여주듯이, 인공지능이 의존하는 인터넷 네트워크는 데이터 센터, 해저 케이블, 프로토콜, 디지털 압축 기술 등에 기대고 있다.[18] 또한 이런 인프라스트럭처 곁에는 이를 유지 관리하는 전기기사, 모니터링하는 노동자가 정보와 데이터가 안정적으로 흐르도록 일하고 있다. 이런 의미에서 인공지능은 인간과 비인간이 뒤얽혀 있는 복잡한 배치 속에 있다. 넓은 규모로 분산된 물질적 요소들과 이를 작동시키거나 재현하는 특별한 사회적 조직, 이를 안정적으로 관리하는 인간들의 노동이 늘 필요하다. 인공지능을 지탱하는 이런 다양한 종류의 물질적, 사회적, 인적 요소들이 없다면 인공지능은 '자율적'일 수 없다.

인공지능의 형태와 수준에 따라 그 평가는 조금씩 달라질 수 있지만, 이런 현실을 고려하면 인공지능은 기본적으로 인간으로부터 분리된 자율적 존재라기보다 인간과 비인간이 복잡하게 매개되고 서로 의존하는 혼종적 존재다. 따라서 우리의 질문도 인공지능의 자율성에 집중하기보다 인공지능의 매개와 상호의존에 주목하는 것이 필요하다. 예를 들어, 인공지능이 자율성을 획득하면 인간처럼 시민권을 부여할 것인지 묻기보다는 인공지능이 어떤 매개 작업을 요구하는지, 어떤 인간과 비인간이 이 매개 작업에 참여하는지, 이 과정에서 누구의 노동은 재현에 포함되고 누구의 것은 배제되는지, 결과적으로 매개와 상호의존을 부인하는 자율성 주장은 어떤 정치적 효과를 가져오는지 등을 질문해야 한다.

4. 인간의 돌봄노동 vs. 기계의 돌봄노동

알고리즘 루프 속의 다양한 인간들

현재의 인공지능과 로봇 기술이 발전할수록 기계의 자율성이 증대되는 것이 아니라, 오히려 기계와 인간 사이의 연결성이 더욱 커지고 매개와 의존이 더욱 깊어진다. 흔히 기술이 발전함에 따라 인공지능의 자율성은 점점 확대될 것이라고 전망하지만, 그렇게 말하는 '자율성'은 수많은 매개와 연결에 의존하고 있다. 앞으로 인공지능의 행위능력은 인간적, 사회적, 정치적, 물질적 요소들에 더욱 복잡하게 매개될 것이다. 우리의 기억력과 사고가 온갖 미디어 기기들에 매개되듯이, 기계의 사고, 판단, 행위능력도 수많은 인간 노동과 다른 물질적, 제도적 장치들에 매개되는 것이다. 인간과 비인간의 뒤얽힘은 앞으로 더 증대하고 복잡해질 것이며, 우리 시야에 잘 드러나지도 않으면서 종종 인간의 통제를 벗어날 것이다.[19]

인공지능과 관련한 많은 논의들은 기계의 자율성을 옹호하거나 혹은 비판하는 식으로 자율성 이슈에 집중하고 있다. 기계가 자율성을 이미 획득했다고 생각하는 이들은 이 기술의 자율성을 어떻게 통제할 것인지 우려하고, 기계가 아직 인간이 가진 자율성 수준에 도달하지 않았다고 생각하는 이들은 지나치게 걱정할 필요는 없다고 반박한다. 하지만 만약 자율성이 아니라 매개와 의존의 개념으로 인공지능 기술을 들여다본다면 우리의 질문과 관심은 달라질 수 있다.

예를 들어 무장한 무인 비행기(armed unmanned ariel vehicle)의 통제 문제처럼 이른바 '자율적인 살상무기'에 관한 윤리적 논의에서 '루프 속의 인간(human in the loop)'은 중요한 주제다.[20] 무장한 무인 비행기의 인공지능은 비전투원을 실수로 살상하지 않도록 하기 위해 최종적으로 '인간'이 발사 결정을 내리도록 하고 있다. 하지만 무기 시스템 내에서 증가하는 자동화와 속도 때문에 기대했던 인간의 통제가 이뤄지지 않는다는 우려가 제기되고 있다.[21] 인간이 최종 발사 결정을 내리기 때문에 이 기술은 인간의 통제 범위 안에 있다고 생각하지만, 이 결정을 매개하는 전체 무기 시스템의 속도와 복잡성을 고려하면 인간이 제대로 통제하고 있다고 말하기 어려운 것이다. '자율성의 프레임워크'를 '매개와 의존의 프레임워크'로 대체하면 이런 문제들을 발견할 수 있고 윤리적 관여의 지점도 발굴할 수 있다.

인공지능의 '자율성'은 사실 인간과 비인간의 복잡한 매개와 상호의존에 의해 가능하다는 점을 이해하면서 이 매개 과정을 계속 따라가면, 눈에 잘 드러나지 않는 여러 종류의 인간 노동자들을 마주하게 된다. 자율주행차를 학습시키기 위해 촬영한 영상 데이터에 레이블링을 하고 있는 임시직 저임금 노동자, 무인 슈퍼마켓으로 유명해진 아마존 고(Go)의 인공지능 알고리즘을 학습시키기 위해 영상을 촬영하고 레이블링해서 이를 아마존사에 판매하는 아르바이트 대학생, 인공지능의 어긋난 연산결과를 확인한 후 알고리즘을 끝없이 튜닝하고 있는 실험실의 대학원생, 페이스북과 유튜브에서 포르노그래피와 잔인한 살해 장면을 온종일 찾아내서 제거하는 필리핀 거주 콘텐츠 조정자(content moderators), 구글 데이터 센터의 냉각과 보수를 담당하는 노동자, 해저 인터넷 케이블의 안정성을 모니터링하는 노동자들, 아마존의 물류창고에서 손바닥만 한 액정화면에 뜨는 지시 내용을 따라 쉴 새 없이 물건을 분류하는 노동자들 등이 그들이다.[22]

특히, 아마존 미케니컬 터크(Amazon Mechanical Turk)와 같은

다양한 인터넷 플랫폼을 통해 데이터 관련 업무들이 아웃소싱되면서, 온라인에서 일감을 받는 노동자들은 최저임금을 밑도는 보상을 받고 있고 사회안전망과 같은 법적인 보호 바깥에서 일하고 있다. 거대 기술기업들인 아마존, 구글, 페이스북 등은 데이터 레이블링, 컨텐츠 조정(content moderation) 등을 이런 임시직 저임금 노동자들인 "루프 속의 프레카리아트"를 활용해 싼 값에 처리하고 있다.[23]

명암이 엇갈리는 인간과 기계의 돌봄노동들

인프라스트럭처를 돌보는 유지와 보수(maintenance and repair) 노동은 우리 사회에서 일종의 돌봄노동처럼 간주되고 있다. 여성들의 가사와 돌봄노동이 자본주의 발전 과정에서 임금을 지불하지 않는 부불노동(free labor)으로 처리되었듯이, 인공지능의 인프라스트럭처 뒤에 있는 돌봄노동들은 제대로 인정받지 못하고 있다.[24] 인공지능은 물질적 인프라스트럭처와 이를 돌보는 돌봄노동에 전적으로 의존하지만, 이 노동은 인터넷의 '가상성(virtuality)'이라는 주장을 통해 비가시화하며 적절하게 인정받지 못하고 있는 것이다.[25]

작년 11월에 발생한 KT 아현지사 화재는 지하 인터넷 통신망이라는 인프라스트럭처가 정지했을 때 우리 일상도 함께 멈춰버린다는 점을 잘 보여주었다. 우리는 전화로 약속을 잡을 수도, 집에서 은행 거래를 할 수도, 상점에서 물건을 구매할 수도, 인터넷 TV를 볼 수도, 인공지능 스피커의 응대를 들을 수도, 인공지능 보

그림 3 구글 데이터 센터의 한 모습

데이터 센터는 전력 소모량이 매우 많기 때문에 사진에서처럼 거대한 냉각 시스템을 갖추고 있다. 이런 데이터 센터, 냉각 시스템, 이를 관리하고 유지 보수하는 노동자들이 없다면 인공지능은 '자율적일' 수 없다.(출처: www.google.com.au)

안 시스템을 작동시킬 수도 없었다. 그 화재로 우리는 "자율적으로" 작동하는 인공지능이 사실 보이지 않는 곳에 물리적으로 존재하는 인터넷 네트워크에 깊이 의존하고 있으며, 이 자율성이 자연적으로 주어지지 않는다는 점도 알게 되었다.

또한, 다양한 인공지능 기계들이 데이터 센터에 있는 서버와 원활하게 데이터 흐름을 유지할 수 있는 것은 클라우드의 '가상성'이 아니라 지하에 케이블을 매설하고 이를 일상적으로 유지 보수하는 비정규직 노동자들의 돌봄노동 덕분이었다는 점도 깨달았다. 인공지능이 '스스로 알아서 하는' 능력도 인프라스트럭처의 물질성이 없다면, 그리고 지하에서 일하는 인간 노동자의 돌봄노동이 없으면 사라져버리는 것이다.[2]

아이러니하게도 모든 돌봄노동을 우리가 보지 못하거나 인정하지 않는 건 아니다. 돌봄노동이 우리에게 잘 인식되는 경우가 있다. 바로 이 노동을 저임금 인간 노동자가 아닌 인공지능 기계가 할 때다. 아마존 알렉사(Alexa), 애플 시리(Siri), 네이버 프렌즈(Friends)와 KT 기가지니(Giga Genie)가 우리에게 요리법을 알려주고 노래를 선곡해줄 때 우리는 인공지능 기계의 돌봄노동에 감탄한다. 불평 한 마디 없는 충직한 하인처럼 일하는 기계의 돌봄노동의 가치는 우리가 쉽게 알아보고 인정한다. 가사노동자, 유지보수 노동자, 요양보호사의 돌봄노동은 잘 알아보지 못하면서, 요양보호를 담당한다는 로봇이 노인의 말에 간단히 대답할 때는 이 돌봄노동의 존재를 잘 인지하는 것이다. 돌봄노동에 대한 우리의 감탄과 인정이 아마존의 인공지능 스피커에는 쉽게 전달되지만, 이 스피커를 학습시키는 데이터 레이블링 노동자나 데이터 전송 케이블망을 수리하는 맨홀 아래 지하의 노동자에게까지는 가닿지 못하는 것이다.

인공지능 스피커 등 최근에 성장하는 이른바 '조수기술(assistant technology)'은 이렇게 기계와 인간의 돌봄노동을 차별적으로 가시화하고 있다. 거대 기술기업의 이익에 부합하는 기계의 돌봄노동은 무대 앞으로 가져와 탄성과 함께 가시화하는 반면, 이런 기계들이 작동하도록 떠받치고 있는 인간 노동자의 돌봄노동은 무대 뒤로 숨기고 있다. 계산적 합리성의 상징처럼 여겨지는 인공지능

---

2) 마찬가지 의미에서 태안화력발전소 컨베이어 벨트에서 사망한 24세 비정규직 노동자 김용균 씨들의 노동이 없다면, 화력발전소는 멈추고 전력을 쓸 수 없는 인공지능도 곧장 멈춰버리게 된다.

이 실은 여러 인간들의 돌봄노동 위에서 작동하고 있는데도 이 돌봄노동을 비가시화하고 있다. 가사노동을 부불노동으로 만드는 우리 사회의 젠더화된 노동 인식에 기대어 인공지능 기계와 프로젝트 들은 인간들의 다양한 돌봄노동을 비가시화하면서 자율성의 가치를 앞세우고 있는 것이다.

무엇을 가치 있는 노동으로 보는가는 자연스럽게 결정되는 문제가 아니다. 인간의 능숙한 돌봄노동에는 무관심하면서 기계의 서툰 돌봄노동에는 경탄하는 것은 단지 기계가 보여주는 놀라운 능력 때문만은 아니다. 인공지능으로부터 이익을 얻는 이들이 인간의 돌봄노동이 없어도 작동이 가능한 자율적인 것처럼 인공지능을 재현하고 있기 때문이다. 또한 가사노동과 돌봄노동을 저평가해온 젠더화된 사회구조와 노동 인식이 이를 당연한 것처럼 받아들이도록 하고 있기 때문이다. 인공지능 뒤에서 일하는 인간의 돌봄노동은 비가시화하는 반면에 기계의 돌봄노동은 적극적으로 가시화하고 주목받는 현실은 이렇게 기술을 둘러싼 정치와 담론을 통해 형성된 것이다.

5. '자율적 인공지능'이 부정하는 장애와 의존성

인공지능이 부정하는 '다른 몸'

새롭게 출현하는 기술들은 흔히 인간이 직면한 복잡한 문제들의 해결책을 약속한다. 인간만이 지닌 자율성을 모방했다고 과시하는 인공지능 또한 여러 비전과 해결책을 우리에게 제시하고 있다. 하지만 이런 비전과 해결책은 항상 복잡하고 중층적인 문제를 특정한 방식으로 정의하는 과정을 전제로 한다. 자율성을 강조하는 인공지능의 내러티브는 이 기술의 해결책이 유용하다는 것을 입증하기 위해 아픈 사람이나 장애인들이 이 기술로 상실된 자율성을 회복하게 된다고 말한다. 청각장애인의 수화동작을 읽고 음성언어로 번역하는 인공지능, 아이의 행동들을 관찰하여 자폐증 아이를 찾아내는 인공지능, 척수장애인이 일어나서 걸을 수 있도록 도와주는 외골격(exoskeleton) 로봇, 뇌파를 미리 읽고 의수를 올릴 수 있도록 해주는 인공지능 등은 이런 "장애인을 도와주는 기술"로 자주 언급되고 있다.

하지만 자율성의 회복을 약속하는 이런 기술들을 장애인들이 항상 반기는 것은 아니다. 오히려 청각장애인 단체는 청각장애인의 의사소통을 도와주는 기술, 즉 수어의 손동작을 음성언어로 번역하는 기계 장갑에 반대했다.[26] 이들은 손동작, 몸동작과 얼굴표정으로 다채롭게 의사소통하는 수어를 손동작만으로 축소해버리는 이 기술에 대해 불편함을 느꼈다. 왜냐하면 이 기술적 해결책은 수어를 자신들의 정체성으로 받아들이며 자신들은 단지 "다른 몸"과 "다른 언어"를 가졌다고 여기는 이들의 신념을 고려하지 않았기 때문이다. 들리지 않음은 엔지니어들에게는 해결해야 할 문제이고 극복해야 할 난관이었을 뿐이지만, 다수의 청각장애인들에겐 그들의 정체성의 일부이고 오랜 문화의 한 부분인 것이다.

이렇듯 "장애인을 도와주는 기술"은 특정하게 장애를 문제화한다. 이 과정은 장애인의 실제 욕구와 수요를 반영하지 못하고, 심한 경우 이들에 대한 편견을 더욱 강화하며 이들의 능력을 제한한다. 역사적으로 볼 때 장애인들은 자신들의 다른 욕구에 맞는 기술을 스스로 생산하는 제작자(maker)이자 땜장이(tinkers)가 되어왔다.[27] 비장애인들이 상상하는 이상적인 몸에 맞춘 과학기술에 맞서 이들은 자신들의 다른 몸에 맞는 형태로 기존 기술을 개조하거나 아예 새로운 인공물을 설계해왔다. 그러나 장애인에게 자율성을 제공해주겠다는 새로운 기술들은 이들의 이런 능력을 간단히 부정한다. 장애인이 제작자로서 키워온 능력과 행위성이 부정당하는 것이다.

연약한 인간과 취약한 기술의 상호의존

인공지능을 비롯한 인간과 기계의 결합에 주목하는 포스트휴먼 담론들은 대개 자신들이 가치 있게 여기는 특정한 인간상을 이상적 인간으로 간주하고, 그렇지 않은 이들은 결함 있는 이들로 규정한다. 인공지능이 내세우는 자율성과 행위능력을 갖춘 이들을 '정상적인' 인간으로 삼고 장애인은 교정되어야 할 대상, 치료받아야 할 대상으로 만드는 것이다.[28] 장애는 결함, 열등함, 한계, 고통 등으로만 정의되고 기술적 해결책의 도움을 받아 정상성(normality)을 회복해야 하는 대상이 된다.

외골격 로봇이든 수어 번역기기든, 인공지능과 로봇을 둘러싼 지배적 내러티브는 모두 특정한 정상성을 전제하고 이를 강요하고 있다. 장애의 몸을 극복할 수 있다는 이른바 '포스트휴먼

기술'이 정작 장애의 몸을 더 소외시키거나 혐오를 강화할 수 있는 것이다. 장애인들 상당수는 자신의 장애를 결함으로 여기지 않는다는 사실, 정상성의 정의는 시대와 사회에 따라 달라져왔다는 점, 장애와 비장애의 구분은 명확하지 않고 때로는 한 사람이 상황과 맥락에 따라 이 두 상태를 넘나들 수 있다는 사실 등은 전혀 고려되지 않았다.[29] 많은 장애인들에게 장애는 고쳐야 하거나 제거해야 할 문제가 아니라 함께 안고 살아가야 하는 문제일 수 있다는 점은 이해되지 않은 것이다.

지배적인 인공지능의 문화적 상상은 자율적인 행위능력을 앞세우면서 이에 기초한 주체성 모델을 강화하고 있다. 자율적이고 행위능력을 갖춘 인간을 이상적인 주체로 정하고, '자율적이지 않게 보이는' 이들은 이상적인 주체에서 배제하고 동정, 배려, 교정과 극복의 대상으로 이해하려 한다. 그 결과, 장애의 몸은 사실 특정한 능력만이 특정한 맥락에서 제한될 뿐이지만, 종종 그가 가진 모든 능력이 부정되기도 한다.

컴퓨터 화면 속 글을 읽어주는 스크린 리더를 사용하면 웹 브라우저가 자동으로 시각장애인들을 위해 디자인된 화면으로 안내하는 경우가 있다. 하지만 대개 장애인을 위한 화면들은 기능성이 제한되어 있다. 18세기 영국문학을 연구하는 한 연구자는 도서관에 접속해 스크린 리더를 사용하자 곧 아이들과 학자가 아닌 일반인들을 위한 단순한 기능만 있는 웹페이지로 자동 안내되었다.[30] 장애인은 학자가 아닐 것이라는 선입견을 가진 결과인데, 가운을 입은 의사가 장애인이면 환자들이 간호사로 여긴다는 이야기와 비슷하다.

행위능력과 자율성을 앞세운 기술들은 장애인을 자율성과 행위능력의 결여 차원으로만 이해하기 때문에 특정 장애의 존재는 모든 능력의 부족으로 쉽게 해석된다. 규범에서 벗어난 몸이 '다른 몸'이 될 수 있는 가능성은 상상하지 못한 채, 단지 열등한 몸으로 규정하는 것이다. 행위능력, 자율성, 정상성에 기초한 주체성 모델이 여전히 지배적인 포스트휴먼 기술들은 이렇게 특정한 형태의 정상성을 강요하면서 장애인과 같은 소수자의 삶을 부인하는 내러티브에 동참하고 있다.

이렇게 자율성과 행위능력을 이상적인 인간의 특질로 정의하는 기술들의 내러티브 속에서는 의존성, 연약함과 유한함이 가치 없는 것처럼 여겨진다.[31] 사실 앞서 보았듯이, 우리가 다양한 종류의 기술에 의존함으로써 우리의 행위능력을 발휘할 수 있고 기술 또한 인간의 개입과 돌봄노동에 의존하고 있다면, 의존성은 사실 무가치한 것이 아니라 우리가 기술과 맺는 관계의 현실인 것이다. 인공지능과 로봇의 작동은 발전소, 인터넷 케이블, 데이터 센터, 통신 프로토콜 등과 같은 물질적 요소들과 이들의 원활한 작동을 가능하게 하는 유지보수 노동자, 데이터 튜닝과 레이블링 담당 노동자들에 필수적으로 의존하고 있다.

인간과 인간이, 인간과 기술이 서로를 매개하고 서로에게 의존하고 있다면, 의존성은 결함이 아니라 기술세계에서 살아가는 우리의 현실이고 오히려 자율성이 허상이고 신화다.[32] 인간의 돌봄노동과 물질성의 존재를 소거하면서 자율성을 내세우는 인공지능과 로봇 기술들은 이렇게 의존성의 실제 현실을 부정하도록 만들고 있다. 실제 현실에서는 의존적인 인간과 또 다른 의존적인 인간이 함께 살고 있고 취약한 기술이 연약한 인간의 도움을 받아 작동하고 있는데도, 기술은 자율성을 표방하면서 연약하고 의존적인 존재들 사이의 연대가 갖는 가치와 의미를 지우고 있다.[33]

인간을 넘어선 새로운 포스트휴먼을 만들어내는 기술들은 능력 있는 몸(abled-bodies)을 이상화하면서 장애 있는 몸들의 다양성과 가치를 부인하고, 기술의 자율성을 가치화하면서 서로 의존하는 존재들인 인간과 기술의 현실적 관계를 삭제하고 있다. 장애인에게 자율성을 회복시켜주겠다는 인공지능의 문화적 상상은 이렇게 자율성, 온전함, 생산성 등을 앞세우면서 장애라는 다른 몸을, 상호의존이라는 실제 현실을, 그리고 의존성과 상호돌봄이 갖는 사회적 가치를 부인하고 있다.

6. '휠체어 탄 인공지능'

타자들을 포용하는 책임 있는 기술

인공지능과 로봇이 자율성의 확대를 약속하는 포스트휴먼 시대에서 우리는 어떤 대안 기술을 생각할 수 있을까? 우리의 도움 없이 스스로 일할 수 있으며 우리의 정신과 신체 능력을 향상시켜주겠다는 새로운 기술의 약속 앞에서 우리는 어떤 윤리로 응답할 수 있을까? 지능과 자율성을 인간의 핵심 특질로 정의하며 이를 모방할 수 있거나 혹은 능가할 수 있다고 주장하는 기술들 앞에서 우리는 이들과 경쟁하거나 혹은 이들을 통제하려 하지 않으면서 다른 목표를 가질 수 있을까? 이런 존재들과 함께 살아가는 법을 다른 방식으로 상상할 수 있을까?

지금까지 보았듯이 인공지능은 인간과 비인간이 뒤엉켜서 함께 일하고 있는 장소다. 연약한 인간은 빅데이터로 새로운 예측을 해내는 인공지능에 의존하고, 취약한 인공지능은 인간의 섬세한 개입과 돌봄을 필요로 한다. 인간과 기술이 이렇게 뒤얽힌 채 인간은 기술에서 특정한 가치를 기대하고, 기술은 인간됨의 기준을 바꾸어낸다.

기술과 인간의 현실적 관계가 이렇게 복잡한 매개와 상호의존에 있다면 우리에게 필요한 것은 자율의 언어와 통제의 윤리가 아닐 것이다. 인간과 기술이 분리되어 독립된 존재들이 아니라면 자율성을 전제하고 통제를 기대하는 것이 아닌 새로운 언어와 윤리가 필요할 것이다. 그것은 자율적인 기술과 경쟁하면서 이들을 통제하려고 하기보다는 기술의 의존성을 전제하고 주변화된 존재들에 관심을 갖는 새로운 언어여야 하고, 매개와 의존을 있는 그대로 인정하고 그 가치를 긍정하는 윤리여야 할 것이다.

수많은 인간과 비인간이 서로를 매개하고 의존하고 있는 현실 세계에서 우리에게 필요한 것은 타자의 몸과 노동을 가치 없게 여기도록 만드는 것이 아니라 이들을 있는 그대로 드러내면서 존중하도록 이끄는 기술이다. 지식 생산과 개발 및 사용에서 배제되는 타자들을 포용하는 기술이 필요하다.

이런 기술이라면 인간의 삶이 물질적 기술에 매개되는 과정에서 헌신하고 있지만 목소리가 없는 이들에게 공감하며 이들의 고통을 공유할 수 있다.[34] 자율적인 것으로 재현되기 위해 기술의 문화적 상상이 무시하고 삭제했던 돌봄노동자, 대상화시켜버린 다른 몸의 장애인들을 잘 돌볼 수 있다. 이런 기술이라면 기술을 매개하고 구성하는 여러 이질적 존재들을 지워내고 무능하게 만드는 것이 아니라 이 존재들이 인정받으며 일할 수 있도록 만드는 기술, 과학기술학자 도나 해러웨이(Donna Haraway)의 언어를 빌려 말하자면 "서로가 할 수 있도록 해주는(rendering each other capable)" 기술인 것이다.[35] 숨겨진 타자들을 드러내고 이들의 존재론적 가능성을 열어주는 기술 말이다.

이런 종류의 기술을 만들려는 노력은 다른 방식으로 표현하면 해러웨이가 언급한, 타자의 요청에 "응답할 수 있는 능력(capacity to respond)"으로서의 "책임감(response-ability)"일 것이다.[36] 주변화된 존재들에 공감하고 실천적으로 응답하는 책임감은 의존성을 긍정하고 연약성 사이의 연대를 촉진한다. 그러면 의존성을 극복해야 할 한계가 아닌 우리가 딛고 있는 현실로 여기며 연약한 인간과 취약한 기술이 서로 돌보는 상호의존적 관계를 받아들이게 될 것이다.

연약하고 취약한 인간과 비인간들이 서로에게 의존하면서 연대하는 삶은 늘 위태롭고 불안전하다는 점도 인정한다. 그래서 이 책임감은 인간의 개입과 판단이 없어도 자율적 기계가 작동할 것이라고 기대하지 않으며, 동시에 인간의 판단이 '자율적 기계' 안에 있다고 해서 항상 통제할 수 있다고 안심하지도 않을 것이다. 결국, '응답하는 책임감'은 기술의 지배적인 문화적 상상이 배제하는 타자들—인공지능 학습을 위해 데이터를 공급하는 저임금 노동자, 인공지능의 원활한 작동을 위해 인프라를 유지 보수하는 비정규직 노동자, 자율적 인공지능이 극복해야 할 대상으로 만들면서 더욱 소외시키는 다른 몸의 장애인 등—을 드러내면서 이들을 잘 돌볼 수 있는 사회적 가치인 의존성과 연대성을 새롭게 축조하도록 요구할 것이다.

대안적인 인공지능의 형상

이런 책임감을 갖는 기술은 어떤 형태일까? 자율성을 약속하면서 장애의 다른 몸과 돌봄노동자의 현실을 소거하기보다는 이들의 몸과 노동의 실재성을 인정하는, 다시 말해 "적극적으로 함께 현전하는(active copresencing)" 기술은 도대체 어떤 형태일까?[37] 이 글에서 이 기술이 구체적으로 어떤 형태인지 제시할 수는 없지만, 내가 이 기술을 상상하면서 생각한 형상은 말할 수 있을 것 같다. 나는 이런 기술을 상상하다가 문뜩 '휠체어 탄 인공지능'을 떠올렸다.

장애인 예술가 수 오스틴(Sue Austin)은 휠체어를 타고 바닷속을 유영하는 퍼포먼스를 한 경험을 강연에서 소개한 적이 있다.[38] 16년 동안 휠체어를 사용해온 그녀는 휠체어에 대한 주위 사람들의 반응이 자신의 생각과 다르다는 점을 알고서 이 선입견에 도전하고자 했다. 비장애인 중심의 시선에서 휠체어는 장애를 가진 몸처럼 한계, 제약, 속박과 상실 등을 상징하지만 그녀에겐 오히려 기쁨, 흥분과 자유를 선사하는 것이었다. 휠체어에 대한 이런 새로운 내러티브를 구성하기 위해 그녀가 고안한 방법이 바로 휠체어를 타고 바닷속을 유영하는 퍼포먼스였다. 산소호흡기를 입에 물고 휠체어를 탄 채 바닷속을 유유히 헤엄치는 그녀는 강연에 참석한 청중들의 표정에서 읽어낼 수 있듯이 경이롭고 아름다웠으며 무척이나 자유로워 보였다. 휠체어는 더 이상 제약과 속박이 아니라 가능성과 자유를 의미했다. 휠체어는 새로운 시야와 앎을 가능하게 해주고 그녀의 말대로 새로운 존재가 되도록 해주는 기기가 되어 있었다.

내가 오스틴의 퍼포먼스를 보면서 인공지능의 대안적인 형상화로 '휠체어 탄 인공지능'을 떠올린 건 휠체어가 갖는 이중성 때문이었다. 휠체어는 지체장애인이 이동하기 위해 의존하는 기기이기 때문에 인간과 기술 사이에 널리 퍼진 상호의존의 실제 현실을 더 잘 예증할 수 있다. 휠체어는 자율적 기술이라는 신화와 거리를 두면서, 우리가 현실에서 기술과 맺는 상호의존과 돌봄의 관계를 좀 더 쉽게 상상할 수 있도록 도와준다.

물론 휠체어는 우리가 활동성을 얻기 위해 의존하는 기기이지만 우리를 의존적이거나 무력한 존재로 만들지 않는다. 휠체어는 제약과 속박의 상징이 아니라 오스틴이 보여준 것처럼 휠체어를 사용하는 이들에게 새로운 존재가 될 수 있는 자유와 가능성을 제공해준다.[39] 또한 휠체어라는 기술은 그녀에게 자유를 줬지만 외골격 로봇 기술처럼 일어나서 걷도록 요구하지는 않았다. 오스틴이 휠체어에 앉아 바닷속을 유영한 것처럼, 규범화되고 정형화된 몸에 맞춰 일어나도록 강요하지 않고 있는 그대로의 몸을 인정한 것이다. 그래서 바닷속을 유영하는 이 휠체어를 보면서 그녀처럼 자유로움을 느낀 나는 의존적 몸을 교정하려 하기보다는 인정하고, 상호의존의 현실을 부정하기보다는 드러내고, 주변화된 노동과 다른 몸들을 "적극적으로 함께 현전하는" 기술을 떠올릴 수 있었다.[3]

내게 '휠체어 탄 인공지능'은 '자율적인 인공지능'에 맞선 대안적인 인공지능의 형상화다. 곧 장애의 몸이 갖는 행위능력을 부정하지 않으면서 장애인이 할 수 있도록 해주는 기술, 그들이 원하는 능력이 무엇인지 경청하고 그런 능력을 장애인들과 함께 만들어가려고 노력하는 기술, 기술이 의존하는 다양한 돌봄노동자들을 외면하지 않고 적절하게 보상하고 인정하는 기술을 의미한다.

'휠체어 탄 인공지능'은 이 기술의 개발과 작동에 관여하는 장애, 인종, 젠더와 같은 소수자성을 포용한다. 연구현장에서 차별

---

3) '휠체어 탄 인공지능'이라는 형상화는 장애를 재현하는 데 위험성을 안고 있다. 휠체어로 상징되는 지체장애를 장애의 대표적 형태로 만들 수 있기 때문이다. 이와는 달리 눈에 잘 드러나지 않는 지체장애나 다른 특성을 보이는 정신장애 등이 과소 대표되거나 왜곡될 수 있다. 실제로 휠체어를 타지 않은 장애인은 종종 버스를 타면서 리프트 사용을 요청할 때 장애인임을 증명해야 하는 일들이 발생한다. 내가 '휠체어 탄 인공지능'을 대안적 형상화로 삼은 것은 이런 문제점이 있다는 것을 인식하면서도 더 나은 형상화를 찾을 수 없었던 한계에서 나온 결과라는 점을 미리 밝혀둔다. 따라서 다양한 장애를 왜곡이나 불균형 없이 재현할 수 있는 적절한 용어나 개념이 학계에서 설득력 있게 제안된다면 '휠체어 탄 인공지능'은 거기에 맞게 바뀌어야 할 것이다.

그림 4 휠체어를 타고 바닷속을 자유롭게 유영하는 장애인 예술가 수 오스틴
(출처: www.wearefreewheeling.org.uk)

에 노출되는 여성 엔지니어, 개발과 유지 과정에서 필수적이지만 인정받지 못하는 돌봄노동자, 사용현장에서 비장애인을 중심에 두는 시선 때문에 소외되는 장애인 등이 배제되지 않고 존중될 것이다.[40] '휠체어 탄 인공지능'은 자율성과 극복을 앞세우는 기술이 아니라 의존성을 긍정하며 철학자 뱅시안느 데스프레(Vinciane Despret)의 말처럼 "함께 되기(becoming with)"에 나서는 기술인 것이다.[41] 나는 새로운 시대를 약속하는 인공지능과 로봇 기술이 무엇보다 '휠체어 탄 인공지능'이었으면 한다. 자율성을 과시하려는 기술보다는 상호의존과 돌봄에 기초한 기술로 형상화되길 바란다. 무엇보다 나는 '휠체어 탄 인공지능'과 함께 살고 싶다.

3부

새로운 과학기술의
운용 체계와 규범

배아복제 시대의 생명윤리 규범[1]

박신화

1. 인간배아는 인간인가

목적과 수단 사이에 놓인 인간배아

배아(embryo)의 도덕적 지위 문제는 인간배아, 즉 "인간의 수정란 및 수정된 때부터 발생학적(發生學的)으로 모든 기관(器官)이 형성되기 전까지 분열된 세포군(細胞群)"[1]이 윤리적으로 어떤 지위를 갖는지의 문제다. 이 문제에 대해서는 지금까지 많은 논의들이 있어왔다. 통상 배아를 인간으로 간주하는 견해와 반대 견해가 대립해왔으며, 그 사이에 절충적인 견해들이 있어왔다. 인간 신체가 배아로부터 발생한다는 생각은 인류 역사상 오래된 것으로, 문자

---

1) 이 글은 《현상학과 현대철학》 제81집(한국현상학회, 2019)에 "배아의 도덕적 지위 문제에 대한 현상학적 접근: 메를로-퐁티 철학으로부터의 기여"라는 제목으로 게재된 글을 일부 수정한 것이다.

로 기록된 것만 해도 기원전 1400여 년까지 거슬러 올라가는 장구한 역사를 갖고 있다. 또한 현대 발생학이 배아를 실험적으로 관찰하게 된 것도 이미 150여 년 전의 일이다.[2]

그러나 배아의 지위 문제가 사회적, 윤리적 쟁점으로 부각되기 시작한 것은 비교적 최근의 일로, 1978년 세계 최초의 시험관아기 루이스 브라운(L. Brown)의 탄생이 이 문제의 의미와 중요성을 일깨운 계기가 되었다.[3] 부인과 전문의인 스텝토(P. Steptoe)와 생리학자인 에드워즈(R. Edwards)는 나팔관이 막혀 난소에서 만들어진 난자가 자궁 속으로 들어가지 못하는 불임 상태였던 레슬리 브라운(L. Brown)을 위해 레슬리의 난자와 남편 존(J. Brown)의 정자를 시험관에서 수정시켜 모체의 자궁에 이식하는 데 성공했다. 수정란은 정상적인 발생 과정을 거쳐 건강한 여자아이로 태어났다.

루이스의 탄생은 인간 생명의 인위적 생산이라는 점에서 윤리적, 종교적 논쟁을 일으켰고, 그와 함께 배아의 지위 문제를 제기했다. 스텝토와 에드워즈는 체외수정술(IVF)의 낮은 성공률을 감안해 여러 개의 수정란을 만들었고, 그중 일부를 레슬리의 자궁에 이식해서 임신에 성공했다. 그렇다면 임신에 사용하고 남은 배아, 곧 '잔여배아'는 어떻게 할 것인가? 배아의 지위가 무엇이냐에 따라 우리는 '그' 혹은 '그것'을 달리 취급해야 할 텐데, 그렇다면 배아는 인간인가 아닌가?

배아의 도덕적 지위 문제는 의생명 과학기술이 진보함에 따라 오늘날 더욱 첨예한 문제로 대두되고 있다. 루이스의 사례에서처럼 체외수정술은 잔여배아를 양산함으로써 배아의 지위 문제를 제기했지만, 거기서 배아는 오직 생명체로 탄생하기 위한 것이었다. 말하자면 배아를 임신에 '사용하기 위해' 인위적으로 만들었지만, 어쨌든 그렇게 생산된 배아는 임신 이외의 목적에는 쓰이지 않았다. 반면, 1990년대 들어 재생의료(regenerative medicine)의 관점에서 배아의 유용성이 새로 주목을 받으면서 전혀 다른 상황이 전개되고 있다. 말 그대로 배아의 '도구적 사용'이 문제로 떠올랐다.

되묻게 되는 인간 존재의 의미

인간 신체는 하나의 세포인 수정란이 분열과 분화를 거듭하면서 각 조직과 기관을 형성해간다. 이는 배아가 다른 특정한 세포들로 분화하는 능력을 가진 줄기세포(stem cell)이기 때문에 가능하다. 보통 수정란에서 시작된 배아는 발생이 진행될수록 분화능력이 감소한다. 가령 정자와 난자가 결합하여 생성된 수정란에서 접합자로 발달하면서 배아는 모든 세포로 분화할 수 있는 전능성(totipotency)을 띤다. 이후 발생이 더 진행되어 수정 후 4~6일의 배반포(blastocyst) 단계에 이르면 태아로 발달할 내세포괴(inner cell mass)와 태반, 탯줄이 될 영양세포(trophoblast)로 분화하면서 앞서의 전능성은 사라진다.

그러나 내세포괴는 여전히 내배엽, 중배엽 그리고 외배엽과 같은 계통(lineage)으로 분화할 수 있는 능력, 즉 전분화능(pluripotency)을 가지는 세포로 존재한다. 배아줄기세포(embryonic stem cell)는 이 두 번째 시기의 배아를 일컫는다. 배아줄기세포의 분화능력은 사고나 질병 등으로 조직이 손상되었을 때 배아줄기

세포를 원하는 조직으로 분화시켜서 그 조직을 재생시킬 수 있다.[4]

배아줄기세포 연구는 의료의 혁신을 가능하게 했지만 동시에 배아를 이용하는 과정에서 배아가 파괴되거나 손상을 입게 된다는 점에서 배아의 도덕적 지위 문제를 더 이상 유보할 수 없는 문제로 대면하게 한다. 이제 배아는 생명체로의 탄생을 목적으로 하지 않고, 다른 개체의 생명 연장을 위한 연구와 치료의 수단이 된다. 배아의 지위가 여느 생명체와 같다면 배아 연구에 동물을 대상으로 하는 연구의 윤리규범을 준용할 수 있을 것이다. 반면에 만약 배아를 명실상부한 인간 존재로 보아야 한다면 배아를 훼손하는 줄기세포 연구는 심각한 윤리적 결함을 가진 것이 된다. 치료의학 차원에서 배아의 가치는 점점 더 분명해지고 있으며 이로 인해 배아 사용의 필요성을 부르짖는 목소리는 높아가고 있다. 그러나 배아의 도덕적 지위는 진정 무엇이며, 그것을 어떻게 취급해야 하는지의 물음은 여전히 미궁으로 남아 있다.

이 글은 이 같은 문제 상황을 넘어서기 위한 시도다. 우리는 배아의 도덕적 지위 문제를 실마리 삼아 오늘날 비약적으로 발전하고 있는 의생명 과학기술이 새로운 윤리규범을 수립해야 한다는 점을 밝히려고 한다. 배아의 도덕적 지위는 무엇인가? 우리는 이 물음에 답하기 위해서는 먼저 인간은 무엇인지를 규명해야 한다는 점에 주목한다. 오늘날 배아의 도덕적 지위가 시급한 윤리적 문제로 제기되는 이유는 배아가 인간 존재인지 아닌지의 문제를 어떻게 바라보느냐에 따라 완전히 다른 현실적 결과가 초래될 것이기 때문이다.

배아의 지위 문제는 인간이 어떤 존재이며, 이를 따를 때 배아가 인간 존재에 속하는지 그렇지 않은지의 문제다. 그러니까 인간이 어떤 존재인지를 규명하는 것은 배아의 지위를 결정하는 데 있어 본질적인 문제가 된다. 인간이 어떤 존재인지를 규명하지 않고 배아의 도덕적 지위를 논하는 것은 문성학의 말대로 "저울 없이 몸무게를 다는 꼴이 될 것"[5]이다. 배아는 애매한 존재다. 배아는 인간과 비인간의 경계선 위에 놓여 있는 듯하고, 그로 인해 '인간이란 무엇인가'라는 문제를 전혀 새로운 각도에서 제기한다.

그런데 오늘날 인간 존재의 의미를 되묻게 하는 것은 비단 배아의 지위 문제만은 아니다. 날로 혁신하는 의생명 과학기술은 인간의 신체를 보조하고 조작하고 변형하는 가운데 그러한 행위를 어디까지 허용해야 하는지의 문제를 제기함으로써 인간 존재의 의미를 되묻게 한다. 이런 점에서 배아의 도덕적 지위 문제는 포스트휴먼의 기술시대가 제기하는 의생명 윤리의 문제를 성찰하는 데 전략적인 의미를 가진다. 기술 측면에서 배아 연구는 의료에 활용할 가능성으로 인해 현대 의생명 과학기술 중에서도 특히나 주목을 받는 분야다. 그러나 윤리 측면에서 배아 연구는 배아를 인위적으로 제조 및 변형하고 전체적 혹은 부분적으로 파괴하기 때문에 인간 존재와 존엄성에 대한 직접적인 문제를 제기한다.

우리가 보기에, 배아의 지위 문제와 관련하여 지금까지 제시된 견해들은 나름의 인간 개념에 기초해 있다. 이 인간 개념(들)이 과연 타당한가가 문제다. 만약 문제의 인간 개념들에 어떤 한계가 있다면 그로부터 귀결된 배아의 지위에 대한 기존 견해들의 한계

5장 배아복제 시대의 생명윤리 규범

또한 분명해질 것이다. 이를 통해 우리는 문제를 더욱 근본적으로 사고할 필요성과 그 관점을 제시하려고 한다. 이 글의 목적은 현대 생명윤리의 세목(細目)을 마련하는 데 있지 않다. 규범의 세목을 마련하기 위해서라도 문제에 접근하는 근본 관점을 세울 필요가 있다. 이 글의 목적은 바로 이 근본 관점을 모색하는 데 있다.

2. 존중의 이유: 속성에서 존재로

생물학적 속성 이론의 한계

배아가 도덕적 존중과 보호의 대상인지 아닌지는 판단의 준거, 즉 존중의 이유가 무엇이냐에 달려 있다. 이제 보게 되겠지만, 동일한 사물, 존재자라고 해도 존중의 이유가 무엇이냐에 따라 도덕적 지위가 달라진다. 인간이 존엄한 존재로서 도덕적 존중과 보호의 대상이라는 데는 누구나 동의할 것이다. 그렇다면 왜 인간은 도덕적 존중과 보호의 대상이 되는가? 어떤 대상이 도덕적으로 존중받고 보호되어야 한다면 그 이유는 무엇인가? 비첨(T L. Beauchamp)과 칠드리스(J. F. Childress)는 『생명의료 윤리의 원칙들』에서 이 문제와 관련해 설득력 있는 분석을 제시한다. 이들은 특히 도덕적 지위의 문제를 대상이 가진 속성(properties)의 문제로 이해하는 종래의 이론들이 가진 한계를 잘 보여주었다. 이들에 따르면,

지금까지 문제를 대하는 주요한 접근은 하나의 대상이 그것의 어떤 '속성'에 기초해서 도덕적 원칙이나 다른 도덕적 범주가 적용될 수 있고, 또한 적용되어야 하는 '유형의 존재'가 되는지를 질문하는 것이었다. 몇몇 이론들에 따르면 오직 한 가지 속성만이 도덕적 지위를 부여한다. 예를 들면 어떤 사람들은 이 속성이 인간의 존엄성—도덕이론이 그 의미를 거의 해명하지 못한 매우 불분명한 개념—이라고 말한다. 한편, 다른 이들은 또 다른 속성 혹은 어쩌면 여러 개의 속성들—예컨대, 감각능력, 합리성, 혹은 도덕적 행위능력—이 도덕적 지위를 얻기 위해 필요하다고 주장한다.[6]

그러나 비첨과 칠드리스에 따르면 도덕적 지위의 근거를 특정 속성(들)의 구유(具有)에서 찾는 종래의 접근들은 문제에 대한 주요 쟁점들을 해결하지 못한다. 먼저 인간의 속성에 기초한 이론에 대한 이들의 비판 논점을 살펴보자. 언급한 이론은 도덕적 지위에 대한 전통적인 설명으로서, 명백하게 인간의 속성이라 불릴 수 있는 것들, 곧 호모 사피엔스의 생물학적 속성이 도덕적 지위를 부여한다는 입장이다.[7] 배아 복제, 유전자 조작, 낙태나 뇌사자 문제 등에서 보듯이 오늘날 의생명 과학기술이 제기하는 어려운 문제는 배아세포로부터 시작해 죽음에 이르는 연속 과정에서 어디부터를(혹은 어디까지를) 인간으로 볼 것인가에 있다. 그러나 도덕적 지위의 근거를 호모 사피엔스의 생물학적 속성에 두면 이 모든 어려움이 일소된다. 유아나 정신적으로 장애가 있는 사람, 지속되는 식물 상태에서 영구적으로 의식을 잃은 사람, 심지어 배아

5장 배아복제 시대의 생명윤리 규범

세포까지, 이들은 모두 인간 종의 생물학적(유전적) 속성을 공유하고 있다. 그렇다면 이들은 도덕적 존중의 대상이 된다.

그러나 필자들에 따르면, 이 이론은 비록 모든 인간 존재자를 인격체(person)로 보는 일반의 상식적인 논지를 잘 반영하고 있긴 하지만, '왜 인간의 생물학적 속성이 도덕적 지위에 필연적인 조건인가' 하는 핵심적 비판에 직면한다. 이 비판은 실로 무겁다. 왜냐하면 "만약 우리가 지성과 기억 및 도덕적 능력과 같은 속성을 가진 존재와 마주친다면, 우리는 그것이 생물학적으로 인간인지 아닌지를 묻기에 앞서, 그 존재에 대한 우리의 도덕적 의무의 틀을 짜게 될 것"[8]이기 때문이다. 그러니까 인간의 생물학적 속성만을 도덕적 지위의 판단 준거로 삼는 것은 합당한 근거를 결여한 '종차별주의(speciesism)'의 발로일 수 있다.[9] 더욱이 치료를 목적으로 인간의 세포를 다른 동물의 몸에 이식하는 인간 키메라(human chimera) 연구에서 볼 수 있듯이, 의생명 과학기술의 발달은 오늘날 서로 다른 종(種) 간의 생물학적 장벽조차 허물고 있다. 인간의 생물학적 고유성 자체가 의문시되고 있는 것이다.[10]

도덕규범을 교란하는 인지적 속성

도덕적 지위에 대한 두 번째 시각은 인지적 속성에 근거한 이론이다. 이 이론은 도덕적 지위의 근거를 단순히 인간 종의 생물학적 여건에 두지 않고, 인지(cognition), 지각(perception), 기억, 이해, 사고와 같은 인지심리적 속성에 둔다.[11] 도덕적 지위의 근거를 인간 종의 생물학적 속성에 두면 도덕적 존재에게는 여러 인지적 속성과 판단능력 등이 본질적이라는 사실을 간과하게 된다.

도덕적 지위 문제는 대상에 따라 도덕적 지위의 구분이 가능하다는 것을 전제한다. 특히 이 문제는 다른 존재자들에 대해 인간이 도덕적 지위를 갖는 이유를 설명해야 한다. 이 점에서 이 이론의 목적은 "인격체(persons) 그리고 오직 인격체만이 도덕적 속성을 지닌다는 가정 하에 모든 그리고 오직 인격체에 의해서만 소유되는 일련의 인지적 속성들을 찾아내는 데 있다."[12] 이 이론은 첫 번째 이론과는 달리 도덕적 지위를 정의하기 위해 인간의 생물학적 속성과 같은 '독단적 전제'에 호소하지 않으면서도 그 밖의 사물들에 대해 인간이 도덕적 존중의 대상이 되는 이유를 제시한다.

그러나 보첨과 칠드리스에 따르면, 이 이론은 인지적 속성의 내포와 외연을 정확하게 규정할 수 없다는 점에서 문제에 봉착한다. 다시 말해, 인지적 속성의 의미와 그것이 포괄하는 심리적 속성에는 어떤 것들이 있는지가 불분명하다. 그 결과, 이 이론은 우리의 도덕규범에 반하는 결론에 이르게 된다. 즉, 지능, 행위능력, 자기의식 등이 인지적 기준일 때, 어린아이들과 심각한 뇌 손상을 입은 사람들을 비롯한 몇몇 비자율적 인간들은 도덕적 존재에서 배제되는 데 반해, 영장류같이 언급한 기준을 충족하는 정도의 지능과 인지능력을 갖췄거나 학습한 비인간 동물들은 도덕적 존재가 된다. 훈련을 받은 영장류가 쇠퇴해가는 알츠하이머 환자를 인지능력의 관련 단계에서 능가하게 되면 더 상위의 도덕적 지위를 획득하게 되는 것이다.

필자들에 따르면, 여기서 좀 더 근본적인 반론도 제기된다. 즉, 왜 유독 개별자의 인지적 속성이 그들의 도덕적 지위를 결정하느냐는 것이다.[13] 이것은 또 다른 종차별주의적 관점이 아닌가. 도덕적 지위에 대한 이론은 비도덕적 속성들(예를 들어 인지적 속성)과 도덕적 지위를 연결 지어야 하는데, 이는 결코 쉬운 일이 아니다.

현실성을 상실한 이념적 주장들

도덕적 지위의 근거를 도덕적 행위능력에 두는 세 번째 이론은 도덕적 행위자가 된다는 것은 논쟁의 여지없이 도덕적 지위에 대한 충분조건이 된다는 것, 즉 "도덕적 행위자는 도덕적 지위의 전형적(paradigmatic) 담지자"[14]라는 사실에 기초한다. 그러나 이 이론은 도덕적 행위능력과 인지능력이 대개 겹쳐지는 데서 알 수 있듯이 앞서 논의한 인지적 속성에 근거한 이론이 가진 한계를 공유한다. 즉, 이 이론에 따르면 많은 정신장애인들, 심각한 뇌 손상을 입은 환자들과 치매가 진행된 환자들은 도덕적 지위를 갖지 않는 것으로 간주될 수 있다. 정작 이들은 "어떠한 보호도 받을 가치가 없는 것이 아니라 '특별한' 보호를 받을 자격이 있"[15]는데도 말이다.

끝으로, 도덕적 지위에 대한 또 다른 주요한 이론으로는 감각능력(sentience)에 근거하는 이론이 있다.[16] 이 이론은 지각이나 사고로서의 의식과는 구별되는 것으로서 고통과 쾌락을 느끼는 능력을 도덕적 지위의 근거로 삼는다. 그렇다면 왜 감각능력이 도덕적 존재의 징표가 되는가?

네 번째 이론의 가장 기본적인 형식에서 논증의 중심 노선은 다음과 같다. 고통은 악이고 쾌락은 선이다. 어떤 존재에게 고통을 야기하는 것은 그것에 해를 가하는 것이다. 많은 존재들은 고통과 괴로움을 경험할 수 있다. 이런 개별자에게 해를 가하는 것은 그들에게 '나쁜 짓을 하는 것'이다. 이러한 가해 행위는 그것을 도덕적으로 정당화할 충분한 이유가 없다면 도덕적으로 금지된다.[17]

즉, 도덕적 지위의 근거를 감각능력에 두는 이론의 바탕에는 윤리적 판단의 기준을 효용과 행복의 증진에 두는 공리주의 세계관이 깔려 있다. 분명 이 이론은 일반의 상식적인 윤리의식에 부합하는 면이 있다. 우리가 고통에 괴로워하듯이 비인간 동물들도 고통을 받는다는 것은 의심의 여지가 없는 사실이며, 특히 비인간 동물에게조차 이유 없이 고통을 가하는 것은 분명 도덕적으로 잘못된 일처럼 보인다.

그러나 비첨과 칠드리스에 따르면 이 이론 또한 문제가 있다. 먼저 이 이론은 개인이 감각능력을 결여할 때 그 도덕적 지위도 잃게 된다는 주장을 변호해야 한다. 이것은 이론의 당연한 귀결이지만, 감각능력이 충분한 정도로 발달하지 않은 태아, 뇌사자, 심지어 깊이 잠들어 자극을 느낄 수 없게 된 사람의 도덕적 지위를 부정하는 결과를 초래한다. 이는 이론(異論)의 여지가 다분한 주장이다. 또한 이 이론은 고통과 괴로움은 모든 생명체가 공히 느낄 것이므로, 고통과 괴로움을 피하는 데 있어 모든 살아 있는 존재들의 이익을 동등하게 다루어야 한다는 주장을 함축하고 있다.

5장 배아복제 시대의 생명윤리 규범

그러나 이런 주장은 이념적으로는 가능할지 몰라도 현실적이지 않다. 예컨대, "우리는 페스트나 전염병을 박멸하는 방식으로 강력하게 관리하는 공중보건 정책을 펴서는 안 된다고 실제로 누구도 생각하지 않으며, 이런 관점을 옹호하지도 않는다."[18]

인간임의 필요조건과 충분조건

앞서 고찰한 종래의 이론들은 대상이 가진 특정한 속성을 통해 대상의 도덕적 지위를 결정하려는 접근들로 모두 심각한 문제점을 내포하고 있다. 그렇다면 도덕적 지위를 복수의 속성들을 통해 정의하는 것은 어떨까? 이를테면 인간의 도덕적 지위의 근거를 호모 사피엔스의 생물학적 속성과 인지적 속성에서 찾으면 어떨까? 그리고 여기서 배아의 도덕적 지위 문제를 생각해보면 어떨까?

문성학은 앞서 언급한 논문에서 이런 방식의 해결을 제안하고 있다. 그는 생물학적 속성과 인지적 속성을 각각 인간이 인간임의 필요조건과 충분조건으로 정의한다.[19] 호모 사피엔스의 생물학적 조건을 갖추는 것은 인간이 인간이기 위한 필요조건일 뿐이다. "호모 사피엔스라는 종의 유전적 특징을 가진 생명체가 온전한 인간이 되기 위해서는 인간이란 말의 한자어 '人間'이 말해주듯이 사람들 사이에서 성장해야 한다."[20] 즉, 인간이 인간이기 위해서는 인격성을 충분조건으로 갖추어야 한다. 문성학에 따르면, 온전한 인간이려면 인간의 생물학적 속성(필요조건)과 함께 인격성(충분조건)을 갖추어야 한다는 점에서, 배아는 아직 온전한 인간은 아니다. 그렇지만 발생 과정을 거쳐 온전한 인간이 될 가능성이 큰 '잠재적 인간'이다.

배아는 잠재적 인간이지 결코 단순한 세포 덩어리가 아닌 까닭에 "인간의 배아는 어떤 경우든 현실적인 인간의 생명에 준하는 방식으로 존중되어야 한다."[21] 그러나 "잠재적 인간의 잠재적인 도덕적 권리는 존중되어야 하지만, 그 권리는 현실적 인간의 현실적인 도덕적 권리처럼 어떤 경우에도 침해되어서는 안 되는 권리는 아니다."[22] 배아를 질병 치료의 연구 목적으로 사용하는 것이 윤리적으로 허용될 수 있는 근거가 여기에 있다. 문성학에 따르면, 결론적으로 "수정란, 전배아, 배아, 태아, 뇌파가 생긴 태아, 고통 감지능력을 갖춘 태아, 혹은 출산이 임박한 태아는 다 같이 잠재적인 인간이다. 단지 그 잠재성에 정도의 차이가 있을 뿐이며, 그 차이에 따라 그것들이 갖고 있는 잠재적 생명권도 차등적이 될 것이다."[23]

그러나 우리가 보기에 문성학의 분석은 속성에 근거하는 이론들이 봉착하는 한계에서 자유롭지 않다. 인간의 생물학적 속성을 인간임("온전한 인간")의 필요조건으로, 인격성을 충분조건으로 구분해도 문제는 그대로 남는다. 무엇보다 인지적, 도덕적 속성에 근거하는 이론이 봉착한 문제처럼, 개인은 때로 인격성을 결여하면서도 도덕적 지위를, 말하자면 '완전한' 도덕적 지위를 가진 존재일 수 있다. 유아들과 심각한 뇌 손상을 입은 사람들을 비롯한 몇몇 비자율적 인간들은 문성학이 언급한 인격성을 결여하긴 했지만 완전한 도덕적 지위를 가진 존재들이며, 그에 따라 도덕적

5장 배아복제 시대의 생명윤리 규범

존중과 보호를 받아야 할 대상이다. 말하자면 이들도 '온전한 인간'
인 것이다.

갓 태어난 유아나 심각한 치매를 앓는 환자는 앞서 논의한 대로 도덕적으로 특별히 존중받고 보호받아야 할지언정 문제의 인격성을 결여하였다는 이유로 도덕적 존중과 보호에서 배제되어서는 안 된다. 이 말인즉, 인간이 생물학적 속성과 인격성을 갖출 때 온전한 인간이 되는 것은 사실이라 해도, 문성학의 주장과는 달리 두 속성이 온전한 인간이기 위한 '필요충분조건'은 아니라는 것이다. 인격성을 결여해도 온전한 인간일 수 있기 때문이다.[24] 만약 인간이 생물학적 속성을 갖춘 상태에서 인격성을 결여하고도 온전한 인간일 수 있다면 배아는 온전한 인간인가 아닌가? 문성학의 주장대로 배아가 단지 '잠재적 인간'일 뿐이라면, 온전한 인간과 잠재적 인간을 구분하는 기준은 무엇인가? 최소한 인간 종의 생물학적 속성과 인격성의 유무가 그 기준이 될 수는 없다.[25]

인식의 출발점은 실존 인간

문성학의 분석은 대상이 갖는 도덕적 지위의 근거를 속성에 두는 이론들이 가진 한계가 무엇인지를 잘 보여준다. 도덕적 지위 문제에서 어떤 이론적 견해를 취하든, 이론은 인간이 도덕적 지위를 갖는 합리적인 근거를 제시해야 한다. 그러나 종래의 이론들은 이를 제시하지 못하는데 여기에는 이유가 있다. 그것은 바로 이론들이 인간 존재의 신체와 의식(정신)이라는 두 측면의 본질적인 연관성을 간과한 채 인간의 도덕적 지위의 근거, 즉 인간이 인간임의 근거를 신체와 의식, 두 측면 중 하나에서 찾았기 때문이다. 호모 사피엔스의 유전적 특질을 공유하는 한, 의식적 존재건 아니건 인간으로 간주하는 것은 의식적 차원이 인간의 인간임을 결정하는 데 아무런 의미가 없기 때문이다. 마찬가지로 의식적 속성을 공유하는 한, 대상에게 인간의 생물학적 특질이 있건 없건 인간의 도덕적 지위를 부여하는 것은 신체적 차원이 인간의 인간임을 결정하는 데 하등의 의미가 없기 때문이다. 이때 제기되는 난점들은 앞서 논의하였다.

그런데 문성학의 분석이 갖는 의미가 여기에 있다. 문성학은 인간이 인간임의 근거를 호모 사피엔스의 생물학적 속성과 인격적 속성에서 찾음으로써 인간에 대한 신체적 측면과 의식적 측면을 함께 고려해야 한다는 사실을 환기시켜주었다. 그러나 그의 분석이 드러낸 근본적인 한계는 문제의 두 속성을 개념 그대로 차용하는 데 그쳤을 뿐, 기존의 이론들과 마찬가지로 정작 두 속성의 본질적인 연관성에 주목하지 못했다는 것이다. 말하자면 그의 분석에서 호모 사피엔스의 생물학적 속성(신체적 속성)과 인격성(의식적 속성)은 마치 함수의 두 독립변수처럼 상호 연관성 없이 정의된다. 그 결과, 그의 분석에서 인간 존재는 말하자면 애초 아무런 연관성이 없는 이질적인 요소들의 조합이 된다.

그러나 실제의 인간 존재, 곧 실존하는 인간의 신체와 의식은 상호 이질성 속에 머물면 안 되고 어떤 통일성 속에 긴밀히 연관되어 있어야 하지 않을까? 신체와 의식이 상호 연관되지 않고 정의된다는 것은 인간에 대한 추상적 인식만을 방증하지 않는가.

5장 배아복제 시대의 생명윤리 규범

그러니까 인간이 어떤 존재인지를 알기 위해서는 상호 무관한 이 질적인 요소들로 분석을 시작할 것이 아니라 실존하는 인간이 구현하는 고유한 통일성에 주목해야 하지 않을까? 우리가 보기에, 앞서 문성학의 분석이 선행하는 이론들의 한계를 극복하려 했으나 결국 기존 이론들의 문제를 그대로 반복하는 데 그치고 마는 이유는 그의 분석이 바로 이러한 근본적인 관점의 전환에 이르지 못했기 때문이다. 실존하는 인간 개체가 구현하는 신체와 의식의 고유한 통일성, 그리고 인간 개체에 대한 우리의 지각(perception)이 인간 존재에 대한 모든 인식의 출발점이고, 그것에 비추어 인식의 타당성 여부를 반조하는 궁극의 준거점이다. 다시 말해 인간이 무엇인지를 알기 위해서는 실존하는 인간을 보아야 하고, 분석을 통해 알아야 할 것은 우리가 경험하는 실제 인간, 즉 지각된 인간이다.

3. 실존하는 인간과 실존의 방식들

실존 인간을 이해하는 열쇠

인간의 도덕적 지위 문제는 새로운 관점에서 접근할 필요가 있다. 인간 존재에 대한 모든 인식은 우리의 지각에서 비롯되므로, 지각된 인간을 인식하는 것이 문제이며, 이는 지각된 인간이 구현하는 고유한 통일성을 인식하는 일이다. 여기서 우리는 프랑스의 철학자 메를로-퐁티(M. Merleau-Ponty, 1908~61)가 인간 존재에 대하여 제시한 분석에 주목하게 된다. 메를로-퐁티는 인간의 실제적 존재 방식에 대해 의미 있는 성찰을 이뤄낸 사람이다. 그가 대상의 도덕적 지위 문제에 대해 따로 논하지는 않았지만, 인간 존재를 바라보는 그의 관점 속에는 이 문제에 대한 뜻깊은 통찰과 함께 근본적인 해결의 실마리가 놓여 있다.

인간에 대한 메를로-퐁티의 견해를 보기 위해, 먼저 그의 주된 철학적 관심이 '데카르트의 시나리오'[26]를 계승하고 발전시켜서 인간을 좀 더 설득력 있게 이해하려는 데 있었다는 사실에 주목하자. 메를로-퐁티는 인간을 영혼과 신체의 결합으로 규정한 데카르트의 정의를 받아들인다. 그러나 그는 이 정의가 인간이란 무엇인가의 물음에 대한 최종 답변이 아니라 오히려 문제를 구체화한 것으로 이해한다.

데카르트가 잘 본 대로 인간이 신체와 영혼의 두 측면을 가지고 있다는 것은 분명한 사실이다. 그러나 그가 자신의 제일철학에서 전개한 것처럼 영혼과 신체가 실체적으로 구분되는 것이라고 보면 양자의 결합은 성립할 수 없게 된다. 즉, 데카르트가 전개한 대로 영혼과 신체를 각각 사고하는 존재와 연장적 존재로 정의하고 경험을 통해 드러나는 양자 사이의 긴밀성을 인과적 관계를 통해 설명하려고 하면, 이 양자를 매개할 제3의 존재가 필요하게 된다. 그러나 이 제3의 존재는 영혼과 신체에 대한 최초의 정의와 양립하지 못한다. 일체의 존재를 사고하는 것과 연장된 것으로 구분하는 한, 이 제3의 존재는 더 이상 존재의 영역에서 자신의 자리를 가질 수 없게 된다. 거꾸로 인간이 진정 '심신복합체'라면 본질상

상호 배타적인 관계로 정의된 영혼과 신체는 이론적 허구일 뿐, 실제의 인간 존재를 설명해주는 타당성을 잃게 된다.

잘 알려진 대로 데카르트는 영혼과 신체의 결합 문제에 직면하고는 철학적 분석을 단념하고 이를 삶을 통한 체험의 영역으로 남겨놓았다.[27] 그러나 메를로-퐁티는 데카르트 철학이 남겨놓은 이 문제야말로 실제 삶 속에서 존재하는 인간, 곧 실존하는 인간을 이해하는 열쇠라고 생각한다. 메를로-퐁티는 데카르트 철학의 실패를 반면교사 삼아 실존하는 인간을 새로운 방식으로 분석하는데, 분석의 중심에 신체의 문제가 있다. 인간을 이해하는 데 있어 신체가 문제의 중심으로 부각되는 이유가 있다. 바로 신체의 이중성 때문이다.

세계를 보고 느끼는 신체

신체는 문제적이다. 우선 신체는 세계 내의 여느 사물들처럼 지각되는 것이지만, 다른 한편으로는 인간을 구성하는 것으로서 모종의 방식으로 지각에 참여한다. 신체가 없으면 지각도 없다. 메를로-퐁티는 자신의 주저 『지각의 현상학』에서 지각과 신체의 긴밀한 관계에 대해 분석한다. 지각이 신체에 의해 제약된다는 것은 자명한 사실이다. 집의 뒷면을 보기 위해서는 생각만 해서는 안 되고 내 몸을 옮겨서 뒤뜰에 서야 한다. 우리는 신체를 통해 세계를 본다. 신체는 "세계를 바라보는 나의 관점"[28]이다.

그러나 메를로-퐁티에 따르면, 이러한 사실이 아무리 자명하다고 해도 그 의미까지 분명한 것은 아니다. 나의 몸이 세계를 바라보는 나의 관점이라는 말은 신체가 단순히 지각이 이뤄지는 데에 공간 좌표상의 원점을 제공한다는 것을 뜻하는가?[29] 그렇지 않다. 이 말이 뜻하는 것은 '신체가 지각의 주체'라는 것이다. 메를로-퐁티는 신체가 지각의 주체라는 말을 우리가 문자 그대로 받아들여야 한다고 주장한다. 세계를 보고 듣고 냄새 맡는 것은 다름 아닌 바로 신체다. 하지만 어떻게 이것이 가능할까? 신체는 대상(objet)[30]의 질서에 속하고 대상은 지각되는 것일 뿐, 지각하는 것일 수 없다고 늘 이야기되어왔으니 말이다.

신체 개념의 혁신은 분석방법의 혁신에서 온다. 메를로-퐁티는 신체에 대한 고전적 개념인 '객관적 신체(corps objectif)'―그것이 '누구의' 신체인가가 전혀 문제되지 않는 대상으로서의 신체―와 세계를 바라보는 나의 관점인 '고유한 신체(corps propre)'를 구분한다. 그에 따르면 지각에서 중요한 것은 객관적 신체 혹은 대상으로서의 신체가 아니라 내가 자신의 것으로 경험하는 나의 신체, 즉 고유한 신체다. 고유한 신체는 우리가 '세계 내 존재(être au monde)'라는 사실의 증거다. "우리는 자신의 신체를 통해 세계 내 존재하고, [……] 자신의 신체를 가지고 세계를 지각한다."[31] 신체는 지각의 대상인 동시에 "자연적 나(moi naturel)이며 지각의 주체로 존재한다."[32] 나의 신체는 주체와 대상의 일종의 '혼합'인 까닭에 그것을 분석해보면 "객관적 관점과 반성적 관점 사이의 숨겨진 결합"[33]이 드러난다. 혹은 좀 더 정확하게 말하자면, 나의 신체는 주체와 대상의 결합이기에 앞서 주체와 대상의 이 고전적 구분을 넘어서는 현상이다.

5장 배아복제 시대의 생명윤리 규범

나와 함께 있는 나의 신체

분명 일상적 경험은 우리가 자신의 신체로 세계를 보고 느낀다는 사실을 뒷받침한다. 그러나 이러한 사실은 얼마만큼 철학적 의미를 가지는 것일까? 나의 신체를 포함해서 신체는 늘 대상일 뿐이라고 간주되어왔기 때문에, 여기서 물음의 초점은 고유한 신체가 대상과 구분되는 현상적 독자성을 갖는지에 있다. 우선 신체에 대한 고전적 개념은 이 물음에 부정적으로 답한다. 내가 나의 것으로 경험하는 이 몸조차도 달리 보면 대상에 속한다. 예컨대 내가 탁자 위의 사과를 향해 팔을 뻗을 때 팔의 운동은 내 의도를 구현한 것이며 나는 팔의 운동을 '내' 팔의 운동으로 의식하고, 이런 의미에서 그것은 나의 신체, 즉 고유한 신체의 운동이다. 하지만 이 운동은 결국 객관적 신체인 팔의 운동, 곧 신체가 객관적인 3차원 공간에서 자세와 위치를 이동하는 것으로 나타난다. 그렇다면 고유한 신체의 운동은 객관적 신체의 운동으로 다 설명되고, 고유한 신체란 고작해야 심리학적 호기심의 대상에 불과한 것이 될 것이다.

그러나 메를로-퐁티에 따르면, 고유한 신체는 객관적 신체로 환원되지 않는 현상적 독자성을 갖는다. 그에 따르면 이러한 사실은 고전적 심리학자들의 기술 속에서 이미 드러난다. 고전적 심리학자들은 "이미 고유한 신체를 대상으로부터 구분하는 데 필요한 모든 것을 제공했다."[34] 예를 들어 심리학자들은 고유한 신체가 그것의 특유한 '영속성(permanence)'을 통해 대상과 구별된다는 사실을 발견했다. 대상은 나로부터 멀어질 수 있고 급기야는 나의 시야

168

에서 사라질 수 있다. 반면 나는 항상 나의 신체와 '함께' 있다. 나는 나의 신체로부터 멀어질 수 없으며 더욱이 나의 신체로부터 사라질 수 없다.

> 대상이 있다는 것은 그것이 부재(不在)할 수 있다는 것과 같은 말이다. 그러나 고유한 신체의 영속성은 이것과는 전혀 다르다. (대상과는 달리) 고유한 신체는 무제한적인 탐색을 허락하지 않으며, 나에 대해 항상 동일한 각도에서 존재한다. 그것의 영속성은 세계 안에서의 영속성이 아니라 내 옆에서의(de mon côté) 영속성이다. 나의 신체가 항상 내 가까이에(près de moi), 내가 있는 이곳에(là pour moi) 있다는 것은 결코 그것이 내 앞에(devant moi) 있지 않다는 것을, 나는 나의 신체를 내 시선 앞에 펼쳐놓을 수 없다는 것을, 나의 신체는 내 모든 지각들의 변두리에 머문다는 것을, 나의 신체는 나와 '함께' 있다는 것을 말하는 것이다.[35]

한편, 메를로-퐁티에 따르면 고전적 심리학에서 고유한 신체에 대해 진행한 이러한 분석은 이미 신체를 대상으로 간주하는 데카르트의 개념을 넘어선다. 심리학자들은 신체의 영속성에서 시공간상의 의미 외에 신체의 초월론적 기능까지 간파했다. 나의 신체는 단순한 대상이 아니라 그를 통해 대상이 존재하는 지각의 주체인 것이다.

그것이 세계를 보고 만지는 한에서 나의 신체는 보여지고 만져질 수 없다. 이것은 나의 신체가 결코 대상일 수 없으며 결코 '완전하게 구성될 수' 없게 만든다. 대상이 존재하는 것은 나의 신체를 통해서다. 나의 신체가 보고 만지는 한 신체는 만져지고 보여질 수 없다. 그러니까 신체는 외부 대상들 중 하나—오직 우연히만 항상 여기에 존재할 수 있는—가 아니다. 나의 신체가 영속적이라는 것은 사라질 대상들, 곧 진짜 대상들의 상대적 영속성에 토대를 제공한다는 의미의 절대적 영속성에 관한 것이다.[36]

고전적 심리학자들은 고유한 신체의 영속성을 보았고, 거기서 신체의 초월론적 기능을 밝혀냄으로써 고유한 신체와 대상 사이의 근본적인 차이를 분명히 했다.[37]

비정상성에 깃든 고유한 신체

고유한 신체가 단순한 대상이 아니라 지각의 주체라는 메를로-퐁티의 주장은 다양한 현상적 근거 위에 기초한다. 그러나 '신체의 주체성(주관성)'이라는 그의 이 테제는 신체의 운동성(motricité)에 대한 분석에서 그 온전한 의미를 파악할 수 있다. 지금까지 지각 주체가 대상과 지각적 관계를 맺게 되는 것은 대상을 형성(구성)하고 대상을 대상으로 존재하게 하는 '의식의 지향성(intentionnalité de la conscience)'을 통해서라고 간주되어왔다. 그러나 신체의 운동성은 의식이 아니라 신체 차원에서 신체가 어떻게 자신의 방식으로 대상을 지향하는지를 여실히 보여준다.

독일의 신경학자이자 정신과 의사인 골트슈타인(K. Goldstein)

이 보고한 환자의 행동은 메를로-퐁티에게 분석을 위한 범례적 현상이 되어준다. 모든 문제의 핵심은 환자에게 나타나는 '구체적 운동'과 '추상적 운동'의 의미를 이해하는 것이다. 환자는 아주 흥미로운 행동 방식을 보이는데, 가령 자신의 신체 일부분(예컨대 코)을 손가락으로 가리키라고("추상적 운동") 요구하면 오직 그것을 잡는 것("구체적 운동")이 허용되는 한에서만 운동을 수행할 수 있다. 동일한 맥락에서 가령 환자는 모기가 물었을 때 아무 어려움 없이 다른 팔을 재빨리 움직여 모기를 잡고 물린 곳을 정확하게 긁지만("구체적 운동"), 물린 곳을 손가락으로 가리켜보라고("추상적 운동") 요구하면 실패한다. 즉, 환자는 생동하는 상황 속에서 현실적 필요에 의해 요구되는 과제는 정확하게 수행하지만("구체적 운동"), 명령에 따라 팔이나 다리를 움직이거나 손가락을 펴고 구부리는 것과 같이, 어떤 실제적 상황에도 관계되지 않는 운동("추상적 운동")을 요구받으면 수행하지 못한다.

메를로-퐁티의 분석에 따르면, 환자의 이런 행동은 의식과 신체의 고전적 구분에 의거해서는 이해될 수 없다. 환자의 이런 행동은 의식과 신체의 고전적 구분에 근거한 반성적 분석과 인과적 설명을 모두 부정함으로써 결과적으로 의식과 신체의 고전적 구분 자체를 폐기하도록 이끈다. 환자는 잡는 운동을 아무 어려움 없이 수행한다. 이 같은 사실은 가리키지 못하는 것의 원인을 객관적 신체의 결함에 두는 인과적 설명을 비판한다. 한편, 환자는 명령자의 지시가 무엇을 요구하고 있는지를 잘 이해하고 있으며 자신의 신체를 생각으로 떠올리는(표상하는) 데도 아무런 문제가 없다.

이 같은 사실은 장애의 본질을 상징적 기능의 손상, 즉 사고의 결함에서 찾는 반성적 분석 또한 부정한다. 신체는 객관적으로 아무런 이상이 없고 사고능력에도 문제가 없다. 그렇다면 고유한 신체(환자)의 이러한 무능력은 어디서 기인하는 것인가? 메를로-퐁티는 여기서 새로운 지향성 개념을 제시한다.

그(환자)가 받은 지시는 그에게 있어 의미를 결여하지 않았다. 왜냐하면 그는 자신의 최초 동작들에 불완전한 것이 있다는 사실을 인식할 줄 알기 때문이며, 어떤 몸놀림이 우연히 필요했던 동작을 수행하게 되면 그것 역시 인식할 줄 알고 그 기회를 재빨리 이용할 줄 알기 때문이다. 그러나 그 지시는 그에게 '지성적 의미(signification intellectuelle)'를 가질 뿐, '운동적 의미(signification motrice)'는 갖지 않는다. 그 지시는 운동 주체로서의 그에게 말하고 있지 않다. 환자는 수행한 운동의 흔적 속에서 받은 지시의 예시를 잘 재발견할 수 있으나, 결코 어떤 운동의 사고를 실제적 운동으로 펼칠 수는 없다. 그에게 결여되어 있는 것은 운동성도 사고도 아니다. 우리는 3인칭 과정으로서의 운동[객관적 운동]과 운동을 표상하는 것으로서의 사고 사이에서, 운동능력으로서의 신체 자체가 보장하는 결과를 예측하거나 파악하는 것을, 그것이 없으면 저 지시가 죽은 글자가 되고 마는 '운동적 투사(projet moteur, Bewegungsentwurf)', '운동적 지향성(intentionnalité motrice)'을 인식하기에 이른다. 환자는 때로는 운동의 관념적 공식을 떠올리고, 때로는 자신의 신체를 맹목적인 시도에 내던지나, 이와는 반대

로 정상인에게 있어 모든 운동은 불가분적으로 운동이자 운동의 식이다.[38]

메를로-퐁티에 따르면, 운동적 지향성을 분석해보면 우리의 신체가 자신만의 세계를 가지고 있다는 것이 드러난다. 고유한 신체는 운동적 지향성의 담지자로서 내가 혹은 나의 의식이 세계와 동떨어진 어떤 내밀한 영역에 소재(所在)하는 것이 아니라, 신체를 통해 그리고 지각 안에서 세계 내 존재한다는 것을 말해준다. 이런 점에서 운동적 지향성의 발견은 종래의 의식 개념을 확장한다. 즉, 운동적 지향성은 '나는 생각한다'로서의 고전적 의식 개념을 '나는 할 수 있다'로서의 의식 개념으로 확장해준다. 추상적 운동을 수행하지 못하는 환자의 무능력은 그가 대상을 의식적으로 사고할 수 없다는 데서 기인하는 것이 아니라 명령자가 요구하는 과제가 그의 고유한 신체에 대해 운동적 의미를 결여하는 데서 기인하는 것이다.

의식은 신체를 매개로 사물에 존재한다. 운동은 신체가 그것을 이해할 때, 즉 그것을 자신의 '세계'에 통합할 때 학습된다. 그리고 자신의 신체를 움직이는 것은 신체를 통해 사물들을 지향하는 것이고, 신체로 하여금 신체에 대하여 아무런 표상도 없이 행사하는 사물의 간청에 응답하게 하는 것이다. 따라서 운동성은 신체를 우리가 사전에 표상한 공간 지점까지 운반하는, 의식의 노예 같은 것이 아니다. 대상을 향해 우리의 신체를 움직일 수 있으려면 우선 대상이 신체에 대해 존재해야 하고, 따라서 우리의 신체가 '즉자(en soi)'의 영역에 속하지 않아야 한다. 실행증(apraxique) 환자의 팔에 대한 대상은 더 이상 존재하지 않는다. 바로 이것이 그 팔을 움직이지 못하게 하는 것이다.[39]

의식과 신체 결합의 진실

의식이 신체를 매개로 사물에 존재한다면 의식을 '나르는' 이 신체, 그리고 신체에 의해 '운반되는' 이 의식을 어떻게 이해해야 할까? 이것은 데카르트 철학에서 보았던 심신 결합의 관념과는 어떻게 다른가? 메를로-퐁티의 분석에는 데카르트주의를 결정적으로 뒤집는 측면이 있다. 그의 운동적 지향성 관념에는 데카르트 철학에서와는 달리, 의식과 신체의 결합이 사실상의 결합일 뿐만 아니라 '원리적으로도' 가능하다는 생각이 바탕에 깔려 있다.[40]

한편, 추상적 운동과 구체적 운동이 구분될 수 있다는 사실은 신체적 지향성을 독자적(originale) 현상으로 드러내는 데 그치지 않는다. 반대로 환자가 추상적 운동은 실패하지만 구체적 운동은 아무런 어려움 없이 수행한다는 사실은 실존하는 인간에게 있어 구체적 운동이 추상적 운동에 우선한다는 것을 뜻한다. 이는 신체적 지향성이 독자적 현상일 뿐만 아니라 근원적(originaire) 현상이라는 사실을 말해준다. "우리 신체의 운동적 경험은 인식의 특수한 경우가 아니다. 그것은 우리에게 세계와 대상에 접근하는 방식, 다시 말해 독자적일뿐더러 근원적인 것으로 인정되어야 할 어떤 '실천지(praktognosie)'를 제공한다."[41]

이 같은 신체적 지향성의 근원성은 데카르트 철학이 '전도된 사고'에서 비롯된 것임을 보여준다. 데카르트 철학의 이분법이 말해주는 대로 의식과 신체의 구분이 우선하고 양자의 결합이 뒤따르는 것이 아니다. 진실은 의식과 신체의 결합이 우선하고, 양자의 구분은 추상적 사고의 소산일 뿐이라는 것이다.[42] 따라서 심신 결합의 문제는 지금까지와는 전혀 다른 분석, 즉 '의식'과 '신체'를 구분하는 데서 시작하는 분석이 아니라 '결합 그 자체로부터' 출발하는 분석을 필요로 한다. 신체적 지향성의 발견은 메를로-퐁티가 '실존(existence)'이라고 부르는 의식과 신체의 결합에 대한 철학적 분석을 가능하게 한다. 의식이 신체를 통해 세계에 존재한다는 것은 결코 데카르트주의의 새 버전이 아니다. 반대로 그것은 우리 실존의 근원적 상황을 표현하는 것이다. 고유한 신체의 경험은 의식과 신체의 깊은 일치를 드러낸다. 따라서 우리 신체가 자신의 의도(지향)을 가진다는 것은 은유적으로 하는 말이 아니다. 그것은 우리의 모든 경험이 토대로 삼는 근원적인 것의 수준에서 말하는 것이다.

고유한 신체가 존재하는 방식
이렇게 고유한 신체에 대한 메를로-퐁티의 분석 일단을 고찰하면서 우리가 보고자 한 것은 인간은 고유한 신체라는 것이고, 고유한 신체로서 인간은 영혼과 신체 혹은 의식과 신체의 구분에 앞서는 통일적 존재라는 사실이다. 사실 고유한 신체에 대한 메를로-퐁티의 분석에 비추어보면, 인간이 갖는 도덕적 지위의 근거를 이러저러한 신체적 속성이나 의식적 속성에 두는 이론들도 그렇고 이 양자에 두는 문성학의 이론조차도 결국 인간을 이해하는 작업을 영혼과 신체를 구분하는 것으로 시작했던 데카르트 철학의 관점 위에 서 있다.

그러나 인간을 고유한 신체로, '실존'으로 이해하는 메를로-퐁티 철학의 견지에서 보면 인간의 도덕적 지위 문제는 전혀 다른 귀결에 이르게 된다. 다시 인간의 도덕적 지위에 대한 문성학의 분석을 상기해보자. 그의 분석이 가진 한계는 그의 주장과는 달리 호모 사피엔스의 생물학적 속성과 인격성이 인간임의 필요충분조건이 될 수 없다는 것이었다. 유아들과 심각한 뇌 손상을 입은 사람들의 경우처럼 개인은 인격성을 결여하고도 인간('온전한 인간')일 수 있고, 인간인 한 도덕적 보호의 대상이기 때문이다. 사실 호모 사피엔스의 유전적 속성과 인격성을 동시에 갖춰야만 비로소 인간이라는 주장은 어찌 보면 인간의 도덕적 지위 문제에 대한 손쉬운 해결책이 될 수 있다. 하지만 이런 해결책은 정작 문제가 어려워지는 대목은 회피하면서, 특정 개인들에 대한 '폭력적인 차별'을 정당화하는 결과만을 가져올 수 있다.

반면에 만약 메를로-퐁티의 분석이 보여주는 대로 인간이 고유한 신체이고 실존이라면 전혀 다른 결론이 나온다. 이 관점에서 보면 인격성 내지 인지능력을 결여한 비자율적 개인들도 고유한 신체로서 인간임이 분명해진다. 물론 인간 개체는 병리적 현상을 드러낼 수 있다. 앞서 논의한 환자의 경우처럼 '정상인'은 구체적 운동뿐만 아니라 추상적 운동을 수행할 수 있지만, 환자는 구체적 운동만 수행할 수 있을 뿐 추상적 운동은 수행하지 못한다. 그러나 추상적 운동을 수행하지 못하는 '비정상성'은 고유한 신체가 "현실적인 것(l'actuel)에 '구속되어' 있고 '자유를 결여한 것', 즉 상황에 자신을 놓는 일반적 능력인 자유를 결여한 것"일 뿐이다.[43]

환자가 보이는 병리적 행동이나 인격성의 결여는 그가 인간이 아니라는 것을 뜻하지 않는다. 비정상성은 단지 고유한 신체가 "직접적으로 경험되는 것을 넘어서 체험할 수 있는 능력"[44]을 결여하고 있다는 것만을 뜻한다. 이런 의미에서 그것은 고유한 신체가 존재하는 한 가지 방식, 즉 실존의 한 가지 방식일 뿐이지, 결코 어떤 '비인간'의 징표는 아니다. 인간에 대한 메를로-퐁티의 분석에 따르면, '정상인'이건 환자건 고유한 신체로서 인간이며, 인간인 한 도덕적 지위를 갖는다.

4. 배아의 도덕적 지위

인간의 탄생에 내재된 역설

그렇다면 배아의 도덕적 지위는 어떤가? 배아는 인간인가 아닌가? 인간이 의식과 신체의 구분에 앞선 통일적 존재, 즉 고유한 신체라면 이 물음에 대한 답은 분명해 보인다. 즉, 배아는 인간이 아니다. 배아, 적어도 기관의 분화도 일어나지 않았고 의식 현상도 없는 발생 초기의 배아는 명백히 인간이 아니다. 인간이 아닌 까닭에 배아는 도덕적 지위를 결여한 존재이며, 따라서 도덕적 존중과 보호의 대상이 아니다. 메를로-퐁티의 인간 개념은 재생의료 차원에서 배아를 사용하는 문제를 이렇게 윤리적으로 정당화한다.[45]

배아는 인간이 아니다. 설령 배아가 호모 사피엔스의 생물학적 속성을 공유하고 있다고 해도 그렇다. 그렇다면 인간 신체의 발생 과정에서 언제부터를 인간이라고 해야 할까? 이 문제는 수정 이후 (인간) 유기체의 발생 과정에서 어떻게 인간이 탄생하는지의 문제다. 메를로-퐁티가 지금까지 우리 논의의 전거가 되어준 『지각의 현상학』에서는 고유한 신체로서의 인간이 지각에 주어져 있다는 점에서 분석을 시작했다면, 이후 1956~60년 자연에 대한 강의에서는 자연(생명) 안에서 인간의 탄생을 어떻게 봐야 할지의 문제를 본격화한다. 그는 "인간이 자연 안에서 출현하는 시점에서 그를 파악하는 것"[46]이 문제라고 말한다. 그에 따르면, 인간이 자연 안에서 출현한다는 것은 단순한 경험적 차원의 문제가 아니다.

반대로 그것은 진정한 철학의 논쟁점이 되는데, 왜냐하면 "탄생의 사실을 마치 신체-도구(corps-instrument)가 밖으로부터 오는 사유-운전자(pensée-pilote)를 받아들이는 것처럼 볼 수 없고, 마찬가지로 신체라 불리는 하나의 대상이 신비하게도 그 자신으로부터 의식을 산출하는 것으로 간주할 수도 없기 때문이다."[47] 앞서 살펴본 데카르트의 경우에서처럼 인간이 실체적으로 구분되는 신체와 의식의 복합체라면, 발생 과정에서 혹은 발생의 결과로 나타나는 인간의 탄생은 인용문에서처럼 유기체의 발생과 함께 어느 순간에 인간(성)이 유기체 안으로 '내려오는 것'이거나 유기체 자체의 '실체변화(transsubstantiation)'일 수밖에 없을 것이다.

그러나 메를로-퐁티에 따르면 이런 일은 있을 수 없으며, 자연 안에서의 인간 탄생은 다만 "신체임의 또 다른 방식"으로 이해해야 한다. "인간은 (기계론적 의미에서의) 동물성＋이성이 아니다.—그리고 이것이 우리가 신체에 관심을 가지는 이유다. 인간(성)을 우선 신체임의 또 다른 방식(un autre manière d'être corps)으로 이해하는 것이 관건이다."[48]

이 문제를 좀 더 논의해보자. 메를로-퐁티에 따르면 인간의 탄생에는 역설이 존재한다. 곧, 인간은 자연 안에서 태어나되 우리는 그것의 탄생 시점을 확정할 수 없다는 역설이 존재한다. 그에 따르면 우리의 이 '할 수 없음'은 '최초' 인간의 출현이라는 태고의 사건으로 소급해갈 수 없는 우리의 '사실적'인 경험적 무능력을 말하는 게 아니다. 또한 그것은 개체 발생 문제와 관련할 때 생명(동물성)과 인간성 사이 경계선(단절점)의 '미세함'을 지시하지도 않는다.[49] 반대로 그것은 인간이 생명과의 연속성 속에서 탄생했고 또 여전히 탄생하고 있다는 사실을 지시한다. "인간은 소리 없이 등장했다는 것, 이것은 또한 단절이 없음을 의미한다."[50]

계통 발생에 있어서건 개체 발생에 있어서건 인간은 유기체가 발생한 결과로 출현하는데, 발생 과정에서 생명과 구분되는 인간(성)의 시작점을 '원리적으로' 확정할 수 없다는 것은 분명 역설적이다. 무엇이든지 탄생하는 것은 시작점을 가진다는 것이 우리의 상식적 직관이다. 하지만 유기체의 발생이 연속성을 갖는다는 것 또한 부정할 수 없는 사실이다. 발생에서 연속성의 의미는 무지개의 색 스펙트럼처럼 단계들 간의 경계선(시작점)을 '원리적으로' 획

5장 배아복제 시대의 생명윤리 규범

정할 수 없다는 데 있다. 메를로-퐁티에 따르면, 객관주의적 사고가 주장하듯이 인간이 자연 안에 있는 하나의 사실이라면 인간이 자연(생명) 안에서 탄생한다는 것과 이 탄생에서 단절(시작)이 없다는 것은 그야말로 모순이 된다. 이때 자연 안의 객관적 존재인 인간은 분명 실증적(positive) 탄생의 시점을 가질 것이고, 이 시점을 확정(확인)하지 못하는 우리의 무능력은 경험적이고 우연적인 의미만을 가지게 된다.

그러나 메를로-퐁티에 따르면 문제의 역설은 모순이 아니라 엄연히 우리가 경험하는 인간 존재의 본질을 표현하는 것임에 주목할 필요가 있다. 즉, 앞서 고유한 신체에 대한 분석이 지각된 인간의 명세(明細)였던 것과 꼭 마찬가지로, 인간의 탄생 또한 철두철미하게 우리가 지각하는 고유한 신체 내지 실존하는 인간의 탄생이다. 한 마디로 말해 인간의 탄생은 자연 안의 '객관적 사실'이 아니라 '지각적 사실'이다. 발생이 연속성을 가진다는 것과 그 속에서 인간이 자연(생명)으로부터 출현한다는 두 사실은 모순 없이 이해될 수 있다. 인간의 탄생이란 유기체에서 인간으로의 '이행'이고, 이 이행은 다만 새로운 지각의 주어짐, 달리 말해 "새로운 (지각)장의 분출"이기 때문이다.[51]

신체의 고유한 힘, 지각

인간은 지각된 존재이고 유기체의 발생에서 인간의 탄생은 새로운 지각장의 분출이라는 메를로-퐁티의 분석은 인간과 비인간의 경계를 획정하는 것, 다시 말해 유기체의 발생 과정에서 인간의 탄생 시점이 언제인지를 고정하는 것이 생각보다 훨씬 더 어려운 문제임을 시사한다. 『지각의 현상학』에서 제시된 분석을 빌려 말하자면, 지각 내지 지각장의 형성은 그것을 이루는 요소들로 환원되지 않는 원초적 경험이다.

숨은그림찾기에서 한참 탐색한 끝에 복잡하게 얽혀 있는 나뭇가지들 사이에서 문득 '고양이'를 발견(지각)할 때, 이 발견은 종이 위에 '객관적으로' 그려져 있는 나뭇가지들을 단순히 수용한 결과가 아니다. 이 발견에서 본질적인 것은 나뭇가지들의 단순한 모임이 아니라 특정 나뭇가지들이 나의 시선에서 '고양이'로 "형태화(mise en forme)[52]"하는 데 있다. 그림 속 나뭇가지들을 아무리 오랫동안 집중해서 바라본다고 해도 막상 '고양이'를 보기 전까지는 나뭇가지들은 그저 나뭇가지들일 뿐이다. 나뭇가지들의 현존 자체는 '고양이'를 지각하는 데 있어 지각의 사후적인 설명을 제공할 수는 있어도 지각 자체의 충분한 이유는 되지 못한다. 만약 그렇다면 숨은 그림에서 '고양이'를 알아보는 데 왜 탐색의 시간이 필요했겠는가. 이런 의미에서 지각은 그것을 이루는 요소들로 환원되지 않는 전체적, 원초적 경험이다.

[……] 마찬가지로 그림에서 다소의 명암은 입체감을 주고, 숨은 그림찾기에서 몇몇의 나뭇가지들은 고양이를 암시하며, 구름이 만드는 몇몇의 어렴풋한 선들은 말을 암시한다. 그러나 과거의 경험은 나중에야 착각의 원인으로서 나타날 수 있을 뿐이며, 현재의 경험은 다른 것이 아닌 바로 이 기억을 불러일으키기 위해 먼저

형태(forme)와 의미(sens)를 가져야 한다. 그러니까 말, 고양이, 대체된 단어, 입체감을 탄생시키는 것은 바로 나의 현실적 시선이다.[53]

지각은 요소들의 현존에 앞서 대상을 형태화하는 우리 신체의 고유한 힘이다. 이에 상관적으로 지각된 것(지각 대상)은 신체의 시선과 맞물려 요소들의 현존에 앞서 주어지는 형태다.[54] 지각된 인간도 마찬가지다. 인간은 어떤 존재인가 하는 물음에 제시된 답의 타당성 여부는 실존하는 인간, 즉 지각된 인간에 비추어 평가된다. 앞서 지각된 인간은 고유한 신체로서 신체와 의식의 구분에 앞서는 통일적 존재임을 보았다. 인간을 신체와 의식으로 구분하는 것은 이 통일적 존재(성)에 대한 추상적 파악일 뿐이었다. 이 말인즉, 고유한 신체로서 인간은 실체적으로 구분되는 신체와 의식의 합성체가 아니라, 요소로서의 '신체'와 '의식'의 현존에 앞서 지각되는 구조 내지 형태라는 것이다.

우리가 경험하고 또 그렇기 때문에 문제로서 제기하는 인간은 어디까지나 지각된 것, 지각된 존재다. 인간이 지각된 존재인 한, 설령 인간을 이루는 요소들에 대해 말할 수 있다 하더라도, 앞서 나뭇가지들의 현존과 '고양이'에 대한 지각 사이의 간격처럼 요소들은 지각의 사후적인 설명일 뿐이며, 요소들의 현존이 곧 지각된 인간의 현존을 드러내지는 못한다. 한 마디로 말해 지각된 인간은 환원 불가능한 원초적 사태다. 그렇다면 발생 중의 배아, 혹은 태아는 어느 시기에 한낱 유기체에서 인간으로 출현하는가?

혹은 발생 중의 개체는 어느 시기에 인간으로 지각되는가?

원리의 문제에서 합의의 문제로

오늘날 배아의 도덕적 지위 문제에 관한 논의는 인간과 비인간의 경계를 명료하게 긋게 해줄 하나 혹은 다수의 원리들을 추구해왔다. 그러나 인간이 지각된 존재인 한 이 경계선은 모호한 채로 남는다. 왜냐하면 지각은 지각 주체와 상관적으로 일어나며, 그 결과 지각된 대상에는 지각 주체의 고유한 체험이 삼투되어 있기 때문이다.[55] 예를 들어 고양이 내지는 네 발 짐승을 지각한 경험이 전무(全無)한 사람이 있다고 하자. 그는 앞서의 숨은그림찾기에서 이에 대한 풍부한 경험을 가진 사람에 비해 나뭇가지 사이에 있는 '고양이'를 잘 찾아내지도 못할뿐더러 설령 누가 알려준다고 해도 그 의미를 이해하기도 어려울 것이다.

이를 통해 배아의 도덕적 지위 문제는 철학을 통해 인간과 비인간 사이의 어떤 고정된 경계선을 찾아내야 할 문제가 아니라, 발생의 어느 시기, 어느 단계를 인간으로 볼 것인지에 대한 '사회적 합의'를 추구해야 하는 문제임이 밝혀진다. 이제까지는 배아의 도덕적 지위 문제에 관한 논의에서 인간과 비인간을 구분해줄 '숨겨진' 원리를 찾아내는 데 관심이 집중되어왔다. 그러나 정작 문제는 어디부터를(어디까지를) 인간으로 볼 것인가에 대한 사회적 합의를 도출하는 일이다.

그런데 배아의 도덕적 지위 문제에서 이런 관점의 전환은 결코 사소한 일이 아니다. 그것은 이 문제에 얽혀 있는 또 하나의 어려운 물음에 답을 준다. 배아가 도덕적 지위를 결여한 존재라면 배아의 무제한적인 사용이 허용되는가 하는 비판적 문제 제기가 있다. 그러나 꼭 그렇지만은 않다. 배아가 도덕적 지위를 결여한 존재라 하더라도, 그래서 배아의 사용이 윤리적으로 허용된다고 하더라도, 배아의 무제한적인 사용은 그것의 도덕적 지위 문제와는 별개로 심각한 사회 문제를 야기할 수 있기 때문이다. 배아는 비록 인간은 아니지만 생물학적인 호모 사피엔스 종의 일원임은 분명한 사실이다. 이런 점에서 배아의 무분별한 사용은 자칫 인간의 존엄과 가치를 침해하는 결과로 이어질 수 있다. 배아의 사용이 사용되는 배아 자체의 존엄과 가치를 침해한다는 것이 아니라 —배아는 인간이 아니므로 이것은 불가능하다.—그것의 무분별한 남용이 사회적 영향(결과) 측면에서 인간의 존엄과 가치의 침해로 이어질 수 있다는 말이다.[56]

배아의 도덕적 지위 문제는 원리의 문제가 아니라 사회적 합의의 문제라는 사실을 분명히 해두면 배아복제 시대가 제기하는 다양한 윤리적 문제들에 우리가 좀 더 유연하고 효과적으로 대처할 수 있게 되리라고 생각된다. 문제를 원리의 문제로 보면 원리와 원리 간의 충돌과 대립이 해소되지 않는 이율배반적 상황으로 치닫게 된다.[57] 하지만 애초 문제가 사회적 합의의 대상이라면 문제를 공유하고 합의가 초래할 사회적 영향에 관해 논의함으로써 문제 해결에 더욱 집중할 수 있을 것이다. 예컨대 배아의 도덕적 지위가 근본적으로 사회적 합의에 달린 문제라면, 가령 우리의 현행 생명윤리법의 관련 조항들이 오늘날 우리의 가치의식에 얼마나 바탕을 두고 있는지 되물을 수 있다.

결론적으로 말해 오늘날 의생명 윤리 문제들의 관건은 어딘가에 고정(결정)되어 있을 인간과 비인간의 경계선을 찾는 데 있지 않다. 그것은 우리가 사회적 합의 과정에서 어떤 인간 사회를 '희망'할 것인가를 숙고하는 데 있다. 오늘날 의생명 윤리규범을 모색한다는 것은 인간 존재에 대한 어떤 선험적인 원리를 찾는 일이 아니라—그렇다고 경험적인 규칙성을 찾는 것도 아니라—사회적 합의가 가져올 결과를 고려하면서 우리가 어떤 사회, 어떤 인간성을 지향할 것인가를 숙고하는 일인 것이다.

포스트휴먼 시대의 과학기술 거버넌스[1]

손화철

1. 개발시대 한국의 구(舊) 과학기술 거버넌스

과학기술 거버넌스의 발자취

포스트휴먼 시대의 과학기술 거버넌스는 어떠해야 하는가? 인공지능과 생명공학 분야의 기술이 급속도로 진보하면서 촉발된 포스트휴먼에 관한 논의는 인간됨 자체를 근본적으로 다시 묻고 있다. 이 물음은 철학적 고찰에 그치지 않고, 그 변화가 초래할 정치적, 사회적, 경제적 함의에 대한 논의로 다시 이어진다. 현대 사회에서는 기술의 문제가 정치와 밀접하게 연결되어 있다는 점을 고려할 때, 포스트휴먼과 관련한 여러 문제 제기는 곧바로 과학기술 거버넌스에 대한 재고를 요구한다.

---

1) 이 글은 《현상과 인식》 제43권 2호(2019)에 동일한 제목으로 게재된 바 있다.

포스트휴먼 시대는 모두에게 도래하지만, 과학기술 거버넌스는 지역마다 그 과정과 맥락이 다르다. 따라서 우리의 맥락에서 포스트휴먼 시대의 과학기술 거버넌스라는 큰 물음은 다음과 같이 제기되어야 한다. 포스트휴먼 시대의 도래는 지금까지 특정한 방식으로 발전해온 한국의 과학기술 거버넌스에 어떤 도전을 제기하고 있는가? 혹은 한국의 정치적, 경제적, 문화적 경로를 따라 인간됨의 문제를 새로 제기하며 도래하는 포스트휴먼 시대에 과학기술 거버넌스는 어떤 모습이어야 하는가? 이러한 문제의식을 가지고 이 글에서는 먼저 한국의 과학기술 거버넌스가 밟아온 길을 개괄한다.

해방 이후에 한국이 이룩한 눈부신 경제 발전은 과학기술입국이라는 국가 정책과 맞물려 있었다. 여러 연구에서 해방 이후, 혹은 1960년대 전후의 과학기술 거버넌스를 '구 과학기술 거버넌스'라고 부른다.[1] 구 과학기술 거버넌스는 국가 주도, 전문가 중심, 경제 개발 우선이라는 세 가지 특징으로 정리할 수 있다. 이 시기의 정책 기조들이 한국 과학기술 거버넌스의 기본 틀을 이루었기 때문에 이 특징들은 오늘날까지 한국의 과학기술 거버넌스에 여러 가지 형태로 남아 있다.

국가 주도

해방 이후 한국의 과학기술 정책은 기본적으로 국가에서 주도했다. 전쟁으로 나라가 폐허가 되고 아무런 경제력도 없는 상태에서 국가가 과학기술의 발전을 주도한 것은 불가피한 일이었다.

국가가 전문가들을 관리하고 양성하였으며, 특정한 연구들에 재정을 지원하였다. 이 과정이 열성적이고 효과적으로 진행된 점이 오늘날 한국이 상당한 부를 축적하고 과학기술 분야에서도 나름의 성과를 이룬 계기가 되었다.[2] 과학기술은 산업화뿐만 아니라 군사력 강화라는 측면에서도 국가 부흥의 중요한 축으로 인식되었다.

앞으로 서술할 여러 가지 변화가 있긴 했지만, 국가에서 주도하는 과학기술 거버넌스는 지금까지도 다양한 형태로 지속되고 있다. 비록 과학기술 연구에 투자되는 전체 지원금 중에서 정부가 담당하는 비율은 훨씬 줄어들었지만, 여전히 과학기술의 발전 방향에 국가가 미치는 직간접적 영향력은 매우 크다.[3]

전문가 중심

개발시대 과학기술 정책의 중요한 축 중에 하나는 전문가의 양성과 관리였다. 국가 정책의 목표에 따라 각종 국가출연 연구소가 설립되어 과학기술의 지식을 축적하고 확산할 수 있게 되었는데, 이들의 영향력은 지금까지도 건재하다.[4] 과학기술 개발을 직접 주도한 전문가들은 정부의 전폭적인 협조 하에 스스로 기술관료화하였다. 정부가 국가출연 연구소나 대학에 연구비를 지원하는 것은 당연한 일로 받아들여졌으며, 그 지원은 으레 산업에 적용되는 것을 목표로 삼는 응용개발 연구에 집중되었다.[5] 산업화와 민주화가 일어나면서 과학기술 전문가들의 영향력은 일정한 정도로 커졌고, 이는 관료와 전문가가 협력하는 거버넌스의 체계로 이어졌다.[6]

경제적 효과를 위한 과학기술 거버넌스

1960년대 급속한 산업화 시기에 과학기술을 강조하는 일은 철저히 나라가 부강해지는 것과 연결되어 있었고, 이는 전문가뿐만 아니라 일반 시민도 받아들이는 중요한 원칙이었다. 과학기술을 통한 경제 발전이라는 개념은 헌법에 "국민경제 발전을 위한 과학 진흥"이라는 표현으로도 명시되었다. 이를 박희제 등은 "과학의 상업화"라고 부른다. "20세기 말 선진 산업국에서 과학의 상업화가 화두로 등장하기 수십 년 전부터 한국에서는 국가 주도로 과학의 상업화가 일어나고 있었던 것이다."[7] 과학기술 거버넌스에서 국가의 역할이 상대적으로 작아진 오늘날에도 이러한 생각은 널리 받아들여진다. 이런 측면에서 과학의 상업화는 여전히 진행 중이라는 것을 기억할 필요가 있다.

국가 주도, 전문가 중심, 경제 개발 우선, 이 세 가지가 개발 시대에는 서로 밀접하게 연결되어 있던 특징들이다. 시간이 지나면서 변화한 것은 이 세 가지 특징의 상대적 중요성과 서로 간 연관성일 뿐, 그 각각은 방금 살펴본 것처럼 지금까지도 여전히 일정한 영향력을 발휘하고 있다.

2. 과학기술 정책에서 신(新) 거버넌스의 등장

과학기술의 민주화

한국의 과학기술 거버넌스에 관한 여러 연구들은 앞서 살펴본 국가 주도의 거버넌스와 산업화, 민주화 이후의 참여적 거버넌스를 대비시킨다. 박희제·김은성·김종영은 "한국의 과학기술 규제정책은 기술관료주의적인 구 거버넌스와 사전예방적, 참여민주주의적인 신 거버넌스가 공존하는 특징을 보인다."고 진단하기도 한다.[8]

그러나 개발시대 이후 과학기술 거버넌스가 국가 주도적인 특징을 벗어나는 과정을 좀 더 자세히 살펴보면 그 속에 다양한 논의들이 숨어 있다는 것을 알 수 있다. 예를 들어 참여민주주의를 강조하는 과학기술의 민주화가 그중 핵심적인 측면이기는 하지만, 과학기술 전문가 집단이 모두 그런 흐름에 동의하는 것은 아니다. 최근 들어 전문가의 자유와 연구윤리가 강조되고 있는 지점은 국가 주도 대(對) 참여민주주의의 구도로는 설명하기 어렵다.

과학기술의 구 거버넌스와 가장 뚜렷하게 차별화할 수 있는 새로운 거버넌스의 흐름은 단연 과학기술의 민주화일 것이다. 1990년대 들어와서 정치 영역에서는 민주화가 완성되었지만, 과학기술의 민주화가 구체화되는 데는 좀 더 많은 시간이 걸렸다.

과학기술의 민주화란 과학기술 영역에 전문가가 아닌 시민을 주체로 받아들여야 한다는 주장이다. 과학기술의 영향력이 커져서 모든 사람의 삶에 심대한 영향을 미치고 있으므로, 과학기술의 발전 방향과 정도를 결정할 때 전문가가 아닌 시민들의 생각도 반영해야 한다는 것이다.[9] 이는 정치 민주화와 비교하면 쉽게 이해할 수 있다. 정치 민주화란 나라의 중대한 결정과 운영 주체가 시민이 되도록 하는 것이다. 국가의 실질적인 운영은 소수의 정치 지도 자들이 하지만, 시민들이 그들을 선출하여 시민의 뜻을 국정에 반영하도록 한다.

　과학기술의 민주화 이론을 개별적으로 적용하는 일에서는 나라마다 차이가 있지만, 그 원칙은 여러 나라에서 직간접적으로 채택하고 있다. 구체적인 제도가 없더라도 과학기술이 인간의 삶에서 매우 중요한 자리를 차지하게 되었기 때문에, 현대 국가의 각종 선거에서 과학기술 정책이 큰 비중을 차지하는 경우가 많다.

　한국에서 과학기술의 민주화에 관한 이론적 연구는 오래전에 시작되었지만, 실질적으로 과학기술 정책과 민주적인 절차를 연결하여 보게 된 것은 최근의 일이다. 여전히 전문가를 중시하는 구 거버넌스의 영향력이 남아 있기 때문에, 과학기술에 민주적 절차를 적용하는 일 자체에 대한 거부감도 상존한다. 그러나 성취가 전혀 없었던 것은 아니다. 환경 문제와 관련해서는 여러 시민단체들의 운동과 노력으로 정책의 변화를 일으킨 성과들이 있고, 중요한 과학기술 관련 정책을 심의하거나 의결할 때 시민단체 대표가 참석하기도 한다. 2018년에 신고리 5, 6호기의 건설 재개를 두고 공론화위원회를 개최한 일은 과학기술의 민주화가 진전될 가능성을 보여주었다. 비전문가인 시민들이 전문가의 도움을 받아 자신들의 견해를 정리하는 과정을 거쳤고, 공론화위원회에서 내린 결론이 곧바로 정부 정책에 반영되었다.

수면 위로 떠오른 전문가의 자유

산업화가 성과를 거두고 민주화가 일어나면서 기존 전문가주의의 지형에 변화가 생겨났다. 이전까지의 전문가주의가 국가 경제 발전에 복무하는 차원에 그쳤다면, 이제는 학문 활동이나 전문성의 발휘가 특정한 목적에 종속되는 것을 거부하는 움직임이 생겨난 것이다. 이러한 흐름은 서로 다른 방식과 근거로 표출되었다.

가장 두드러지게 제기된 지점은 기초학문 연구에 대한 강조다. 언론과 여러 학자들은 주기적으로 기초학문에 대한 지원이 부실하다고 비판하면서 기초학문이 궁극적으로는 과학기술의 발전에 도움이 된다는 점을 강조한다. 이는 보기에 따라서는 이전의 과학기술 진흥정책과 동일한 맥락에서 좀 더 긴 호흡으로 경제 발전을 추구하자는 주장일 수도 있지만, 이전과 비교하면 즉각적인 보상이나 효과가 없는 과학 활동의 독립성을 주장한 것이다.

이러한 주장의 배경에는 이공계 위기론이 있다. 2000년을 전후해서 세계시장이 요동치자 많은 인재들이 금융이나 경영 분야로 진출하면서 공학 분야가 상대적으로 홀대받는다는 인식이 널리 퍼졌다. 언론에서 이공계의 위기는 곧 국가경쟁력의 약화로 이어질 것이라는 협박성 기사들을 쏟아냈고, 많은 과학기술 전문가들도 이에 동의했다. 이는 한국의 과학기술 분야 전문가들이 그동안 국가권력을 통해 안전하게 유지해오던 자신들의 지위가 위태로워지고 있다는 위기감을 느낀 것으로 해석할 수 있다. 그러나 이공계 위기론은 금융시장의 열기가 가라앉고 4차 산업혁명에 대한 기대가 확산되면서 차츰 잦아들고 있다.

이들과는 미묘하게 다른 방식으로 과학기술 전문가의 자유를 주장하는 또 다른 논변은 정부가 정치 논리나 잘못된 정책과 규제 등으로 과학기술의 연구개발을 제어하기 때문에 제대로 된 혁신이 일어나지 않는다는 것이다. 송하중은 다음과 같이 말한다.

> 특정한 목표를 정하고 이를 달성하려는 산업화 시대의 정부 주도 정책패턴은 더 이상 유효하지 않다. 여기에서 새로운 과학기술 거버넌스—견인, 추진하는 것이 아니라 과학기술 활동 주체들을 지원, 보호하는 과학기술 거버넌스—를 구축할 필요는 더욱 절실해진다. [……] 그리고 그 본질은 '과학기술자'들을 양성, 영입, 활용하는 제 국면이 제대로 작동되어야 한다는 것이다. [……] 우수한 인재들이 역량을 극대화할 수 있도록 보상과 인센티브를 제공하는 거버넌스가 되어야 하는 것이다.[10]

이덕환은 앞서 인용한 글에서 구 과학기술 거버넌스의 성공을 부각시키고 "20년 전 사회 민주화와 함께 시작된" 과학기술에 대한 거부감을 염려한다. 그는 그때 이후 과학기술이 정치바람에 흔들려 실패의 길로 들어섰다고 진단한다. 그는 사회 민주화 이후의 과학기술 거버넌스를 다음과 같이 표현한다. "정부 주도로 일사분란하게 움직이던 과학기술에 대한 혼란스러운 주장들이 쏟아져 나오는 상황은 민주적 의사소통과 리더십을 키우지 못했던 과학자들이 함부로 감당하기 어려울 정도로 혹독한 것이었다."[11]

과학기술 전문가들이 기존의 권력 관계에서 벗어나고자 하는 바람을 가장 순수한 형태로 드러낸 것이 학문의 자유를 강조한 일이다. 학문은 정치적인 의도에 의해 왜곡되거나 그 목적을 위해 이용되어서는 안 되고, 오직 각 분야에서 진리를 탐구하고 호기심을 충적하는 일 자체를 목적으로 해야 한다는 것이다. '학문 그 자체를 위한 학문 추구'라는 이상은 서양철학사를 관통하며 학문함의 도리로 여겨진 덕목이다. 이는 당사자의 도리일 뿐만 아니라 사회가 보장해주어야 하는 일종의 권리로 인식되기도 한다. 2018년 1월 일군의 과학기술자들은 헌법 개정과 관련하여 앞서 언급한 것처럼, 과학기술을 경제 발전의 도구로 보는 조항(헌법 제127조 1, 3항)을 삭제하고, 그 대신에 "국가는 학술 활동과 기초연구를 장려할 의무가 있다."는 조항을 삽입해야 한다고 제안했다.[12] 이는 과학기술 연구가 경제적인 요구와는 분리되어야 한다는 주장으로, 그 둘 사이의 현실적인 관계보다는 과학기술 연구의 중립성과 독립성에 방점을 찍어야 한다는 뜻이다.

대두되는 연구윤리

경제적, 정치적 도구화에 대항하여 전문가의 자유를 논하던 시절에 다른 한쪽에서는 연구윤리라는 새로운 흐름이 시작되었다. 연구윤리가 학문의 자유를 포함하는 넓은 의미의 전문가의 자유와 대립되는 것은 아니다. 특히 과학기술 분야의 연구윤리는 연구 결과의 타당성과 직결되기 때문에 매우 중요한 요소라 할 수 있다. 그러나 이 논의가 어떤 맥락과 시점에 시작되었는지가 시사하는 바를 놓치면 안 된다.

연구윤리나 공학윤리가 한국에서 본격적으로 논의된 계기는 황우석의 줄기세포 논문 조작 사건이다.[13] 한국사회를 떠들썩하게 만들었던 황우석 사태가 끝난 후에 과학기술 영역을 중심으로 연구윤리 제도와 교육이 강화되었고, 공학윤리를 교육하는 대학들도 늘어나기 시작했다. 여기서 기억해야 할 것은 이들 시도와 논의가 과학기술 전문가들에 의해 시작되었다고 보기는 어렵다는 점이다. 물론 연구윤리와 공학윤리의 확산에 기여한 과학자와 공학자들이 없었던 것은 아니지만, 전반적으로 이러한 흐름은 악화된 여론과 정치적 판단에 의해 추동되었다. 결과적으로 과학기술 전문가들 중에는 이러한 흐름을 기존에 자신들이 누렸던 권위를 부당하게 손상시키는 도전으로 받아들이는 이들도 있다.[14]

누구도 의도하진 않았지만, 황우석 사건은 과학기술의 구 거버넌스가 붕괴하는 중요한 계기가 되었다. 국가가 '국익'에 도움이 될 만한 과학자를 전폭적으로 지원하는 시스템에 대한 의구심이 강하게 일게 되었고, 이후에는 국가가 과학자를 감시하는 체제가 강화되기 시작했다. 정부와 국민 모두가 인정하던 전문가의 위상은 크게 훼손되었다. 경제적 유익에 매몰된 과학기술 지원에 대한 경각심이 일면서 연구윤리와 생명윤리에 대한 관심도 높아졌고, 이를 뒷받침할 제도적 장치도 생겨났다.

3. 포스트휴먼의 도전

포스트휴먼의 등장과 새로운 인간상

사람과 세계를 잇는 매개로서 기술이 인간의 삶과 사고를 바꾸는 일은 언제나 있어왔다. 그러나 포스트휴먼 시대를 여는 기술들은 인간의 인간됨 자체를 다시 묻는다는 점에서, 그리고 그 발달이 전에 없던 속도와 규모로 진행되고 있다는 점에서 특별한 도전을 제기한다. 이런 도전을 한국사회의 맥락에서 이해해야 더 적절한 대응책을 찾을 수 있다. 포스트휴먼에 관한 다양한 논의가 이뤄지고 있지만, 지금까지의 과학기술 거버넌스를 염두에 두고 이 논의를 진행해야 하는 이유가 바로 여기에 있다.

인공지능, 로봇, 생명공학, 사물인터넷 등의 발달로 소위 포스트휴먼의 시대가 도래하고 있다고 한다. 포스트휴먼은 간단히 말해 기술의 발달로 생겨나는 새로운 인간이다. 그 새로운 인간은 자의식과 감정을 가진 인공지능 로봇일 수도 있고, 유전자 가위 등의 증강기술을 적용하여 자연의 인간과는 비교할 수 없는 능력을 가지게 된 인간 종일 수도 있다. 또 사물인터넷이나 인공지능을 이용해 향상된 판단을 내릴 수 있게 된 인간을 포스트휴먼이라 할 수도 있을 것이다. 어떤 경우든지 간에 기존의 인간과는 진화적으로든 의미적으로든 연장선상에 놓일 수 없을 정도로 달라서, 같은 인간이라 부를 수 없다는 의미에서 '포스트휴먼'이란 개념을 사용한다.[15] 예를 들어 인간의 자의식과 감정을 가진 소위 '강한 인공지능'을 소유한 데다 외견상 인간과 구별할 수 없는 신체조건과 움직임까지 가능한 로봇은 포스트휴먼으로 분류될 것이다. 증강기술을 통해 인간이 자연적으로는 획득하지 못하는 특징들을 가지게 된 인간도 포스트휴먼이라 할 수 있다.

포스트휴먼에 관한 이론인 포스트휴머니즘은 활발히 진행되고 있는 연구 주제지만, 포스트휴먼이 실제로 등장했는지, 혹은 언제 등장할 것인지에 대해서는 의견이 분분하다. 그러나 포스트휴먼이 아직 등장하지 않았다고 보더라도 포스트휴먼 시대가 조만간 시작될 것이라는 데는 동의하는 사람이 많다. 알파고처럼 지금까지 기계가 대체하지 못할 것이라고 생각되던 영역에서 사람보다 더 나은 능력을 보이는 기술이 개발되고, 인간의 유전자마저 편집할 가능성이 생겼기 때문이다. 이런 가능성을 전제하는 포스트휴먼 개념은 인간됨에 대한 기존의 이해와 정의, 그리고 인간과 비인간의 구별 기준에 근본적인 도전을 제기한다.

'인간을 닮은 로봇'을 만들겠다면 그 로봇은 백인의 모습을 하는가, 여인의 모습을 하는가? '사람처럼 생각하는 인공지능'은 아시아인처럼 생각하는가, 서양 사람처럼 생각하는가? '윤리적인 챗봇'이나 '윤리적 기준을 가진 자율주행 자동차'는 누구의 윤리를 따르는가? 장애인의 움직임을 도와주는 보철물은 얼마만큼 '진짜' 같아야 하는가?[16]

요컨대 '포스트휴먼 시대'는 단순히 인공지능 등 최첨단 기술들이 광범위하게 사용되는 시대를 지칭할 뿐만 아니라, 그것을 통해 생겨나는 인간의 본질을 비롯한 근본적인 물음에 대한 이해가 변화한다는 사실을 강조한다. 이렇게 보면, 앞으로 다가올 미래를 '4차 산업혁명의 시대'나 '인공지능의 시대'라 부르는 것보다 더 포괄적이고 철학적인 함의를 지닌다는 것을 알 수 있다.

포스트휴먼 시대의 도래는 과학기술 거버넌스와 관련한 실질적인 함의를 지닌다. 인간 능력의 증강을 어디까지 허용해야 하는지, 인간과 비슷하거나 더 뛰어난 존재의 등장을 받아들여야 하는지를 판단해야 한다. 구체적인 상황에서 해당 기술이 어떤 기준에 따라 작동해야 하는지가 결정되어야 하고, 그에 따라 관련 기술의 개발과 사용에 대한 규범도 마련해야 한다. 나아가 그 규범은 단지 오늘날 '우리'를 구성하는 인간의 것으로 한정할 수 없다. 이는 단순히 시장에서 공정한 거래와 정의의 원칙을 지키는 차원을 넘어선다.

그러나 포스트휴먼의 가능성에 관한 논의는 흔히 인간됨 자체에 대한 도전보다는 새로운 경제적 도약의 계기가 된다는 점에 초점을 맞추고 있다. 한국에서는 그 정도가 더욱 심하여, 인공지능을 활용한 산업의 가능성에만 주목하는 경향이 있다. 인공지능 때문에 야기될 실업 문제는 과도기적으로 해결해야 할 문제로만 취급될 뿐, 인간됨의 차원에서 심도 있게 논의되지 않는다. 급속한 산업화 과정에서 엄청난 속도로 자동화가 진행됐기 때문에 기계가 사람의 일을 대신하는 현상에 대한 거부감이 상대적으로 적어서일 것이다. 산업혁명이 앞서 일어난 유럽의 여러 국가들보다 산업용 로봇의 밀도가 더 크다는 점이 이를 상징적으로 잘 보여준다.[17] 이와 같은 개발시대의 관성이 이어지는 상황은 그리 바람직하지 못하다. 포스트휴먼에 관한 논의가 제공하는 인간에 대한 반성적 성찰의 기회를 박탈할 위험이 있기 때문이다. 인간 본성을 다시 묻는 일은 기술 발전의 추구가 무엇을 위한 것인지의 물음과도 연결된 만큼, 기술 진보가 한 고비를 맞이하는 시점을 근본적인 성찰의 계기로 삼아야 한다.

포스트휴먼 시대의 경제

포스트휴먼 시대로 향해가면서 예상되는 더 직접적인 문제는 기술사회의 경제 양극화다. 인공지능 기술이 촉발할 수 있는 대규모 실업은 이미 많은 나라들이 우려하고 있는 실질적인 문제다.[18] 신기술의 발달, 그중에서도 자동화 때문에 특정 분야에서 실업이 발생하는 사태는 현대 기술의 역사에서 새로운 일이 아니다. 그러나 포스트휴먼 시대는 지금까지 기계로는 대체할 수 없다고 생각되던 일들을 사람보다 더 잘 수행하는 기술적 가능성들이 열린다는 점에서 특별하다. 이전과 비교할 수 없이 광범위하게 자동화가 되면 사람들은 별달리 할 일이 없어질 것이라는 우려가 팽배하다.

기존의 인간보다 훨씬 우월한 능력을 가진 포스트휴먼의 등장은 문제를 더욱 복잡하게 할 뿐이다. 인류 전체가 포스트휴먼이 되거나 포스트휴먼을 만들어 쓰게 되지는 않을 터이다. 결국 포스트휴먼 시대는 기술과 자본을 소유한 사람들의 독무대가 되어 기술적, 경제적으로 양극화된 상태일 가능성이 크다. 급기야 이러한 논의는 대다수 사람들이 경제력을 잃게 되어 소비가 불가능해지고, 시장의 작동이 멈추는 사태에 대한 우려로까지 이어지고 있다. 기본소득에 관한 논의도 단순한 복지 확대 차원보다는 다수가 직업을 잃고 기본적인 구매력을 상실한 상황을 상정하는 맥락에서 제기되었다.

6장 포스트휴먼 시대의 과학기술 거버넌스

이러한 가능성에 대한 생각들은 기술의 직접적인 오용이나 시장의 부작용에 대한 우려가 아니다. 개별 기술의 개발자들은 각각 당면한 문제를 해결하거나 새로운 가능성을 실현하기 위해 기술을 개발하고, 기업들이 수요와 공급의 법칙에 따라 시장에서 경쟁할 때 일어날 수 있는 일들이다. 과거의 기술이 사회경제적 구조를 재편성하고 변화를 가져온 것과 달리, 포스트휴먼의 등장을 초래하는 첨단기술의 개발은 그 규모와 속도, 파장의 크기 때문에 모두의 의도를 넘어서는 경제 양극화와 시장의 붕괴를 초래할 위험이 있다.

이러한 흐름은 한국에서는 다소 낯설다. 한국의 경제 양극화는 최근에야 문제가 되기 시작했지만, 아직 극단적인 수준에 이르지는 않았다. 산업화를 추구해오면서 기업의 성공이 곧 나라의 성공이고, 나라의 성공이 곧 국민의 성공이라는 믿음이 널리 퍼져 있었고, 그런 믿음을 가질 만한 성과도 있었다. 그러나 포스트휴먼 시대에는 이런 일반적인 믿음이 더 이상 통용되지 않을지도 모른다. 경제적 안정이라는 산업화의 열매를 한동안 누리면서 자유주의나 복지국가를 실험할 수 있었던 서구사회와는 달리, 한국사회는 산업화를 이루자마자 포스트휴먼 시대를 맞이하여 새로운 혼란을 경험할 가능성이 크다. 개발독재 기간을 거치면서 이미 전문성과 자본, 권력의 집중화가 지속적으로 진행되어왔는데, 포스트휴먼 시대의 기술은 그 집중화를 해소하기보다 더욱 강화하기 때문이다.

경제 양극화의 문제는 과학기술 거버넌스의 중요한 이슈다.

앞서 살펴본 한국의 신구 과학기술 거버넌스는 사실 경제 번영과 과학기술의 연관성을 얼마나 밀접하게 바라보는가를 기준으로 나뉜다. 포스트휴먼 시대의 과학기술 거버넌스 역시 경제 번영의 성격과 방향을 어떻게 설정하느냐에 따라 달라질 것이다.

포스트휴먼 시대의 권력 관계

포스트휴먼 시대에는 경제적, 기술적 양극화와 함께 새로운 정치적 권력구조가 나타날 공산이 크다. 포스트휴먼 시대의 특징인 빅데이터, 인공지능, 생명공학과 같은 기술들은 중앙집권적인 또 다른 특징을 가지면서 일반의 접근을 쉽게 허용하지 않는다. 이 기술들의 작동이 사람들의 삶과 직결되기 때문에 다시 과학기술 거버넌스의 문제와 연결된다.

신기술의 중앙집권적 특징을 좀 더 구체적으로 살펴보기 위해, 인터넷을 검색하거나 쇼핑을 할 때 인간의 자기결정권 혹은 자기결정 능력이 저하되는 상황을 살펴보자. 빅데이터를 통해 검색결과를 제공하고 인터넷 쇼핑에서 상품을 추천하는 기능은 어디까지나 나의 과거 선택에 의거한 것이다. 그 검색결과와 추천에 반응하면 그 정보가 다시 다음 검색결과와 추천에 영향을 미치게 된다.

통화기록, 인터넷 서핑 기록, 과거의 쇼핑 목록, 사회연결망에 올린 메시지 등의 빅데이터 조합에 가장 단순한 방식으로 접근하기만 해도 '나는 누구다'나 '나는 무엇을 좋아한다'가 '너는 누구다'와

'너는 무엇을 좋아한다'로 변할 위험이 생겨난다. [……] 빅데이터의 힘은 정보를 가지고 우리의 정체성을 특정한 방향으로 몰고 가거나, 설득하거나, 영향을 미치거나, 심지어 한계 지을 수 있다는 데 있다.[19]

빅데이터 기술은 개인으로 하여금 자신의 취향을 예측하는 판단에 굴복하게 하고, 그런 조정 과정은 그 취향을 형성하거나 생산해낸다.[20]

이 문제는 인간의 자율성과도 연관되어 있지만, 기술사회에서 야기될 정치적 불균형과도 연결된다. 기술이 여러 가지 방식으로 인간 사회의 정치적 역학 관계에 영향을 미친다는 것은 이미 여러 연구를 통해 밝혀진 사실이다. 그런데 빅데이터 기술은 광범위한 영향력을 가지면서도 그 운용과 관리가 소수에게 집중되는 대표적인 기술이다. 빅데이터를 구성하는 모든 데이터는 결국 다수의 사용자들로부터 나오지만, 데이터를 수집하고 저장하고 분석하는 일은 국가나 거대 기업의 몫일 수밖에 없기 때문이다. 실제로 구글과 같은 회사는 전 세계 검색시장의 91.8%를 점유하고, 페이스북과 함께 전 세계 디지털 광고시장의 46.4%를 차지하고 있다. 피보털리서치에 따르면 작년 미국에서 발생한 디지털 광고 증가분의 99%를 이들 두 기업이 싹쓸이했다고 한다.

빅데이터 기술이 정보를 획득하고 전달하며 사용하는 미디어 기술이라는 점을 고려하면, 빅데이터가 가지는 정치적 함의는 더욱 커진다. 판단을 내리기 위해서는 정보가 필요하고 획득한 정보를 잘 분석해야 하는데, 현재의 필요와 과거의 판단까지 종합하여 내린 최종 결론을 제공해준다면 그것을 마다할 이유가 없다. 나아가 그 판단의 적절성이 일정 정도 밝혀지면, 이후에는 빅데이터의 판단에 전적으로 의존할 수밖에 없게 된다.

이처럼 포스트휴먼 시대의 기술들은 과거의 기술들에 비해 통제가 더욱 어렵고, 결과적으로 기술을 보유하거나 공급하고 통제하는 자와 기술을 사용하는 자 사이에 정치적 권력의 불균형을 심화시킨다. 이때 권력을 가지는 주체는 국가일 수도 있지만, 개별 기업이나 전문가일 수도 있다. 이들의 권력이 단순한 물리적인 힘일 뿐만 아니라 구체적인 상황에서 개인이 내리는 판단에까지 영향력을 미칠 수 있다는 점은 경제적 불평등보다 더 큰 문제다.

이 문제는 여러 가지 이유로 한국에서 더욱 두드러질 수밖에 없다. 정책결정 체계를 정부와 전문가가 주도하고 있고 대기업이 이끄는 시장경제도 크게 개선되지 않고 있다. 정치 민주화가 크게 진전되었지만 기술 거버넌스의 영역에서 시민사회가 차지하는 역할의 비중은 여전히 제한적이다. 이런 상황에서 정치적 권력의 불균형을 심화시킬 소지가 많은 기술들을 적절히 통제할 수 있는 장치를 마련하는 것은 쉽지 않은 일이다.

4. 과학기술 거버넌스의 대응

지속 가능한 발전에 대한 새로운 해석

포스트휴먼 시대로 이행하는 시기라고 할 수 있는 오늘날, 한국의 과학기술 거버넌스는 어떻게 작동해야 하는가? 유감스럽게도 이 물음은 합당한 주목을 받지 못하고 있다. 그나마 가장 근접한 논의는 '4차 산업혁명의 시대'를 강조하면서 각종 첨단기술 분야에서 뒤떨어지지 않아야 무한 경쟁에서 살아남을 수 있다는 일차원적인 주장들이다. 한국 정부와 기업, 언론이 이런 담론들을 끊임없이 생산하면서 사실상 개발독재 시대의 논의로 되돌아가고 있다. 나아가 경쟁과 생존의 논리를 앞세워 앞서 언급한 신 과학기술 거버넌스의 일정한 성취마저 되돌리고 있으니 안타까울 뿐이다.

이러한 와중에 과거 기술철학의 이론들 중에서 과학기술 혐오주의로 배척을 받았던 '기술의 자율성(autonomy of technology)' 개념[21]이 그 부정적인 함의를 벗고 화려하게 부활한다. 거침없이 포스트휴먼 시대를 향해 가는 기술 발전은 이제 비판의 대상이 아니라 받아들여야 할 현실이 된 것이다. 기술이 자율성을 가지게 되어 그 발전 양상을 예측하는 일이 일기예보처럼 어차피 일어날 일을 단순히 예견하는 차원에 머문다면, 앞날을 기획하는 거버넌스가 무의미해지는 것은 당연하다. 포스트휴먼에 관한 철학적 논의가 많이 진행되고 있는데도 새로운 시대에 걸맞은 과학기술 거버넌스에 관한 구체적인 논의가 부족한 것 역시 이런 상황을 방증한다.

이러한 현실은 바람직하지 못하다. 포스트휴먼의 도래가 인류의 삶에 큰 변화를 가져온다면 어떤 방식으로든 그에 대처하는 것은 당연한 일이다. 기술이 큰 흐름을 타고 도도히 발전한다 하더라도, 그 발전 주체는 여전히 인간과 인간이 만든 여러 조직일 것이기 때문이다. 그렇다면 포스트휴먼의 도전 혹은 이 시대의 도전을 어떻게 받아들이는 것이 적절한가?

과학기술 거버넌스와 관련하여 포스트휴먼이 제기하는 도전에 대응하는 방안은 '지속 가능한 발전(Sustainable Development)'이라고 가장 간명하게 표현할 수 있을 것이다. 물론 이 개념은 새롭게 해석되어야 한다. 지금까지 널리 사용해온 지속 가능성의 개념은 지금 세대의 번영과 성장을 위해 다음 세대를 희생시키지 않는다는 원칙 아래 주로 환경 차원에서 강조되어왔다. 그러나 포스트휴먼의 등장은 인간됨의 정의 자체에 도전을 제기했고 현재와는 전혀 다른 형태의 경제와 정치 구조가 가능해졌기 때문에, 지속 가능성의 개념도 더 확장되어야 한다.

지속 가능성의 새로운 개념은 변화를 거부하는 것이 아니다. 이는 기존의 지속 가능성 개념이 환경과 생태계의 변화 혹은 오염을 부정하거나, 그 문제를 완전히 극복한다는 목표를 염두에 두지 않는 것과 같다. 다만 변화의 속도와 방향을 조절하여 지금 세대와 다음 세대가 변화에 적응하고 대처할 수 있는 여유를 가질 수 있도록 하는 것이다. 이는 이어서 살펴볼 세 가지 방안, 즉 좋은 세상에 대한 시민들의 합의, 경제 중심의 사고를 넘어서는 가치로의 전환, 그리고 전문가의 사회적 책임에 대한 강조를 통해 구체

화할 수 있다. 이 세 가지는 각각 앞서 언급한 신 과학기술 거버
넌스의 특징인 과학기술의 민주화, 전문가의 자유, 연구윤리 등에
대응해서 제시되는 방안들이다.

좋은 세상에 대한 합의: 과학기술 민주화의 새로운 과제

새로운 지속 가능성을 확보하기 위해 가장 중요한 것은 좋은
세상에 대한 합의를 이끌어내는 일이다. 좋은 세상을 어떻게 정의
할 것인가는 시대와 형편에 따라 다를 수밖에 없다. 그러나 포스
트휴먼 시대는 인간의 본질과 사회의 경제적, 정치적 질서에 심대
한 변화를 예고하기 때문에 그 변화를 감안한 논의와 합의의 노
력이 다시 요구된다. 물론 이 합의는 끊임없이 토론되어야 하므로
잠정적일 수밖에 없다. 그렇긴 해도 과학기술 거버넌스에는 특정
한 과학기술에 대한 정책을 수립해야 할 주체들이 바라는 좋은 세
상이 반영되어야 한다. 물론 한 사회 전체가 완전한 합의에 도달
할 수는 없을 것이다. 그러나 기술의 발전 방향이 사회적 합의와
정치적 결단의 대상이 되는 것 자체가 중요한 의미를 가진다. 예
를 들어 유럽의 여러 나라들은 오랜 논의 끝에 '원자력(발전)이 없
는 세상'을 좋은 사회의 한 모습으로 결정하고 그 목표를 향해 나
아가고 있다.

좋은 사회에 대한 논의는 현재 경험하는 어려움이나 고통을
극복하는 것으로 표현되기 쉽고, 그럴 때 더 잘 실감할 수 있다. 한
국의 개발시대에 있었던 "우리도 한 번 잘 살아보세."라는 구호도
모두가 즉시 이해할 수 있는 상태를 표현한 것이다. 그러나 첨단

기술 시대에 인간의 인간됨을 다시 물어야 하는 시점에서 '좋은 사회'는 더 이상 가난과 육체적 고통으로부터의 해방이나 정치적 억압의 극복처럼 부정적인 방식으로 정의되어 국한된 개념이어서는 안 된다. 그것은 우리 사회 구성원들이 모두 만족할 만한 정치적, 경제적, 사회적, 문화적, 생태적 여건과 조건이 무엇인지를 긍정적인 방식으로 보여줄 수 있어야 한다. 나아가 좋은 세상에 대한 고려는 포스트휴먼으로 표현되는 새로운 인간형의 출현까지 포함해야 한다. 인공지능과 로봇의 사용 범위와 개발의 한계가 모두 이 논의의 범위 안에 들어 있다.

이렇게 좋은 세상에 대한 이념을 바탕으로 과학기술 거버넌스를 추구하는 것은 기존 과학기술의 민주화를 더욱 심화시키는 일이다. 기존의 과학기술 민주화에서는 일반 시민과 전문가가 서로 대립하거나, 특정 이슈에 대한 설명자와 피설명자의 위치에 서게 된다. 또한 대개 특정 기술에 관한 논의는 그 기술과 관련한 이슈들에 국한된다. 그런데 포스트휴먼 시대에는 과학기술이 인간됨이라는 근본적인 영역에 영향력을 미치게 된다. 이 상황을 반영하여 제시된 새로운 과학기술의 민주화는 좋은 세상에 대한 민주적인 토론에서 시작된다. 적어도 이 논의에서는 과학기술 전문가와 일반 시민이 구별되지 않는다. 전문가는 자신이 가진 좋은 세상에 대한 이념을 제출하고, 자신이 개발하는 기술이 그 좋은 사회에 어떻게 기여하는지를 설명해야 한다.

가치로의 전환

이전의 과학기술 거버넌스에서는 경제적인 효과와 효율성, 그리고 과학기술 거버넌스가 밟아나가는 과정 자체의 정당성이 강조되었다고 할 수 있다. 그러나 인간상에 대한 물음과 경제와 정치의 근본 구조에 대한 변화가 예고되는 상황에서는 가치로 전환할 필요가 있다.

가치로의 전환(axiological turn)이라는 개념은 고전적 기술철학자들을 비판하면서 등장한 경험으로의 전환(empirical turn)이라는 이론적 흐름에서 최근 제안되었다. 경험으로의 전환 개념은 일차적으로 기술이라는 활동 혹은 현상을 기술적(descriptive)이고 역사적으로 이해할 것을 강조하였다. 실증적 연구가 선행되어야 현대 기술을 이해할 수 있다는 것이다. 이들은 고전적 기술철학자들의 섣부른 규범적 판단들, 즉 현대 기술이 비인간화를 촉진했다는 식의 주장을 비판하였다. 그러나 최근 들어 경험으로의 전환에 속한 기술철학자들이 개별 기술에 대한 윤리적 판단과 대안을 제시하려는 노력을 시도하면서 이를 가치로의 전환이라 명명하였다.[22]

그러나 이 글에서 가치로의 전환이란 표현을 쓰는 것은 미세하게 다른 의미, 즉 경제중심주의와 전문가주의로부터 탈피하기 위해서다. 과학기술 거버넌스에서 경제적 요소를 무시할 수는 없으나, 그 외의 가치들을 고려하는 것 역시 중요하다는 점을 기억할 필요가 있다. 이는 경제적인 유익을 무시하고 도덕적 가치를 강조해야 한다는 주장이 아니다. 앞서 살펴본 것처럼 포스트휴먼 사회는 자칫 모두가 아닌 일부에게 경제적 유익을 집중시킬 가능성이 크다. 무엇을 위해 기술 발전을 추구하는지에 대한 물음은 도덕적 가치의 강조만이 아니라 좋은 세상이 어떤 세상인지에 대한 생각을 환기시키는 것이다.

이러한 사고의 전환은 한국사회에 결코 쉽지 않은 도전이다. 앞서 살펴본 것처럼 한국은 짧고 강렬한 산업화 시대를 거치면서 경제 발전을 최우선 과제로 삼아왔고, 제도적 민주화의 틀을 마련하면서도 전문가주의를 여전히 신봉하고 있기 때문이다. 심지어 과학기술의 신 거버넌스를 주장하는 사람들조차 과학기술에 대한 시민의 문해력을 높이는 것을 강조할 뿐, 과학기술 거버넌스에 시민을 참여시키는 문제에 대해서는 유보적인 태도를 보이기 십상이다.

그러나 가치로 전환하기 위한 노력은 결코 비현실적이거나 막연한 일이 아니다. 이미 오늘날 환경 파괴에 대한 우려나 아름다운 디자인에 대한 욕구가 과학기술 개발 과정에서 중요한 고려 사항이 되고 있다. 전문가들은 권위를 앞세우기보다 자신의 전문성을 잘 전달하는 일에 더 많은 에너지를 쏟고 있다. 앞서 언급한 좋은 세상에 대한 합의의 과정은 어떤 가치를 우선하여 추구하는 과정이기도 하다. 포스트휴먼 시대가 우리 사회의 가치를 반영하는 방향으로 발전해야 한다는 점을 인식하는 것 자체가 큰 의미를 가진다.

전문가의 사회적 책임

학문의 자유는 연구윤리와 충돌하지 않는다. 정확하고 올바로 연구하는 일이 학문인 만큼, 학문의 자유가 보장된다고 해서 연구 부정이 용인될 수는 없을 것이기 때문이다. 그러나 오늘날 연구윤리에서 강조하는 사회적 책임이 학문의 자유와 부딪힐 소지는 충분하다. 이 관계를 대립이라고 표현하면 지나칠지 모르겠으나, 연구자의 사회적 책임이 연구의 내용과 범위에 일정한 한계를 지운다는 점에서 그 둘 사이의 긴장은 불가피하다. 궁극적으로는 전문가에게 연구자의 사회적 책임이 요구되기 때문이다. 연구윤리의 한 항목으로 연구자의 사회적 책임을 집어넣는 것에 거부감을 표시하는 학자들이 적지 않다.

그러나 포스트휴먼 사회에서는 신 과학기술 거버넌스 논의에서 제기되었던 전문가의 학문의 자유가 상대적으로 축소되어야 할 것이다. 새로운 과학기술 민주화의 맥락에서는 과학기술 전문가가 자신의 호기심과 창의력을 아무런 제약 없이 충족하면서 기술을 개발하여 사용하는 데 따르는 간접적 결과들에 책임을 지지 않는 것은 용납되기 어려울 것이기 때문이다. 과학기술의 발전이 인류의 진보와 동일시되던 때와, 진보가 무엇인지에 대한 정의를 다시 내려야 하는 상황에서는 학문의 자유가 가지는 중요성이 달리 평가되어야 한다. 앞서 과학기술을 경제 발전의 도구로 보는 헌법 조항을 삭제하고 대신 학술연구에 대한 국가의 의무를 명시하자는 주장에 대해 언급하였는데, 논자는 여기에 새로운 제안을 제출한다. 즉, 헌법이 우리 사회가 지향해야 할 좋은 세상의 이념을 제시한다면, 과학기술과 학술연구 역시 그 이념을 따라야 한다는 것이다.

사실 연구자의 사회적 책임이 중요하게 대두된 것은 과학기술 분야에서 일어난 혁신의 결과가 가지는 여러 가지 파장 때문이다. 과거에는 생각지도 못했던 가능성들이 현실화되면서, 과연 그러한 가능성이 열리는 것이 적절한가에 대한 의문이 일반 시민들뿐만 아니라 연구자들 사이에서도 일고 있다. 그래서 외부의 문제제기가 구체화되기 전에 연구자들끼리 모라토리엄을 선언하거나 암묵적으로 특정 분야의 연구를 진행하지 않는 경우들이 있다.[23] 가장 최근에 이슈가 된 예로는 인간배아에 유전자 가위 기술을 적용하여 맞춤형 아기를 탄생시킨 일을 들 수 있다.[24]

이런 사례는 포스트휴먼 시대의 과학기술 거버넌스에서 전문가의 사회적 책임이 가지는 중요성을 잘 보여준다. 지금까지 연구자의 사회적 책임은 표절이나 위조, 변조 같은 연구윤리의 다른 항목과 달리, 전문가 개인의 양심에 호소하는 방식으로만 논의되어왔다. 그러나 과학기술 영역에서 개별 전문가의 결정이 가지는 영향력과 파급 효과가 그 규모와 속도 측면에서 더욱 증대하는 상황에서 사회적 책임이 지니는 의미는 더욱 커진다. 한스 요나스는 더 큰 힘을 가질수록 더 큰 책임을 져야 하기 때문에 현대 기술사회에서는 책임 원칙이 가장 우선해야 한다고 주장한다.[25] 과학기술 분야의 개별 전문가가 갖는 사회적 책임을 더욱 강조하는 것은 이 주장을 구체화하는 핵심 방안이다.

물론 전문가의 책임을 어떤 기준과 방식으로 부가하거나 강제할 것인가는 복잡한 문제다. 그러나 법률이 전문가의 연구개발 활동을 일방적으로 제한하거나 전문가의 자발적인 결정에 사회가 매달리는 방식은 지양해야 할 것이다. 규제가 없다면 무엇이든 해도 되는 상황도, 전문가 자신의 결단에 모든 것을 맡기는 상태도 바람직하지 않기 때문이다. 과학기술 분야의 다양한 전문가 단체가 자발적으로 사회적 대화에 참여하고 스스로 책임을 규정하려는 노력이 필요하다. 이런 의미에서 과학기술 분야의 여러 전문가와 단체 들이 정부를 상대로 과학기술 개발과 관련하여 '규제 완화'만을 끊임없이 외치는 상황은 바람직하지 못하다.

5. 목적이 이끄는 과학기술 거버넌스

에너지 백캐스팅

앞서 서술한 포스트휴먼 시대의 과학기술 거버넌스를 실현하기 위해서는 실천 차원에서 구체적인 대안이 필요하다. 필자는 에너지 백캐스팅과 인공지능 영향평가를 사례로 제출한다. 이 두 사례는 방금 언급한 과학기술 거버넌스의 세 가지 방향을 각각 다른 방식으로 반영한 것이다.

에너지 백캐스팅(Energy Backcasting)이란 에너지 포어캐스팅(Energy Forecasting)을 뒤집은 표현이다.

백캐스팅이란 정책 분석방법의 하나로서 바람직한 미래를 설정하고 그를 달성하기 위해 목표 연도로부터 현재로 거슬러오면서 필요한 정책적 개입들이 무엇인지 분석하는 것이다. 예를 들어 기후 변화 위기에 대처하기 위해 30년 후 저탄소 에너지 시스템으로 전환한다는 목표를 설정하고, 이를 위해 시기별로 필요한 정책적 개입이 무엇인지를 목적 시점으로부터 후행적인(backward) 방식으로 분석하는 것이다. 과거 및 현재의 추세에 기반하여 미래를 예측함으로써 정책적 개입의 필요성을 발견하고 이에 적응하기 위한 정책수단을 분석하는 포어캐스팅(Forecasting)의 전통적인 방법과 대비된다.[26]

에너지 백캐스팅 방법을 채택하면, 에너지 정책과 미래의 관계가 통상적인 경우와 달라진다. 즉, 다가올 미래를 준비하는 정책이 아니라 바람직한 미래를 추구하는 정책이 되는 것이다. 사실 다른 영역에서는 이런 방식의 정책을 마련하는 경우가 없지 않다. 그러나 유독 에너지를 포함한 기술 영역에서는 포어캐스팅의 기조가 채택된다. 여기에는 기술은 무한히 발전한다고 보는 현대 기술사회의 분위기가 많이 반영되어 있다. 그러나 백캐스팅 방법은 목표를 설정하고 그리로 나아가기 위해 우리가 추구해야 할 가치를 표현하는 것이다. 이 가치는 다가올 미래에 대한 대책을 세우는 수동적인 태도가 아니라 바람직한 미래의 모습을 시민이 합의함으로써 결정된다. 이 과정에서 전문가는 가장 정확한 정보를 가지고 시민들의 올바른 결정을 도울 수 있다.

에너지 백캐스팅은 다른 기술의 개발뿐만 아니라 여러 가지 관련 정책들에도 영향을 미친다. 에너지를 덜 쓰고자 한다면 새로 개발되는 기술들에서 에너지 효율성이 더욱 중요한 문제가 될 것이고, 에너지 사용에 부과되는 세금이나 환경 오염에 대한 규제들도 더욱 강화될 것이기 때문이다.

에너지 백캐스팅의 원리를 과학기술의 다른 분야로 확장시킬 수는 없을까? 물론 에너지 백캐스팅의 제안은 에너지 소비라는 양적으로 측정 가능한 기준을 가지고 있기 때문에 상대적으로 실현하기 쉽다. 그러나 기술의 다른 분야들에서는 그런 기준을 찾고 구체적인 목표를 특정하는 일이 간단치 않다. 그렇긴 해도, 기술 발전이 통제 불가능한 것이어서 그냥 받아들일 수밖에 없다는 식의 냉소주의에 빠지는 것보다는 백캐스팅의 원리를 적용하려는 노력을 기울이는 편이 나을 것이다.

인공지능 사용 제품 및 서비스 영향평가

포스트휴먼 시대의 과학기술 거버넌스를 실현하기 위한 또 다른 구체적인 방안으로 인공지능 사용 제품 및 서비스 영향평가를 고려할 수 있다.[27] 인공지능 기술을 사용한 서비스나 제품을 출시하기 전에 여러 가지 기준을 두고 영향평가를 실시하는 것이다. 이 기준을 마련하는 과정에서 사회는 인공지능 기술을 통해 얻고자 하는 것이 무엇인지에 대한 고민을 심화시킬 수 있다. 개발자는 자신이 개발하려고 하는 제품이나 서비스가 피해야 할 점과 추구해야 할 점이 무엇인지를 좀 더 정확하게 알게 된다.

인공지능 사용 제품 및 서비스 영향평가는 이미 시행되고 있는 환경영향평가와 전반적으로 유사한 구조를 가진다. 단, 그에 더하여 해당 기술의 물리적 파급 효과뿐만 아니라 사회적 영향까지도 질문하도록 하여 그 실효성을 높였다. 박충식·손화철·하대청의

표 1 인공지능 사용 제품 및 서비스 영향평가 평가요소

영역	평가요소	영역	평가요소
1) 정의 (Justice)	① 편향성	3) 건강과 안전 (Health and safety)	① 사용자 정신건강
	② 편익의 공정한 분배		② 보상 및 치료 정책
	③ 위험의 공정한 배분		③ 위험의 예방과 대응
	④ 여론 왜곡 가능성	4) 정당한 절차 (Due Process)	① 노동자의 권리
2) 자율성과 사생활 보호 (Autonomy and Privacy)	① 개인정보의 자율권 보호		② 검증절차
			③ 시민 참여
	② 민감정보의 수집	5) 환경 (Environment)	① 개발과 제조 과정에서 의 환경폐기물 관리
	③ 데이터 관리		② 폐기와 재활용 과정에 서의 환경폐기물 관리

정책 제안서에 포함된 평가요소들은 〈표 1〉과 같다.[28]

위의 평가요소들은 제안서에서 제출한 항목일 뿐이기 때문에 더 광범위한 토론과 고민을 통해 수정될 수 있다. 인공지능 사용 제품 및 서비스 영향평가는 전문가와 개발자의 사회적 책임을 좀 더 공식적으로 강조하고 확장하고 있다는 점에서 매우 중요하다. 다시 말해 이 제안은 평가요소들로 표현되는 합의된 가치와 좋은 세상에 대한 비전이 전문가들을 통해 실현되고 있는지를 확인하기 위한 방안이다. 이로써 앞서 언급한 새로운 방식의 지속 가능한 발전을 추구할 수 있다.

한국의 급속한 산업화와 기술 발전, 그리고 그 관성은 포스트휴먼 시대가 제기하는 여러 문제들을 더욱 심화시킨다. 국가와

6장 포스트휴먼 시대의 과학기술 거버넌스

전문가의 주도적 지위와 경제 발전을 향한 무조건적인 전진에 대한 성찰이 막 시작된 시점에서 포스트휴먼 시대의 흐름은 퇴행적인 개발시대로 되돌아가고 싶은 유혹을 불러일으킨다. 이런 상황에서 한국의 과학기술 거버넌스는 인간과 기술의 관계를 고민하고, 바람직한 미래의 모습을 구체적으로 그려내는 근본적인 차원의 논의로 돌아갈 필요가 있다. 이 논의는 포스트휴먼 시대로의 전진을 부정하거나 거부하는 것이 아니라, 빠르게 다가오는 미래를 잘 준비된 상태로 맞이하려는 노력이다. 에너지 백캐스팅과 인공지능 사용 제품 및 서비스 영향평가는 포스트휴먼 시대를 맞이하는 시점에서 기존의 기술 발전 흐름에 새로운 방향성을 설정하는 시도가 될 수 있다.

4부

포스트휴먼 사회를
대비한 정책 제안

인공지능 사용 제품 및
서비스 영향평가

박충식 · 손화철 · 하대청[1]

최근 인공지능 기술을 실생활에서 다양한 제품과 서비스의 형태로 사용하는 사례가 늘어나고 있다. 이러한 추세로 볼 때, 인공지능 기술은 그 범용성 때문에 미래 사회의 근간이 되는 기술로 자리 잡을 가능성이 크다. 그러나 기대가 큰 만큼, 인공지능 기술이 초래할 변화들에 대한 우려도 커지고 있다. 본 제안서는 인공지능을 활용한 제품과 서비스를 출시하기 전에 그와 관련한 영향평가를 실시함으로써 인공지능 기술의 개발과 활용 방향을 견인하는 방안을 제시한다.

1. 인공지능 사용 제품 및 서비스 영향평가의 필요성

최근 인공지능 기술이 급속도로 발전하면서, 그 응용 범위가 점점 넓어지고 있다. 다양한 제품과 서비스에 인공지능 기술들이 접목되고 있고, 이미 상용화된 경우도 생겨나고 있다. 이와 더불어 인공지능 기술의 사용이 불러오는 사회적 파장과 함의에 대한 우려도 커지고 있다. 일차적으로는 인공지능 기술이 인간의 판단을 어디까지 대체할 수 있는가에 대한 의문이 있고, 인공지능 기술을 활용하는 데 꼭 필요한 데이터의 광범위한 수집과 사용이 초래하는 부작용에 대한 우려가 있다. 또, 인공지능 기술의 사용으로 다양한 영역에서 일어나게 될 여러 가지 사회적 변화들 역시 고려 대상이다.

인공지능에 대한 여러 가지 철학적 논의가 진행되어왔고, 인공지능이 광범위하게 사용될 먼 미래에 대한 시나리오도 다양하게 제시되고 있다. 그러나 인공지능 기술을 더 나은 미래를 지향하는 방향으로 개발하고 사용하기 위해서는 현재 개발되고 있는 개별 기술과 서비스를 구체적으로 점검할 필요가 있다. 과연 인공지능 기술을 응용한 특정 제품과 서비스가 우리 사회의 기본 질서를 이루는 정의와 평등의 원칙과 윤리적인 기준들에 부합하는지, 또 사회와 환경에 부정적인 영향을 미치지는 않는지를 살펴볼 필요가 있는 것이다. 인공지능 기술이 4차 산업혁명의 핵심을 이루는 기술로서 광범위하게 응용될 여지가 남아 있고, 엄청난 사회적 파장을 예고한다는 점에서 이러한 필요는 매우 절실하다.

본 제안서에서는 이를 타개하기 위한 방안으로 인공지능 사용 제품 및 서비스 영향평가(이하 '인공지능 영향평가')를 제안한다. 인공지능 영향평가는 환경영향평가를 모델로 삼아 그 틀을 인공지능 사용 제품 및 서비스에 적용한 것이다. 인공지능을 사용한 제품이나 서비스를 출시하기 전에 인공지능 영향평가를 실시함으로써 예상되는 위험이나 부정적인 사회적 파장을 최소화하고 해당 제품과 서비스가 좀 더 나은 미래를 지향하도록 견인할 수 있을 것이다.

2. 인공지능 영향평가의 성격

인공지능 영향평가의 성격을 규정하기 위해서는 이미 시행되고 있는 기술영향평가 및 환경영향평가와 비교하는 것이 효과적이다.

기술영향평가는 해마다 앞으로 사회에 큰 영향을 미칠 것으로 예상되는 기술을 선정하여 실시된다. 관련 분야 전문가들이 해당 기술의 사회적 영향을 전반적이고 포괄적으로 파악하기 위해 여러 차례 회의를 가지고, 일반인들도 따로 모여서 본인들이 기대하거나 우려하는 점을 공유한다. 이를 토대로 해당 기술이 개발되었을 경우 생겨날 수 있는 여러 가지 변화들을 다양한 차원에서 예측하고, 그 기술을 개발하고 사용할 때 염두에 두어야 할 점이 무엇인지를 결정한다. 특히 제도나 법과 관련해서 미리 정비해야 할 부분이 무엇인지 특정하여 해당 기술을 개발할 때 생겨날 수 있는 어려움을 미연에 방지하도록 힘쓴다.

기술영향평가와 인공지능 영향평가는 모두 기술이 초래할 수 있는 다양한 차원의 문제들을 고려한다는 점에서 유사하다. 그러나 기술영향평가가 특정 기술 일반에 대한 논의를 진행하는 데 반해, 인공지능 영향평가는 개별 기술이나 서비스를 대상으로 한다는 점이 다르다. 따라서 인공지능 영향평가는 그 평가 내용이 매우 구체적이고 명시적이며, 평가 분야도 상대적으로 특정되어 있다.

개별 제품이나 서비스를 대상으로 한다는 점에서나, 평가 영역을 가능한 특정하려 한다는 점에서 인공지능 영향평가는 환경영향평가와 더 유사점이 많다. 우리나라에서는 일정 금액 이상의 건설이나 건축 사업을 할 때 환경영향평가를 의무화하고 있다. 환경영향평가에서는 해당 사업이 시행기간과 시행 완료 후에 환경에 미칠 영향을 다각도로 분석하여 사업기간이나 방법의 타당성을 평가하고 필요한 경우 개선을 요구한다.

인공지능 영향평가는 일차적으로는 환경영향평가를 모델로 삼는다. 그런데 환경영향평가에서는 개별 사업이 초래하는 물리적인 영향을 주로 평가하는 반면, 인공지능 영향평가는 인공지능 관련 제품과 서비스가 초래하는 사회적인 영향을 중요하게 다룬다는 점에서 차별화된다. 또 사회적인 영향들이 훨씬 다양하고 다차원적이기 때문에 환경영향평가에서와 같이 규격화된 평가기준을 마련하기는 힘들다.

3. 인공지능 영향평가의 기대 효과

인공지능 영향평가는 인공지능 관련 제품 및 서비스의 시판을 최종 승인하기 전에 실시하는 것을 원칙으로 한다. 이를 통해 다음과 같은 효과를 기대할 수 있다.

우선 인공지능 사용 제품 및 서비스를 제공하는 개발자들이 염두에 두어야 할 일정한 기준들을 제시하는 효과가 있다. 인공지능 영향평가는 관련 제품이나 서비스의 개발 여부를 결정하기보다 개발 과정에서 유의해야 할 점들을 확인하고 대책 마련을 권고하는 차원에서 실시된다. 개발자들은 이러한 사안들을 감안하여 좀 더 구체적인 대책을 고려하거나 언급된 부작용이 초래되지 않는 방향으로 제품을 개발할 수 있다.

둘째, 인공지능에 대한 일반적인 우려사항을 개별 제품 및 서비스 수준에서 기술함으로써 인공지능에 대한 여러 가지 논의들을 더욱 구체적으로 재해석할 수 있다. 이에 따라 막연하고 추상적인 차원에서 진행되던 인공지능 관련 논의들도 그 골자를 인공지능 영향평가에 적용할 수 있는 수준으로 끌어올릴 수 있을 것이다.

셋째, 인공지능이 초래하게 될 미래에 대해 막연히 걱정하는 것이 아니라, 그 미래의 모습이 어떠해야 하는지에 대한 논의가 촉발될 것이다. 인공지능 영향평가가 설득력을 가지기 위해서는 그러한 논의가 뒷받침되어야 할 것이기 때문이다.[2]

4. 인공지능 영향평가의 평가요소들

인공지능 사용 제품과 서비스가 미치는 사회적, 윤리적, 환경적 영향을 평가하기 위해 본 제안서는 다섯 가지 영역(정의, 자율성과 사생활 보호, 건강과 안전, 정당한 절차, 환경)에서 점검할 사항들을 제안한다.

1) 정의(Justice)

① 편향성

- 이 제품/서비스의 실행 결과가 특정 지역, 인종, 계급, 성별 등 특정 집단에 대한 사회적 인식을 악화시키는가?[3]
- 이 제품/서비스의 실행이 특정한 행위를 유도함으로써 특정 집단의 이익을 부당하게 침해할 가능성이 있는가?

② 편익의 공정한 분배

- 이 제품/서비스의 개발 과정에서 사용되는 데이터의 제공자에게 적절한 보상이 이뤄졌는가?
- 데이터의 소유권을 명확하게 규정하고 있는가?

③ 위험의 공정한 배분

- 이 제품/서비스와 연관된 기기들을 폐기 및 재활용하는 과정에서 발생하는 환경 및 건강 위험을 저개발국가에 전가하고 있지 않은가?
- 이 제품/서비스의 해킹으로 인해 생길 수 있는 위험이 공정하게 배분되는가?

④ 여론 왜곡 가능성

　- 이 제품/서비스에 사용된 알고리즘을 조정하여 공공의 결정에 개입할 가능성이 있지 않은가? (페이스북의 유명한 실험처럼 알고리즘을 통한 선거 과정에의 개입을 염두에 둔 것임)[4]

2) 자율성과 사생활 보호(Autonomy and Privacy)

① 개인정보의 자율권 보호

　- 이 제품/서비스에 사용된 인공지능을 작동하는 데 필요한 데이터는 사전에 충분히 설명하고 동의를 얻어 수집되는가?

　- 개인이 데이터 제공을 거부할 의사가 있는 경우 언제라도 거부 결정을 내릴 수 있는가?

　- 직장 내 노동자들처럼 데이터 제공에 자율적으로 동의하기 어려운 경우가 많은데, 데이터 수집 과정에서 데이터 제공자는 자유롭게 결정할 위치에 있는가?

② 민감정보의 수집

　- 사생활이나 의료정보 등 개인의 민감정보가 수집되어 프라이버시를 침해하고 있지 않은가?

　- 사생활이나 의료정보 등 개인의 민감정보를 수집해야만 한다고 할 때 그럴 만한 충분한 이유가 있는가?

③ 데이터 관리

　- 이 제품/서비스에 인공지능을 사용하는 과정에서 수집

된 개인의 데이터는 충분한 보안 아래 관리되고 있는가?

- 기업의 이익을 위해 개인의 데이터가 외부에 유출될 가
능성이 없는가?

④ 잊힐 권리

- 개인이 데이터 제공을 거부할 경우 이전에 제공한 데이
터도 삭제될 수 있는가?

3) 건강과 안전(Health and safety)

① 사용자의 정신건강

- 이 제품/서비스가 사용자의 중독적 사용을 심각하게 유
도할 가능성이 있지 않은가?

- 중독을 유도할 수 있을 때 중독적 사용을 방지할 기능이
충분히 탑재되어 있는가?

② 보상 및 치료 정책

- 중독적 사용에 따른 건강 위해가 발생했을 때 보상 및
치료 정책을 갖추고 있는가?

③ 위험의 예방과 대응

- 조명, 전화, 인터넷, 쇼핑 등 다양한 서비스들이 인공지
능으로 서로 연결되었을 때 발생할 수 있는 새로운 위험
을 예방하고 있는가?

- 이런 위험이 발생했을 때 사용자가 구체적으로 어떤 대
안을 사용할 수 있을지 예상하고 대응책을 마련하고 있
는가?

4) 정당한 절차(Due Process)

① 노동자의 권리

- 이 제품/서비스의 개발 과정에서 개발, 제조, 관리 노동자의 인권 등이 부당하게 침해되었는가?[5]
- 노동자들에게 정당한 임금이 지불되고 개발되었는가?

② 검증 절차

- 인공지능의 문제가 확인될 경우 공적 기관에게 객관적으로 조사할 수 있는 권한을 충분히 제공하고 있는가?
- 공적 기관이 조사할 때 알고리즘에 관한 정보를 충분하고 자세하게 제공하도록 규정하고 있는가?

③ 시민 참여

- 이 제품/서비스의 사용이 고용과 노동 조건 등 사회적으로 심각한 결과를 가져올 때 시민이 결과를 평가할 기회를 제공하는가?
- 이 제품/서비스의 사용이 고용과 노동 조건 등 사회적으로 심각한 결과를 가져올 때 시민이 기술 개발 및 사용과 관련한 의사결정 과정에 참여할 기회를 제공하는가?

5) 환경(Environment)

① 개발과 제조 과정에서의 환경폐기물 관리

- 이 제품/서비스에 사용되는 인공지능에 필요한 원소를 채굴하거나 부품을 제조하거나 최종 조립하는 과정에서 다양한 폐기물들이 발생하는데, 이 폐기물들은 적절히

정책 제안 1 인공지능 사용 제품 및 서비스 영향평가

관리되고 있는가?

② 폐기와 재활용 과정에서의 환경폐기물 관리

  – 이 제품/서비스와 연관된 기기들을 폐기하거나 재활용
  하는 과정에서 다양한 폐원소나 폐플라스틱 등이 발생
  하는데, 이런 폐기물들의 환경 위해는 적절히 평가되고
  폐기물은 적절히 처리되고 있는가?

5. 인공지능 영향평가의 제도화 방안

인공지능 영향평가는 다음의 순서로 실시하는 것이 가장 합당
할 것으로 보인다.

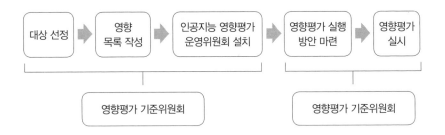

1) 어떤 제품이나 서비스를 대상으로 할 것인가?

인공지능 영향평가의 대상은 사회적으로 영향력이 있다고
보이는 제품과 서비스가 될 것이다. 예를 들어 자율주행 자동차,
인공지능 스피커, 지능형 CCTV 등을 떠올려볼 수 있다. 기술 발
전과 사회 변화에 따라 해당 기계가 사회에 미칠 수 있는 영향이

변화할 수 있는데, 이러한 영향력에 대한 인식의 차이에 따라 자율적 기계로 여겨지는 대상을 선정하는 작업도 달라질 수 있다. 특정한 인공지능 사용 제품/서비스가 영향평가의 대상이 되면 관련 개발자와 기업은 해당 제품/서비스의 안전과 책임에 민감해질 수밖에 없다. 따라서 인공지능 영향평가의 대상을 선정하는 작업부터 이미 그 절차의 시작으로 보아야 한다.

2) 어떤 항목을 평가할 것인가?

인공지능 영향평가를 위한 평가 항목을 구체적으로 작성할 필요가 있다. 인공지능 제품으로 선정되어 영향평가의 대상이 되는 제품군들은 해당 제품에서 생길 수 있는 영향을 목록으로 작성한다. 이때 앞서 4절에서 제시한 평가요소들을 중심으로 해당 사항을 먼저 선정한다. 인공지능을 사용한 제품과 서비스는 그 기능이 다양할 것이므로, 해당 제품의 영향평가 항목을 사전에 모두 예상하여 작성할 수는 없다. 평가요소에 따라 일차 목록을 작성한 후, 여러 경로를 통해 기타 평가 항목을 결정하고, 필요에 따라 지속적으로 갱신한다.

3) 누가 평가할 것인가?
―인공지능 사용 제품 및 서비스 영향평가를 위한 조직

인공지능 영향평가의 대상과 평가 항목 선정은 전문가들이 모인 '인공지능 영향평가 기준위원회'에서 담당하도록 한다. 이 위원회는 상시 운영하며 인공지능, STS, 과학기술 정책, 기술철학 분야의 전문가들이 함께 참여하도록 한다.

인공지능 영향평가 기준위원회는 영향평가의 대상과 평가 항목이 결정되면 해당 제품군들의 구체적인 영향들을 평가할 수 있는 평가인(해당 분야 전문가, 유관 분야 시민단체, 공무원, 시민 여론조사 등)들로 해당 제품 및 서비스에 대한 '인공지능 영향평가 운영위원회'를 구성한다. 이렇게 위원회를 따로 구성해야 하는 이유는 인공지능 기술 안에도 여러 전문 분야가 있어서 영향평가의 대상이 되는 제품이나 서비스 분야의 전문가들이 필요하기 때문이다.

인공지능 영향평가 운영위원회는 특정한 제품/서비스에 대하여 (i)선정된 평가 항목들의 평가 실행방안을 마련하고 (ii)그 실행방안에 따라 해당 제품/서비스의 영향평가를 실시한다. 인공지능 영향평가 실시 후에는 그 결과와 함께 영향평가 실행 과정의 모든 절차적 정보를 공개하여야 한다.

6. 인공지능 영향평가의 예시

앞서 제시한 인공지능 영향평가의 기준들을 구체적인 제품과 서비스에 실제로 적용하면 어떤 물음을 던지게 될 것인가? 최근 널리 사용되고 있는 인공지능 스피커에 대해 인공지능 영향평가를 실시한다면, 다음과 같은 점검사항을 제시할 수 있을 것이다. 물론 이 물음들은 인공지능 영향평가 운영위원회에서 점검하고 검토해야 한다.

표 1 인공지능 스피커에 대한 인공지능 영향평가(가안)

영역	항목	점검사항
정의	편향성	인공지능 스피커가 제공하는 검색결과들이 특정한 지역민, 여성, 성소수자, 장애인, 타 인종, 다문화 가족 등에 대한 부정적 편견을 가지고 있지 않은가?
		검색결과를 정기적으로 리뷰하고 수정할 인력, 조직과 시스템을 내부에 갖추고 있는가?
		인공지능 스피커가 제공하는 검색결과가 특정한 기업의 이익을 부당하게 우선하거나 혹은 배제할 가능성이 없는가?
	편익의 공정한 분배	검색을 수행하고 자신의 개인정보 및 행동 데이터를 제공하는 이들에게 개발기업은 이익을 공유할 구체적인 규정을 마련하고 있는가?
		제공된 데이터를 축적하고 분석해서 발생한 새로운 수익이 누구에게 귀속되는 것인지 명확한 약관을 가지고 있는가? 이런 약관에 대해 사용자가 사전에 충분히 설명을 듣고 동의했는가?
	위험의 공정한 배분	제품의 폐기 과정은 투명하게 공개되고 있는가?
		제품의 폐기 과정에서 개발기업은 어떤 책임을 맡고 있는가?
		이 제품/서비스의 해킹으로 인해 생길 수 있는 위험에 어떻게 대비하고 있는가?
	여론 왜곡 가능성	인공지능 스피커가 수행한 뉴스 검색결과에서 뉴스를 선정하고 순위를 배치할 때 객관성을 어떻게 유지할 수 있는가?
		이런 객관성을 유지하고 감시할 인력, 조직과 시스템을 내부에 갖추고 있는가?
자율성과 사생활 보호	개인정보의 자율권 보호	수집되는 데이터의 종류(개인정보, 검색을 위한 입력정보 중 사생활 정보, 사진), 촬영 여부(내부를 감시하기 위한 목적), 녹음 여부, 저장 여부, 저장기간, 저장 및 분석 시 익명화 방법 등을 충분히 설명하고 동의를 얻는 절차가 마련되어 있는가?

정책 제안 1 인공지능 사용 제품 및 서비스 영향평가

	개인정보의 자율권 보호	개인정보 또는 촬영정보가 유출되었을 때 발생할 수 있는 위험을 구체적으로 설명하는 절차가 마련되어 있는가?
		특정한 정보 제공을 거부할 경우 모든 서비스를 사용할 수 없도록 함으로써 사실상 데이터 제공을 거부할 수 없도록 하고 있는 것은 아닌가?
		가정이 아닌 직장에서 인공지능 스피커가 사용될 경우, 피고용인이 이 기기를 이용하려는 고용인의 의지에 반해 서 거부 의사를 밝힐 수 있도록 하고 있는가? 예를 들어, 가정이 아닌 직장에서 피고용인들에게 익명을 보장한 상태 로 동의 여부를 밝힐 수 있도록 보장하고 있는가?
자율성과 사생활 보호	민감정보의 수집	인공지능 스피커가 사생활이나 민감한 의료정보를 수집할 가능성은 없는가? 개인의 신체 노출 사진, 가족사, 병력 등 의 정보가 수집되고 있지 않은가? 이런 정보의 경우 저장 하지 않고 바로 삭제되도록 하는 시스템을 갖추고 있는가?
		인공지능 스피커가 민감정보를 수집해야만 하는 이유를 충분히 이해할 수 있도록 공개하고 있는가? 공익이나 개인 의 이익에 부합한다는 점을 명백하게 설명하고 있는가?
	데이터 관리	기업은 수집된 데이터의 보안 체계를 충분히 갖추고 있는가? 물리적, 인적, 알고리즘적 보안의 방법을 갖추고 있는가? 또한 이에 대해 사용자에게 구체적으로 설명하고 있는가?
		자신이 가지고 있는 질병을 검색한 결과가 자신의 개인정 보와 결합되어 병원이나 보험회사로 유출될 가능성은 없 는가? 기업이 이를 상품으로 판매할 가능성은 없는가? 민 감정보의 경우 저장하지 않도록 하는 시스템을 갖추고 있 는가?
	잊힐 권리	위치정보, 개인정보, 사생활, 사진, 동영상, 음성대화 등 개인이 인공지능 스피커에 제공된 데이터의 삭제를 요청 할 경우, 비가역적으로 삭제할 수 있는 방법을 갖추고 있 는가? 삭제를 요청할 경우, 추가적인 요구사항이나 지체 없이 모든 데이터를 삭제할 수 있는 방법과 절차를 갖추 고 있는가?
건강과 안전	사용자 정신건강	인공지능 스피커가 데이터를 얻기 위해 사용자가 최대한 오래 사용하도록 하고 있지 않은가? 이를 유도하기 위한 알고리즘적 장치가 있지는 않은가?

	사용자의 정신건강	지나치게 오랜 시간 사용할 가능성이 있을 경우 이를 예방하기 위한 알고리즘적, 물리적 장치를 갖추고 있는가?
건강과 안전	보상 및 치료 정책	남용이나 중독적 사용에 따른 건강 위해가 입증되었을 때 이를 보상하거나 치료를 지원할 정책을 갖추고 있는가?
	위험의 예방과 대응	조명, 냉난방, 통신, 정보 검색, 쇼핑, 금융, 보안 등 다양한 서비스들이 연결된 상태에서 인공지능 스피커가 오작동되거나 중지되었을 경우 사용자가 겪을 새로운 종류의 위험에 대해 얼마나 구체적으로 예측하였는가?
		조명, 냉난방, 통신, 정보 검색, 쇼핑, 금융, 보안 등 다양한 서비스들이 연결된 상태에서 인공지능 스피커가 오작동되거나 중지했을 때 이 서비스에 의존하는 개인이 자신이 처한 위험에서 벗어나기 위한 대안이 효과적으로 준비되어 있는가?
정당한 절차	노동자의 권리	인공지능 스피커를 개발하고 데이터를 생산, 관리, 발전시키는 과정에서 이를테면 데이터 레이블링이나 콘텐츠 모더레이션 등에서 관련 노동자나 플랫폼 노동자와 같은 계약자의 권리를 충분히 고려했는가?
		이른바 플랫폼 노동자의 임금을 충분히 주지 않는 등, 이들의 이익을 부당하게 착취한 일이 없는가?
	검증 절차	인공지능 스피커의 작동(검색, 추천, 데이터 관리, 자동화 등)에서 문제가 발생했을 때 법적 권한을 가진 기관이 해당 기기와 기업을 조사할 권한을 인정하는 규정을 마련하고 있는가?
		법적 권한을 가진 기관이 해당 기기뿐만 아니라 데이터 센터, 알고리즘을 조사할 권한을 인정하는 규정을 갖추고 있는가?
	시민 참여	인공지능 스피커의 작동(검색, 추천, 데이터 관리, 자동화 등)에서 문제가 발생하거나 개발 및 관리하는 과정에서 시민들의 삶에 큰 영향을 미칠 수 있는 결과를 유발했다고 인정될 경우, 시민들 또는 이들의 대표가 이 결과를 평가할 수 있는 권한을 인정하는 규정을 갖추고 있는가? 이런 권한을 기업의 사적 이익을 보장한다는 이유로 원척적으로 방해하는 규정이 없는가?

정책 제안 1 인공지능 사용 제품 및 서비스 영향평가

정당한 절차	시민 참여	인공지능 스피커의 작동(검색, 추천, 데이터 관리, 자동화 등)에서 문제가 발생하거나 개발 및 관리하는 과정에서 시민들의 삶에 큰 영향을 미칠 수 있는 결과를 유발했다고 인정될 경우, 시민들 또는 이들의 대표가 문제를 유발한 원인이 되는 기술과 관련된 의사결정에 참여할 수 있는 권한을 인정하는 규정을 갖추고 있는가? 이런 권한을 기업의 사적 이익을 보장한다는 이유로 원천적으로 방해하는 규정이 없는가?
환경	개발과 제조 과정에서의 환경폐기물 관리	인공지능 스피커를 개발, 생산, 제조하는 과정에서 발생하는 폐기물 등을 적절히 관리하는 인력, 조직, 시스템을 내부에 갖추고 있는가? 폐기물 관리를 외주화함으로써 관련 기업이 해당 책임을 회피하도록 하고 있는 것은 아닌가?
	폐기와 재활용 과정에서의 환경폐기물 관리	다 사용한 인공지능 스피커를 폐기하거나 재활용하는 과정에서 발생하는 다양한 중금속 등 폐기물들을 적절히 관리하는 인력, 조직, 시스템을 내부에 갖추고 있는가? 폐기물 관리를 외주화함으로써 관련 기업이 해당 책임을 회피하도록 하고 있지는 않은가?

7. 인공지능 영향평가의 역할

본 제안서에서는 인공지능 관련 제품과 서비스에 대해 인공지능 영향평가를 실시함으로써 인공지능 기술의 사용으로 나타날 수 있는 여러 부작용에 대비하는 방안을 제시하였다. 이 방안은 미래를 준비하는 하나의 방편에 대한 제안일 뿐, 완결된 해결책이 될 수 없다. 인공지능 기술이 불러올 세상의 모습을 예측하기가 쉽지 않으며, 그 방향도 완전히 통제할 수 없기 때문이다. 더구나 기술 발전과 함께 우리가 예상하지 못한 유익과 해악이 드러나게 될 것이며, 그에 따라 지금 우리의 판단기준 자체도 변화할지 모른다. 그런데도 이러한 시도를 하는 것은 기술사회의 미래가 저절로 도래하는 것이 아니라 오늘의 기획과 연결되어 있다고 믿기 때문이다. 향후 인공지능 관련 정책을 수립하는 과정에서 앞서 제시한 평가 목록을 현실적으로 다듬고 적용할 수 있는 영역과 방법을 구체화하는 작업이 진행되길 기대한다.

현행 생명윤리법의 쟁점과
개정 방향에 관한 시론(試論)

박신화

1. 생명윤리법의 현황

생명윤리법의 목적

2004년 제정된 한국의 「생명윤리 및 안전에 관한 법률」(약칭 생명윤리법)은 2005년 시행된 이래 한 번의 전부 개정과 아홉 번의 일부 개정을 거쳐 오늘에 이르고 있다. 생명윤리법의 길지 않은 연한(年限)에서 볼 때 법 개정이 이렇듯 잦았던 것은 해당 법의 체계가 아직 미완이며 법이 담당하는 문제가 윤리적, 법적 측면에서 그만큼 논쟁적이라는 사실을 방증하는 것일 터이다.

생명윤리법은 다음의 이유들로 인해 논쟁의 한가운데 있다.[1] 먼저 법이 의생명 과학기술 분야를 규율하는데, 주지하듯이 이 분야는 하루가 다르게 혁신에 혁신을 거듭하고 있다. 다음으로 생명윤리법은 의생명 과학기술에 대한 우리의 윤리의식과 직결되어 있는데, 해당 기술에 대한 우리의 윤리적, 도덕적 가치평가는 다른 어떤 분야보다도 입장들 간의 대립 속에서 일반적 합의에 이르지 못하고 있다. 나아가 윤리적 차원에서 문제를 논의하는 것과 특정 윤리적 견해를 법적으로 강제하고 규범화하는 것은 전혀 다른 문제다. 한번 법제화가 된 후라도 그것의 사회적 영향이 미친 결과를 고려해서 끊임없이 재평가되어야 한다. 실로 이러한 이유들로 인해 오늘날 생명윤리법의 개정을 요구하는 목소리가 우리 사회 도처에서 들려오고 있다.

현행 생명윤리법은 "인간과 인체 유래물 등을 연구하거나, 배아나 유전자 등을 취급할 때 인간의 존엄과 가치를 침해하거나 인체에 위해(危害)를 끼치는 것을 방지함으로써 생명윤리 및 안전을 확보하고 국민의 건강과 삶의 질 향상에 이바지함"(제1조)을 목적으로 명시한다. 이를 위해 법은 인간 복제, 이종 간 착상, 배아의 생성·보존·폐기와 유전자 치료 및 검사 등 연구 대상 관련한 금지규범과, 국가생명심의위원회 및 기관생명윤리위원회의 운영, 인간 대상 연구의 동의, 각 의료기관 및 연구기관 등의 준수사항, 인체 유래물 연구의 심의·동의·제공 등 연구를 수행할 때 갖춰야하는 절차적 요건에 대한 규정들을 두고 있다. 이 중 이 글에서는 연구 대상 관련한 금지규범의 문제를 중심으로 의생명 과학기술 개발을 규율할 수 있는 현실적으로 타당한 규범의 방향을 제안해 보고자 한다.

생명윤리법의 목적은 의생명 과학기술에 대한 법적 규제에 있다. 따라서 윤리적, 도덕적 차원에서 문제를 숙고할 필요가 있다.

정책 제안 2 현행 생명윤리법의 쟁점과 개정 방향에 관한 시론(試論)

이와 동시에 법을 기초할 때 기술 개발이 가속화하고 있는 국내외 현실 여건을 진지하게 고려해야 한다. 오늘날 국가 간 치열한 경쟁 속에서 의생명 과학기술이 개발되고 있으며[2], 기술 개발의 성과는 시장을 통해 국가 간 장벽을 넘어 빠르게 수용, 유통되고 있다.

상황이 이러하기 때문에 현실적으로 개별 국가가 기술 개발에 대한 규제 일변도의 보수적 입장을 견지하기는 어렵다. 특히 세계 의료시장이 국가 간 장벽을 넘어 급속도로 단일화하고 있어, 개별 국가 차원에서 기술 개발을 금지하는 '윤리적 의도'조차 이제 일관성 있게 견지되기 어렵게 되었다. 즉, 국내법으로 기술 개발을 금지하더라도 외국에서 안전성과 유효성이 입증된 획기적인 치료제가 연구 개발되었을 때 이것의 사용까지 금지하기는 어려우며, 사용(수요)은 다시 새로운 생산으로 이어지기 때문이다. 연구 개발의 이익을 인정하고 수용하는 것과 연구 개발을 지지하는 것은 윤리적으로도 그리 멀리 있지 않다.[3]

그리하여 오늘날 각국은 의생명 과학기술 개발에 대한 금지 일변도의 입장과 무제한 연구를 허용하는 입장을 모두 배제하는 절충점을 모색하고 있다. 한국의 생명윤리법도 예외는 아니다. 여기서 입법 과제는 법이 목적으로 명시한 '인간의 존엄과 가치'를 침해하지 않으면서 '국민의 건강과 삶의 질 향상'을 위해 연구 개발을 뒷받침할 수 있는 규제규범을 마련하는 것이다.[4] 현행 생명윤리법은 이러한 입법 과제를 얼마나 충실히 구현하고 있는가? 이 글의 목적은 한국의 생명윤리법에 담긴 규정들을 미국, 영국, 독일과 국제줄기세포학회 등 분야에서 선진적인 몇몇 주요국 및 기관의 입법례와 비교해보고 현행 법규범의 타당성을 평가하는 데 있다.

생명윤리법의 한계

의생명 과학기술에 대한 생명윤리 차원의 논의가 분분할지라도 정작 법의 타당성을 평가하는 것은 쉬운 일이 아니다. 왜냐하면 무엇보다도 평가의 척도가 없기 때문이다. 법은 입법자의 의지 표현이다. 입법자의 의지는 그가 놓여 있는 정치, 경제, 사회, 문화와 역사적 맥락 속에서 형성된다. 각국의 생명윤리법이 동일한 문제에 대해 서로 다른 규제규범을 갖는 이유가 여기에 있다. 국가마다 입법의 목적과 처한 현실에 따라 동일한 문제를 달리 규율하고 있다면, 무엇에 근거하여 입법의 타당성을 평가할 것인가.

지금까지 한국의 생명윤리법이 갖는 문제점을 지적하는 연구들은 대개 특정한 윤리적 견해에 입각한 비판이거나 외국의 특정 법제를 준거로 삼아 제기하는 비판이었다. 그러나 우리가 보기에 이런 식의 접근에는 문제가 있다. 먼저 특정 윤리적 견해를 정당화한 후 이를 기초로 현행 생명윤리법을 비판하는 작업은 이러한 정당화가 항상 불완전할 수밖에 없다는 것, 즉 대립하는 윤리적 견해도 마찬가지로 정당화할 수 있다는 사실로 인해 한계가 있다.[5]

다음으로 외국의 특정 법제를 준거로 삼아 현행법의 문제점을 지적하는 것은 몇몇 문제들, 예를 들어 연구 수행의 절차적 요건에 대한 문제들[6]에서는 분명 강한 설득력을 가진다. 그러나 우리가 다루고자 하는 인간 복제, 이종 간 착상, 배아의 생성·보존·

폐기와 유전자 치료 및 검사 등 생명윤리법의 근간을 이루는 문제들에 대해서는 별 소용이 없다. 사실 인간 복제나 이종 간 착상을 허용할지 말지, 배아 연구를 허용할지 말지, 허용한다면 어느 선에서 허용할지, 마찬가지로 유전자 치료 및 검사를 허용해야 할지의 문제에서 외국의 법제는 참고자료일 뿐이지 그 자체가 곧바로 입법을 뒷받침하는 근거가 될 순 없다.

우리는 이러한 문제의식을 가지고 특정한 윤리적 견해를 정당화하는 대신에 생명윤리법의 목적으로 돌아가서 인간 복제, 이종 간 착상, 배아의 생성·보존·폐기와 유전자 치료 및 검사 등에 대한 현행법의 규제규범을 법이 명시한 목적에 비추어 평가해보려고 한다. 물론 현행 생명윤리법의 목적이 다분히 추상적으로 제시되어 있어, 다시 말해 '인간의 존엄', '건강', '삶의 질 향상' 등의 의미가 무엇인지 불분명하고 그 자체가 논쟁점을 이루고 있어, 현행 생명윤리법의 목적에서부터 분석을 시작한다고 해도 평가의 명확한 척도가 없기는 우리도 마찬가지다.[7]

그러나 한국의 현행 생명윤리법의 규범들과 앞서 언급한 주요 국의 법규범을 비교해본다면 해당 법규범의 '상대적인 위치'를 가늠해볼 수 있고, 외국 법제와의 차이를 통해 간접적으로나마 현행 생명윤리법에 담긴 규제규범들의 타당성 내지는 '적절성' 여부를 평가할 수 있을 것이다. 그러니까 이 글은 비교법적 분석으로 법규범들 간 차이를 밝혀내어 현행 생명윤리법에서 가능한 입법(혹은 개정) 범위와 한계를 설정해보고자 하는 시론적(試論的) 논의다.

2. 국내외 생명윤리법의 규제규범

대한민국

현행 생명윤리법은 의생명 과학기술의 핵심 연구 분야인 인간 복제, 이종 간 착상, 배아의 생성·보존·폐기와 유전자 치료 및 검사 등에 관해 다음의 규정을 두고 있다.

먼저 법은 생식 목적의 인간 복제를 금지한다. 즉, 체세포복제배아 및 단성생식배아를 인간 또는 동물의 자궁에 착상시키거나, 착상된 상태를 유지하거나 출산하는 것을 금지한다.(제20조) 여기서 체세포복제배아란 핵이 제거된 인간의 난자에 인간의 체세포 핵을 이식하여 생성한 세포군을 말한다. 단성생식배아는 인간의 난자가 수정 과정 없이 세포 분열하여 발생하도록 처리해 생성한 세포군이다.(각각 제2조 제6, 8항과 제2조 제7, 9항)

반면, 법은 근이영양증과 그 밖에 대통령령으로 정하는 희귀·난치병의 치료를 위한 복제 연구는 허용한다.(제31조 제1항)[8] 복제 연구가 가능한 종류, 대상 및 범위는 국가위원회의 심의를 거쳐 대통령령으로 정하는데(제31조 제2항), 다음 세 가지 조건을 모두 충족해야만 연구가 허용된다. 즉, ①체세포복제배아 또는 단성생식배아를 생성해서, 이를 이용하여 배아줄기세포주를 수립하는 연구, ②난자 이용 요건을 충족하는 연구[9], ③발생학적으로 원시선(原始線)이 나타나기 전까지의 체세포복제배아 또는 단성생식배아를 체외에서 이용하는 연구가 그것이다.

다음으로 법은 이종 간 착상 등을 금지한다. 법은 인간의 배아를 동물의 자궁에 착상시키거나 동물의 배아를 인간의 자궁에 착상시키는 행위를 금지한다.(제21조 제1항) 법은 이종 간 수정도 원칙적으로 금지한다. 여기에는 ①인간의 난자를 동물의 정자로 수정시키거나 동물의 난자를 인간의 정자로 수정시키는 행위, ②핵이 제거된 인간의 난자에 동물의 체세포 핵을 이식하거나 핵이 제거된 동물의 난자에 인간의 체세포 핵을 이식하는 행위, ③인간의 배아와 동물의 배아를 융합하는 행위, 그리고 동종 간이라도 ④다른 유전정보를 가진 인간의 배아를 융합하는 행위 등이 있다.(제21조 제2항) 아울러 법은 이종 간 수정을 통해 생성된 배아를 인간 또는 동물의 자궁에 착상시키는 행위를 금지한다.(제21조 제3항) 그러나 법은 이종 간 수정을 예외적으로 허용한다. 즉, 생식 목적의 이종 간 수정은 엄격히 금지되나, 의학적으로 인간 정자의 활동성을 시험하기 위해 동물의 난자를 인간의 정자로 수정시키는 행위는 허용된다.(제21조 제2항 제1호)

현행 생명윤리법은 배아의 생성을 제한한다. 우선 체외에서 배아를 생성하는 것은 오직 임신을 목적으로 하는 경우에만 허용된다.(제23조 제1항) 따라서 연구나 치료에 쓰기 위해 배아를 생성하면 안 된다.[10] 임신을 목적으로 사용하고 남은 배아('잔여배아')는 원칙적으로 5년간 보존 후[11], 절차에 따라 폐기하거나 연구 목적으로 이용한다.(제25조 제1, 3항) 인간의 배아를 연구 목적으로 사용할 수 있는가는 윤리적으로 매우 어려운 문제이고, 개인이나 국가 간에 입장이 대립한다. 이에 대해 한국의 현행 생명윤리법은 인간배아 연구를 원칙적으로 허용하는 입장이다. 다만 여기에는 몇 가지 제한조건이 따른다. 먼저 연구는 보존기간이 지난 잔여배아에 한하며, 발생학적으로 원시선(原始線)이 나타나기 전까지만 체외에서 수행할 수 있다. 이때 연구 목적에도 제한이 따르는데 ①난임치료법 및 피임기술의 개발을 위한 연구, ②근이영양증, 그 밖에 대통령령으로 정하는 희귀·난치병의 치료를 위한 연구, ③그 밖에 국가위원회의 심의를 거쳐 대통령령으로 정하는 연구만이 허용된다.(제29조 제1항)

한편, 한국의 생명윤리법의 입법 방향을 보여주는 또 다른 문제로 유전자 치료와 유전자 검사에 관한 조항이 있다. 여기서 유전자 검사란 조직, 세포, 혈액, 체액, 염색체, 단백질 등의 인체 유래물로부터 유전정보를 얻는 행위로서 개인의 식별 또는 질병의 예방, 진단, 치료 등을 위해 실시하는 검사를 말한다. 유전자 치료는 질병의 예방 또는 치료를 목적으로 인체 내에서 유전적 변이를 일으키거나, 유전물질 또는 유전물질이 도입된 세포를 인체로 전달하는 일련의 행위를 말한다.(제2조 제15, 16조)

법은 유전자 치료를 금지하고 조건부로만 허용한다.(제47조 제1, 2, 3항) 먼저 배아, 난자, 정자 및 태아에 대한 유전자 치료는 어떠한 경우에도 엄격히 금지된다. 반면 인체(성체) 내에서 유전적 변이를 일으키는 일련의 행위에 해당하는 유전자 치료에 관한 연구는 다음 두 가지 조건을 모두 충족하는 경우에만 허용된다. 즉, ①유전질환, 암, 후천성면역결핍증, 그 밖에 생명을 위협하거나 심각한 장애를 불러일으키는 질병의 치료를 위한 연구와, ②현재 이용 가능한 치료법이 없거나 유전자 치료의 효과가 다른 치료법과 비교하여 현저히 우수할 것으로 예측되는 치료를 위한 연구가 그것이다. 한편, 인체 내에서 직접 유전적 변이를 일으키는 행위가 아니라, 인체 밖에서 제조된 유전물질 또는 유전물질이 도입된 세포를 인체로 전달하는 일련의 행위에 해당하는 유전자 치료는 방금 언급한 두 가지 조건 중 어느 하나에 해당하면 시행할 수 있다.

이렇듯 유전자 치료가 원칙적으로 금지되고 예외적으로만 허용되는 데 반해, 현행법에서 유전자 검사는 원칙적으로 허용되고 예외적으로 금지된다.(제50조 제 1, 2항) 즉, 법은 과학적 증명이 불확실하여 검사 대상자를 오도할 우려가 있는 신체 외관이나 성격에 관한 유전자 검사, 또는 그 밖에 국가위원회의 심의를 거쳐 대통령령으로 정하는 유전자 검사만을 금지한다.[12] 한편, 법은 유전자 치료와는 달리 배아 또는 태아를 대상으로 한 유전자 검사를 허용하는데, 다만 근이영양증이나 그 밖에 대통령령으로 정하는 유전질환을 진단하기 위한 목적에서만 그러하다.

미국

미국은 주(州)와 연방정부에서 각기 달리(독립적으로) 생명공학 연구를 규제한다. 먼저 각 주는 서로 다른 규제규범을 갖고 있다. 일례로 배아줄기세포 연구에 대한 규제는 주마다 달라서 규제 형태에 따라 허용형, 지침형, 금지형 주로 나뉜다.[13] 배아줄기세포 연구를 금지하는 주는 연구자금의 출처와 상관없이 민간자금에 의한 경우라도 주의 법에 의거하여 수정배아에서 유래하는 배아줄기세포의 생성을 원칙적으로 금지한다. 연구를 허용하는 주는 별도의

지침이 없고 연구가 프라이버시나 개인정보 보호 등 주 법의 일반 원칙을 따를 것만 요구한다.[14]

한편, 한국이 입법을 통해 생명공학 연구를 규제하는 데 반해, 미국은 문제를 연방정부 차원에서 형사법으로 접근하지 않고 대통령의 행정명령(Executive Order)에 근거한 국립보건원(NIH)의 지침(가이드라인)을 따른다. 국립보건원은 지침에 따라 연구비 지원 여부를 결정함으로써 연구를 규제한다. 그런데 국립보건원의 지침에 따라 연방정부 차원에서 규제하다 보니, 2000년 8월 클린턴 행정부에서 국립보건원 지침을 발표한 후로 역대 정부의 정치적, 이념적 성향에 따라 국립보건원 지침은 폐기와 수립을 거듭해 왔다. 마침내 2009년 3월 오바마 행정부는 전임 부시 행정부의 행정명령을 폐기하는 새 행정명령을 발표했고, 이에 따라 국립보건원의 지침도 새롭게 마련되었다.[15]

새 국립보건원 지침은 인간 복제, 이종 간 착상, 배아의 생성·보존·폐기와 유전자 치료 및 검사 등에 관해 다음의 규정을 두고 있다.[16]

먼저, 지침은 임신을 목적으로 생성되어 사용하고 남은 배아 이외의 출처에서 유래하는 인간배아줄기세포를 사용하는 연구를 국립보건원 자금 지원 대상에서 제외한다. 이러한 연구에는 체세포핵치환, 단성생식, 연구 목적으로 생성된 체외수정술 배아 등이 포함된다.

다음으로, 지침은 세포의 출처가 적법하더라도 인간과 동물의 유전형질을 섞는 키메라 연구에는 연방자금을 지원하지 않는다.

정책 제안 2 현행 생명윤리법의 쟁점과 개정 방향에 관한 시론(試論)

즉, ①인간배아줄기세포나 인간유도만능줄기세포를 초기 비-인간 영장류 배반포(non-human primate blastocysts)에 삽입하는 연구, ②인간배아줄기세포나 인간유도만능줄기세포가 생식계통에 개입되는 동물 번식과 관련한 연구 등에는 연구비를 지원하지 않는다.[17]

한편 지침은 배아 생성과 연구에 대한 규정을 두고 있다. 연구비가 지원되는 인간배아줄기세포 연구는 임신을 목적으로 한 체외수정술로 생성되어 사용하고 남은 것에 한한다. 즉, 연구를 위한 배아 생성은 금지한다. 여기서 지침은 인간배아줄기세포와 배아를 구분한다. 비록 인간배아줄기세포는 배아로부터 유래하지만 줄기세포 자체는 인간배아가 아니라는 것이다. 그래서 인간배아줄기세포 연구는 연구비 지원 대상이지만 인간배아를 파괴하는 행위, 즉 인간배아로부터 줄기세포를 수립하는 행위에는 연구비가 지원되지 않는다.

2015년 4월 28일 국립보건원장의 성명을 통해 국립보건원은 인간배아에 유전자 편집기술을 사용하는 경우 기금을 지원하지 않겠다고 밝혔다.[18] 이는 해당 기술이 생식계통 유전체에 변형을 일으켜서 다음 세대에 그들의 동의 없이 영향을 미치는 방식으로 심각하고 수량화할 수 없는 안전 문제와 윤리 문제를 초래할 수 있기 때문이다. 현재로선 배아에 유전자 가위 사용을 정당화하는 의학적 필연성은 없다는 것이다.[19]

영국

영국은 1990년 「인간 수정 및 발생에 관한 법률(Human Fertilisation and Embryology Act, HFEA)」을 제정하여 생명과학 분야를 규율해오다가 2008년 기존의 규제를 완화하는 쪽으로 법을 대폭 개정하였다.[20]

먼저 2008년 개정법은 생식 목적의 인간 복제를 금지한다. 즉, 허가된 배아 이외의 배아나 허가된 난자, 허가된 정자[21] 이외의 생식체(gametes)를 자궁에 착상시키는 행위를 금지한다. 그러나 배아복제 연구를 목적으로 복제배아 혹은 체세포핵이식을 통해 배아를 생성하는 것은 허용된다.[22]

다음으로 법은 인간에서 유래하지 않은 유전물질과 관련한 금지규정을 두고 있다.(4.4A) 법은 인간배아 이외의 배아나 인간생식체 이외의 생식체를 자궁에 착상시키는 것을 금지한다. 즉, 누구도 인간혼합배아(human admixed embryo)[23]나 인간배아가 아닌 다른 배아, 또는 인간생식체가 아닌 다른 생식체를 자궁에 착상시켜서는 안 된다. 그러나 법은 연구를 위한 이종 간 이식은 허용한다. 즉, 면허(licence)가 있는 상태에서 인간의 생식체를 동물의 생식체와 혼합하거나, 인간혼합배아를 제작하거나, 인간혼합배아를 보관 및 사용할 수 있다. 이때 인간혼합배아의 보관과 사용은 원시선(primitive streak)이 나타나기 전까지로 제한된다.

법은 생식을 보조하기 위해 시험관에서 배아를 만드는 것을 허용한다.[24] 이와 함께 인공수정을 위해 배아나 생식체를 입수, 보관, 테스트, 가공하거나 사용할 수 있다.[25] 또한 배아 생체검사

정책 제안 2 현행 생명윤리법의 쟁점과 개정 방향에 관한 시론(試論)

와 배아 보관이나 배아학적 기술에서 사람을 훈련시킬 목적으로 배아를 사용할 수 있고, 허가된 배아를 자궁에 이식할 수 있다. 여기서 주목할 만한 점 하나는 생식 목적뿐만 아니라 연구와 치료 목적으로 시험관에서 배아를 생성, 보관, 이용하는 것도 법에 의해 허용된다는 사실이다.[26]

한편, 영국의 인간 수정 및 배아국(Human Fertilisation and Embryology Authority)은 2016년 2월 1일, 세계 최초로 발생 초기의 인간배아에 유전자 편집기술을 적용하는 것을 허용했다. 당국은 유전자 편집기술인 CRISPR-Cas9 기술을 건강한 인간배아에 적용할 수 있도록 허가했다. 연구팀은 수정 후 처음 며칠간의 배아 발생을 연구하고자 했으며, 수정 후 7일 내에 연구를 중단하고 해당 배아를 파괴하기로 했다.[27]

독일

독일에서는 1990년 12월 13일 「배아보호법(Gesetz zum Schutz von Embryonen)」[28]이 제정되어 의생명 과학연구를 규율하고 있다.

먼저 법은 인간 복제를 엄격히 금지하는데, 생식 목적뿐만 아니라 연구 목적의 복제도 안 된다.[29]

다음으로, 법은 키메라나 잡종 형성을 처벌하는데, 인간 복제의 경우와 마찬가지로 생식 목적뿐만 아니라 연구 목적의 형성도 처벌한다.(제7조) 즉, ①최소한 1개의 인간배아를 사용하여 서로 다른 유전정보를 갖는 배아들을 세포결합체로 합치는 행위, ②인간배아를 배아세포와 다른 유전정보를 지니고 계속 분화할 수 있는 세포와 결합시키는 행위, ③동물의 정자로 사람의 난자를 수정하거나, 사람의 정자로 동물의 난자를 수정함으로써 분화할 수 있는 배아를 생산하는 행위를 금지한다. 나아가 위 세 가지 경우로 생성된 배아를 여자나 동물에 이식하는 행위도 처벌 대상이 되고, 인간배아를 동물에 이식하는 행위도 금지된다.

배아 사용과 관련해 법은 생식기술의 부당한 사용을 금지한다.(제1조) 그 부당한 사용에는 임신 이외의 목적으로 인공수정을 하는 행위(제1항 제2호, 제2항 제2호, 제2조 제2항), 배아를 다른 여자에게 이식하거나, 배아 보존 이외의 목적으로 사용하기 위해 배아가 자궁에 착상하기 전에 배아를 채취하는 행위(제1항 제6호), 그리고 출생 후 아이를 제3자에게 영구히 넘기려는 여자(대리모)에게 인공수정을 하거나 사람의 배아를 이식하는 행위(제1항 제7호) 등이 있다.

한편, 독일의회는 배아보호법과 별개로 2002년 6월 28일 「인간배아줄기세포의 수입 및 사용과 관련한 배아 보호 확보를 위한 법률(Gesetz zur Sicherstellung des Embryonenschutzes im Zusammenhang mit Einfuhr und Verwendung menschlicher embryonaler Stammzellen)」을 제정함으로써 인간의 존엄과 생명권을 존중하고 보호하는 동시에, 배아줄기세포 연구의 자유도 보장하려고 했다. 이 법은 우선 배아로부터 배아줄기세포를 수립하는 것을 금지하고(제1조 제2호), 배아줄기세포의 수입과 사용도 원칙적으로 금지한다.(제1조 제1호) 그러나 법이 제시한 요구조건을 충족할 경우[30], 연구 목적으로 배아줄기세포를 수입해 사용하는 것은 허용된다. 이렇듯 배아 사용은 엄격히 금지하면서 (독일 이외의 국가에서 수립된) 배아줄기세포를 수입해 연구에 사용하는 것은 허용하는, 언뜻 보기에 모순된 입법 태도는 배아와 배아줄기세포를 구분하는 데 근거한 것이다. 즉, 배아는 필요한 전제조건이 충족되면 스스로 분화할 수 있고 하나의 인간 개체로 발전할 수 있다. 그에 반해, (배아)줄기세포는 적절한 환경에서 세포 분열을 통해 자가 증식하는 능력을 가지고 있고 적합한 조건이 충족되면 스스로 또는 자세포를 통해 다양한 특정 세포로 발전할 수 있으나, 하나의 인간 개체로는 발전할 수 없는 세포인 것이다.(제3조 제1, 3호)

다시 배아보호법으로 돌아와서, 법은 인간생식세포의 인위적 변경을 금지한다. 즉, ①인간생식세포의 유전정보를 인위적으로 변경하거나, ②인위적으로 변경된 유전정보를 가진 인간생식세포를 수정에 사용하는 행위는 금지된다.(제5조 제1, 2항) 다만 법은 생식 목적이 아닌 연구 목적의 유전정보 변경을 예외적으로 허용한다. 즉, ①체외에 있는 생식세포의 유전정보를 인위적으로 변경하였으나 이를 수정에 사용하지 않는 경우, ②죽은 배아, 사람이나 사체로부터 신체에 고유한 생식세포를 채취하여 유전정보를 인위적으로 변경하였으나 이를 배아나 태아, 인간에게 이식하지 않는 경우, 이로부터 생식세포가 생성되지 않는 경우 등은 처벌되지 않는다.(제5조 제4항 제1, 2호)

국제줄기세포학회(International Society for Stem Cell Research, ISSCR)

국제줄기세포학회가 2006년 제정한 연구지침인 「인간배아줄기세포 연구를 위한 ISSCR 가이드라인(Guidelines for the Conduct of Human Embryonic Stem Cell Research)」[31]의 목적은 각국의 상이한 과학, 문화, 종교, 윤리, 법이 인간 발생 초기 단계에 대한 인식 및 인간배아와 배아줄기세포 연구의 수행방법에 영향을 미친다고 전제하고(2.1), 인간줄기세포 연구가 엄격한 연구윤리 기준에 맞춰 수행되도록 과학자의 책임을 강조하며, 전 세계 모든 인간줄기세포 연구자들이 준수해야 하는 일관된 연구 절차를 권고하는 데 있다.(2.3) 이에 가이드라인은 인간배아줄기세포 연구와 관련한 폭넓은 규제를 제안한다.

먼저, 가이드라인은 생식 목적의 인간 복제를 금지한다. 인간 개체 복제는 핵이식 또는 핵리프로그래밍을 통해 체외에서 생성된 인간배아를 자궁에 착상시켜 임신 혹은 출산하려는 행위다. 현재의 과학적, 의학적 안전에 관한 우려를 감안했을 때 인간개체를 복제하려는 시도는 금지되어야 한다는 것이다.(6.1) 그러나 가이드라인은 연구 목적의 인간복제배아 생성에 대해서는 따로 금지규정을 두고 있지 않아서, 결과적으로 연구를 허용하는 입장을 취하고 있다.(12.1b, 12.1e[32])

다음으로 가이드라인은 엄격한 심사요건[33]을 충족하면 인간 전능세포(human totipotent cells)나 전분화능 줄기세포(pluripotent stem cells)를 착상 전 단계의 인간배아와 융합시키는 연구를 허용하고 있다. 다만, 이런 실험은 어떠한 경우에도 체외에서 14일 이상 혹은 원시선 형성 시점 이후까지 발달을 진행시켜서는 안 된다. (10.2c) 가이드라인은 동종 간 융합실험을 허용하는 한편, 인간세포를 이용해 동물 키메라를 생성하는 연구도 허용한다.(10.2e) 가이드라인은 동물 키메라 연구가 긴 역사를 가지고 있고, 세포와 조직 및 기관의 기능을 이해하는 데 과학적으로 필수적이고 유효한 방법이며, 치료제를 평가하는 전임상 연구에서 핵심적인 사항임을 인정한다. 한편 가이드라인은 키메라 연구의 생물학적 위험성도 강조한다. 동물 발생 단계 초기에 인간 세포를 도입할수록 발생 과정에서 광범위하게 통합될 가능성이 커지기 때문에 일반적으로 대뇌피질이나 생식선의 키메라화가 가장 우려된다는 것이다. 가이드라인은 키메라 간 교배나 인간 또는 영장류 동물의 자궁에 이식하는 연구를 금지한다.(10.2e; 10.3b)[34]

3. 생명윤리법의 개정 방향과 범위

인간 복제, 이종 간 착상, 배아의 생성·보존·폐기와 유전자 치료 및 검사 등 인간 발생 초기와 관련한 한국과 몇몇 주요국의 법제는 앞서와 같다. 이제 각국의 법제를 문제 항목별로 비교, 대조해보면 국내법제의 위치가 더욱 분명하게 드러날 것이다.

인간 복제

복제양 돌리 이후 인간 복제의 원리적인 가능성은 확인되었으나, 한국을 포함해 현재 인간 복제를 개체 복제 차원에서 허용하는 나라는 없다.[35] 반면에 연구와 치료 목적의 복제 연구에 대한 규제는 나라마다 금지와 허용의 차이가 크다. 앞서 살펴보았듯이 미국 국립보건원은 체세포핵치환과 단성생식 등의 복제 연구를 국립보건원 자금 지원 대상에서 제외했고, 독일도 연구 목적의 복제를 금지하고 있다. 이렇게 연구 목적의 배아 복제까지 금지하는 나라가 있는 데 반해, 가령 영국의 경우에는 생식 목적의 인간 복제만 금지할 뿐, 연구 목적으로 복제배아 혹은 체세포핵이식을 통해 배아를 생성하는 행위는 자유로이 허용한다. 영국도 1990년 「인간 수정 및 발생에 관한 법률」을 제정할 당시에는 체세포핵이식을 금지했었지만, 2008년 법을 개정하면서 종래의 입장을 바꿔 연구의 길을 자유로이 열어주었다. 국제줄기세포학회도 이런 영국법의 실례(實例)를 따르고 있다.

인간 복제연구는 항시 생식을 목적으로 남용 또는 전용될 위험이 있다. 이런 이유로 복제연구를 자유로이 허용하는 국가들도 발생학적으로 원시선이 나타나기 전까지나 발생 후 '14일'로 연구를 제한하는 등의 규제를 병행하고 있다.[36] 이는 한국도 마찬가지다. 다만 국내 현행법은 복제연구의 목적에도 제한을 둠으로써 영국법이나 국제줄기세포학회의 가이드라인과 비교해볼 때, 국내의 복제연구가 더 제약적인 조건에서 진행되고 있다고 말할 수 있다.[37] 이를 표로 정리하면 다음과 같다.

표 1 인간 복제에 관한 각국의 입장

	복제연구 금지	복제연구의 예외적 허용 (연구 목적 제한)	복제연구 허용	생식 복제 허용
대한민국	×	○	×	×
미국 (국립보건원의 연구비 지원 여부)	○	×	×	×
영국	×	×	○	×
독일	○	×	×	×
국제줄기세포 학회	×	×	○	×

이종 간 수정 및 착상

이종 간 수정 및 착상에 대한 국가 간 입장은 대체로 인간 복제에 대한 입장과 일치한다. 다만, 미국 국립보건원이 최근 지침을 통해 그동안의 수정 금지에서 키메라 배아 연구에 대한 연구비를 지원하는 쪽으로 입장을 선회한 것이 특기할 만하다.

현재 이종 간 수정을 통해 생성된 배아를 자궁에 착상시키는 행위를 허용하는 국가는 없다. 반면 연구를 위한 이종 간 수정에 대한 입장은 나라마다 다르다. 의생명과학 연구에 대해 전통적으로 보수적인 입장을 견지해온 독일은 연구 목적의 이종 간 수정도 엄격히 금지하고 있다. 반면 영국과 국제줄기세포학회는 연구의 필요성을 인정하고 있으며, 영국에서는 면허 하에 그리고 원시선이 나타나기 전까지는 자유로운 연구가 허용된다.

앞서 언급했듯이 미국은 최근 들어 이종 간 수정연구를 지원하는 쪽으로 연방정부의 입장을 바꿨다. 이제 제한된 연구 범위 내에서 그리고 연구 과정을 모니터링한다는 조건 하에서 연구가 가능하게 되었다. 이종 간 착상뿐만 아니라 이종 간 수정도 원칙적으로 금지하는 한국에서는 이종 간 수정연구가 극히 제한된 범위에서만 가능하다. 즉, 법은 오직 의학적으로 인간 정자의 활동성을 시험하기 위한 경우로만 한정해서 예외적으로 이종 간 수정을 허용한다. 법이 연구를 원칙적으로 금지하고 있어서, 따로 예외규정을 두지 않은 그 밖의 연구는 처벌된다.(제66조 제1항 제2호) 이상을 정리하면 다음과 같다.

표 2 이종 간 수정 및 착상에 대한 각국의 입장

	수정 금지	수정의 예외적 허용 (연구 목적 제한)	수정 허용	착상 허용
대한민국	×	○	×	×
미국 (국립보건원의 연구비 지원 여부)	○ → ×	× → ○	×	×
영국	×	×	○	×
독일	○	×	×	×
국제줄기세포 학회	×	×	○	×

배아의 생성·보존·폐기

인간배아 연구는 생명윤리법 안에서도 국가별 입장 차이가 가장 큰 문제 영역이다. 임신을 위해 사용하고 남은 배아라 하더라도 배아를 파괴하는 한 연구를 엄격히 금지하는 입장에서부터 연구 목적의 배아 생성을 허용하는 입장까지 다양하다. 그 이유는 배아의 파괴로 인해 배아의 도덕적 지위 문제가 제기될 때 인간 복제나 이종 간 수정 및 착상의 문제와 비교해서 이 문제에 관한 국제사회의 보편적 합의가 그만큼 희박하고, 문제가 개별 국가의 가치의식에 더 크게 의존적이기 때문일 것으로 생각된다.[38]

미국 국립보건원과 독일은 배아 연구에 대해 가장 보수적인 입장을 견지하고 있다. 독일은 배아의 파괴를 수반하는 배아 연구를 금지한다. 미국 국립보건원은 이 연구에 연구비를 지원하지 않는다. 다만, 두 나라 모두 배아줄기세포 연구는 허용하고 있다. 배아줄기세포는 결국 배아로부터 최초 수립되므로, 독일은 외국으로부터 배아줄기세포를 수입하는 식으로, 미국은 외국으로부터 배아줄기세포를 수입하거나 민간자금의 연구기관에서 수립한 배아줄기세포를 받아 쓰는 식으로 연구를 진행한다. 한편, 영국은 배아 연구를 자유롭게 허용하고 있다. 잔여배아를 연구에 사용할 수 있을 뿐만 아니라 연구를 위해 배아를 생성, 보관, 이용하는 것도 허용된다는 점에서 가장 자유로운 연구환경을 조성하고 있다. 이에 비해 한국은 원칙적으로 배아 연구를 허용하지만, 연구를 특정 목적으로 한정함으로써 연구 범위를 제한하고 있다. 이를 정리하면 다음과 같다.

표 3 인간배아 사용에 대한 각국의 입장

	배아 연구 금지	배아 연구 예외적 허용 (연구 목적 제한)	배아 연구 허용	연구 목적 배아 생성 허용
대한민국	×	○	×	×
미국 (국립보건원의 연구비 지원 여부)	○ (배아줄기 세포 연구 허용)	×	×	×
영국	×	×	○	×
독일	○ (배아줄기 세포 연구 허용)	×	×	×
국제줄기세포 학회	각국의 법률과 규정에 따름[39]			

유전자 치료 및 검사

앞서 한국 정부가 유전자 치료에 관한 규제 완화를 추진 중이라고 밝혔지만, 실로 각국의 법제에 비추어보면 국내 관련법이 유전자 치료 및 연구에서 더 규제적이라는 사실이 드러난다. 먼저 국제줄기세포학회는 이 연구 분야와 관련해 특별한 지침을 내놓는 대신, 연구가 각국의 법률과 규정에 따를 것을 제안한다. 이는 배아 사용의 경우와 마찬가지로 이 분야에 대한 국제사회의 공통 규범이 상대적으로 희박하다는 점과, 그만큼 각국의 재량 범위가 넓다는 점을 의미하는 것으로 생각된다. 다만, 현재까지 생식체나 배아 유전자를 인위적으로 조작한 후에 임신 및 출산하는 것만은

국제사회가 한 목소리로 규탄하고 있다.[40]

앞서 고찰했듯이 한국은 인간 발생 초기 단계에 대한 어떠한 유전자 치료도 금지하고 있으며, 성체 내에 유전적 변이를 일으키는 일련의 행위도 몇 가지 경우로만 제한, 허용하고 있다. 유전자 검사만 비교적 자유로이 허용하고 있는 편이다. 반면 영국은 배아 등에 대한 유전자 검사가 자유로울뿐더러, 최근 들어서는 발생 초기의 인간배아에 대해 연구 목적의 유전자 편집도 허용하여 기술 개발의 기반을 마련했다. 여기서 특기할 점은 독일과 미국 국립보건원의 입장이다. 독일은 생식 목적이 아닌 한 유전정보 변경을 처벌하지 않음으로써 유전자 편집기술 개발의 길을 실질적으로 보장하고 있다. 미국 또한 최근 들어 영국과 독일의 경우를 뒤쫓고 있다. 이상의 내용을 정리하면 다음과 같다.

표 4 인간배아 유전자 검사 및 치료(편집)에 대한 각국의 입장

	유전자 검사의 예외적 허용 (검사 목적 제한)	유전자 검사 허용	유전자 편집 허용 (연구 목적)	임신 및 출산 허용
대한민국	○	×	×	×
미국 (국립보건원의 연구비 지원 여부)			× → ○	×
영국	×	○	○	×
독일	×	○[41]	○	×
국제줄기세포 학회	각국의 법률과 규정에 따름			

4. 기술경쟁 시대의 입법 방향

오늘날 의생명 과학기술과 관련한 입법의 핵심 난제는 인류의 복리 후생을 위한 의료기술 개발과 이 과정에서 야기되는(야기될지도 모를) 인간 존엄의 침해로부터 사회를 보호한다는 두 가지 목표를 양립 가능하도록 뒷받침하는 데 있다. 여기서 입법이 추구해야 할 목표는 인간 존엄의 침해를 최소화하면서 기술 개발의 여건을 적극적으로 마련해주는 것이다. 그런데 서두에서도 언급했듯이 인간 존엄의 침해가 구체적으로 무엇을 의미하는지에 대한 국제사회 일반의 공통된 인식이 부재하는 실정이다. 한국의 경우에도 차후의 입법과 기존 생명윤리법을 개정하기 위해 이 문제에 대한 사회적 합의의 마련이 절실한 상황이다. 이런 맥락에서 외국의 법제를 국내법과 비교, 분석해보는 것은 기술경쟁의 시대에 안전하고 유효한 기술 개발을 뒷받침할 만한 법적 장치를 배운다는 의미가 있다. 아울러 저들의 입법 판단(이 경우 도덕 판단)과 국내법을 대조해봄으로써 도덕적 측면에서 합리적인 입법의 계기를 마련한다는 의미도 있다.

몇몇 선진적인 국가들의 법제를 한국의 것과 비교해본 결과, 개별적인 문제들에 대한 각국의 입장은 연구 개발에 보수적인 입장에서부터 적극적인 입장까지 그 스펙트럼이 매우 넓다는 것을 알았다. 국내의 현행 법규범은 대체로 두 입장의 중간 혹은 상대적으로 보수적인 입장에 가깝다는 점 또한 확인할 수 있었다. 이로써 국내법을 영국이나 국제줄기세포학회처럼 연구 개발을 더욱 뒷받침하는 방향으로 개정할 수 있는 가능성이 확인되었다.

현행 생명윤리법은 제3조에서 '기본 원칙'의 하나로 "생명윤리
와 안전을 확보하기 위하여 필요한 국제 협력을 모색하여야 하고,
보편적인 국제기준을 수용하기 위해 노력하여야 한다."고 규정하
고 있다.(제3조 제6항) 앞서의 비교 고찰을 통해 이러한 국제기준의
대략적인 범위가 확인되었다면, 이제 이 범위 안에서 정책 방향과
입장을 결정하는 것은 우리 몫이다. 이를 위해 가장 시급한 것은
문제에 대한 사회적 합의를 끌어내는 일이며, 현 정부의 정책도
우리 사회 일반의 합의란 관점에서 비판, 평가되어야 할 것이다.

주석

1장

1 에드워드 프레드킨의 말. Ray Kurzweil, *The Age of Intelligent Machines*(MIT Press, 1990), p.189 참조.

2 James Barrat, *Our Final Invention: Artificial Intelligence and the End of the Human Era*(New York: Thomas Dunne Books St. Martin's Griffin, 2013), p.17.

3 James Barrat, 앞의 책.

4 Max Tegmark, *Life 3.0: Being Human in the Age of Artificial Intelligence* (New York: Knopf, 2017); 백우진 옮김, 『맥스 테그마크의 라이프 3.0 ─ 인공지능이 열어갈 인류와 생명의 미래』(동아시아, 2017), 49면, '라이프 1.0' ─ '라이프 2.0' ─ '라이프 3.0' 개념 참조.

5 김재희, 『시몽동의 기술철학 ─ 포스트휴먼 사회를 위한 청사진』(아카넷, 2017), 206면 이하 참조.

6 백종현, 『이성의 역사』(아카넷, 2017), 77면 이하 참조.
    물론 자연본성(성향, 경향성)과 이성의 구별에 대한 강력한 반론들도 주목해야 한다. ─ Hilary Putnam, *Ethics without Ontology*(2004); 홍경남 옮김, 『존재론 없는 윤리학』(철학과현실사, 2006), 48면 이하 참조.

7 John Bryant · L. B. la Velle · J. Searle, *Introduction to Bioehtics*(John Wiley & Sons, 2005), p.58 이하 참조.

8 Richard Dawkins, *The Selfish Gene*(1976), Oxford 2006(30th anniversary edition), p.10.

9 Aristoteles, *Politica*, 1332a-b.

10 Diogenes Laertios, *Vitae philosophorum*, VII, 39 참조.

11 백종현, 앞의 책, 54-55면 참조.

12 David Hume, *A Treatise of Human Naure*, L. A. Selby-Bigge 원편, P. H.

Nidditch 재편, Oxford²(1978), III, 1, p.457.

13 David Hume, 앞의 책, pp.469~470.

14 사실과 당위의 이러한 구별에 관한 이의 제기에 대해서는 Hilary Putnam, *The Collapse of the Fact/Value Dichotomy and Other Essays*(2002); 노양진 옮김, 『사실과 가치의 이분법을 넘어서』(서광사, 2010), 37면 이하도 참고할 만하다.

15 Robert Hinde, *Why Good Is Good: The Sources of Morality*(London: Routledge, 2002), p.13.

16 Owen Flanagan, *The Really Hard Problem: Meaning in a Material World*(MIT Press, 2007), p.126.

17 Willie Thompson, *Work, Sex and Power: The Forces that Shaped Our History*(London: Pluto press, 2015); 우진하 옮김, 『노동, 성, 권력』(문학사상, 2016), 210면 이하 참조.

18 Kant, *Kritik der praktischen Vernunft*[*KpV*], A53=V30.

19 Mark Johnson, *Morality for Humans-Ethical Understanding from the Perspective of Cognitive Science*(The University of Chicago Press, 2014), pp.52~53.

20 어떤 이들은 '인공생명'을 구현하여 생명 과정에서 발생하는 모든 법칙을 물리적으로 시현함으로써 '창발적' 계기를 포함할 수밖에 없는 생물학적 진화론의 약점을 피하고자 한다. 이에 관해서는 김재희, 앞의 책, 215면 이하 참조.

21 Kant, 앞의 책, A54=V30.

22 Kant, *Grundlegung zur Metaphysik der Sitten*[*GMS*], B66 이하=IV429.

23 Kant, *Metaphysik der Sitten*[*MS*], Rechtslehre[*RL*], AB34=VI231.

24 도덕철학의 과제는 도덕규범의 원천 탐구에 있다. 도덕철학의 핵심 문제는 인간이 어떻게 도덕 행위를 하는지의 행위 기제나 방식을 설명하는 일이 아니고—그런 일은 심리학이나 생리학 또는 사회학에서 할 것이다—.행위를 규제하여 도덕적이도록 하는 그 원리, 이루어진 행위에 대한 도덕적 가치판단의 척도가 되는 규범 원리의 원천이 무엇인지를 해명하는 일이다.(이에 대한 반론은 Wallach·Allen, *Moral Machines*, p.178 이하 참조) 그 맥락에서 선험적인 도덕 원리라는 것이 도무지 없다는 결론에 이르면, 이제 더 이상 도덕

'철학'이 할 일은 없다. 도덕의 문제는 발단부터 종국까지 경험과학의 문제일 것이기 때문이다. 진리를 인식하는 문제에서도 만약에 인식의 선험적 원리라는 것이 도대체가 있지 않다는 결론에 이르면, 철학적 인식론이 할 일은 없다. 인식의 문제 역시 심리학이나 생리학, 곧 과학의 문제일 것이기 때문이다. 그런 국면에서도 '철학자'로 호칭되는 이가 '진리'니 '선'이니 하는 개념을 가지고 무엇인가 사변을 한다면, 그는 인식론이나 도덕철학을 펴고 있는 것이 아니라, 언어분석 작업, 기껏해야 '개념의 명료화' 작업을 하고 있는 것이다. 그래서 어떤 이는 '철학'을 개념의 명료화 작업이라고 정의하기조차 한다. 이러한 연관에서 볼 때 종교의 시대에 철학이 속칭 신학의 시녀였듯이, 물질의 시대에 철학은 과학의 시녀로 자리매김한다.

25 Deborah G. Johnson, "Computer Systems—Moral Entities but Not Moral Agents", in M. Anderson·S. L. Anderson(eds.), *Machine Ethics*, p.168.

26 Wallach·Allen, 앞의 책, p.202 이하 참조.

27 Irving John Good, "Speculations Concerning the First Ultraintelligent Machine", *Advances in Computers*, vol. 6(1965), p.33.

28 Kant, 앞의 책, AB33＝VI230.

29 《성서》, 「마태오복음」 7, 12.

30 『論語』, 顔淵 2.

31 『論語』, 雍也 28.

32 Laurent Bègue, *Psychologie du bien et du mal*(Paris: Odile Jacob, 2011); 이세진 옮김, 『도덕적 인간은 왜 나쁜 사회를 만드는가』(부키, 2013), 310면.

2장

1 신상규, 『호모 사피엔스의 미래―포스트휴먼과 트랜스휴머니즘』(아카넷, 2014), 104쪽.

2 트랜스휴머니스트들을 상대로 설문조사를 한 결과, 818명의 응답자 중에 23.8%가 불멸을 원하지 않았는데, 그 이유 중 일부는 따분함, 지루함 때문이었으며 또한 지구의 인구 과잉과 사후세계에 가고자 하는 욕망 때문이었다고

한다. ―이혜영·안지현·유수연·김예원, 『트랜스휴머니즘과 포스트휴머니즘』 (한국학술정보, 2018), 46쪽 이하 참조.

3 Jeffrey P. Bishop, "Transhumanism, Metaphysics, and the Posthuman God", *The Journal of Medicine and Philosophy: A Forum for Bioethics and Philosophy of Medicine*, Volume 35, Issue 6(December 2010), p.701 이하 참조.

4 Robert Spaemann, *Philosophische Essays*(Stuttgart: 1994), p.235 이하 참조.

5 유발 하라리, 조현욱 옮김, 『사피엔스』(김영사, 2015), 153·196쪽 참조.

6 마크 오코널, 노승영 옮김, 『트랜스휴머니즘』(문학동네, 2018), 155쪽(번역을 약간 수정했음).

7 니체, 임수길 옮김, 『반시대적 고찰』(청하, 1982), 112쪽 참조.

8 신상규, 앞의 책, 43쪽.

9 신상규, 앞의 책, 48쪽.

10 신상규, 앞의 책, 49쪽.

11 신상규, 앞의 책, 49쪽.
"인간의 정신능력에 버금가는 실제의 인공지능이 현실로 등장하기까지"라는 말에서 볼 수 있듯이, 신상규는 인공지능이 아직 인간의 정신능력에 못 미친 다고 보고 있는 것 같다. 인공지능이 어떤 면에서 인간의 정신능력에 못 미치 는지에 대해서는 신상규가 분명히 밝히고 있지 않지만, 아마도 신상규는 인 공지능이 지능 측면에서만 볼 때는 인간보다 뛰어나지만 아직 감정이나 윤리 의식 등을 갖추지 못한다는 점에서 인간의 정신능력에 버금가지 못한다고 말 하는 것 같다. 이러한 사실은 신상규의 다음과 같은 말에서도 추측할 수 있다. "만일 로봇들도 고통을 느끼거나 그에 준하는 감정 상태를 경험할 수 있고, 인간과 유사한 지성적 사유능력을 갖고 있으며, 더 나아가 자신의 삶을 계 획하고 욕망하며, 타자에 대해 사랑이나 미움 같은 감정을 느끼고 반응하는 존재들이라면, 그것들의 도덕적 지위나 권리를 부정할 이유는 없어 보인다." ―신상규, 앞의 책, 52쪽 이하.
신상규의 이러한 주장에 반해 나는 졸고 「인간과 인공지능의 미래: 인간과 인공지능의 존재론」(《현대유럽철학연구》 50집)에서 계산적인 지능만 놓고 보 더라도 인공지능과 인간 지능의 작동 방식은 근본적으로 서로 다르기 때문에 인공지능이 인간처럼 될 수 없다는 점과, 만약에 인공지능이 인간처럼 될 경우에 초래될 문제점과 위험에 대해 상세하게 논하였다.

12 마크 오코널, 앞의 책, 96쪽 참조.

13 마크 오코널, 앞의 책, 96쪽 참조.

14 마크 오코널, 앞의 책, 207쪽 참조.

15 마크 오코널, 앞의 책, 84쪽에서 재인용.

16 마크 오코널, 앞의 책, 84쪽 참조.

17 인간의 정신을 인공적인 물질에 업로드하는 과정은 다음과 같다고 한다.
"첫째, 가장 먼저 도입되는 기술, 또는 기술의 조합(나노봇, 전자현미경 등)을 통해 뇌에서 관련 정보—신경세포, 끊임없이 가지를 치는 신경세포 간 연결, 의식이라는 부산물을 생산하는 정보처리 활동—를 스캔한다. 다음으로 이 스캔 데이터를 청사진 삼아 뇌의 신경망을 재구성하고, 뒤이어 계산 모형으로 변환한다. 마지막으로 이 모든 과정을 제3의 비(非)육신 기질에 에뮬레이팅한다. 이 장치는 슈퍼컴퓨터일 수도 있고, 체화 경험을 재생산·확장하는 휴머노이드 기계[……]일 수도 있다."—마크 오코널, 앞의 책, 78쪽.
뇌를 어떻게 스캔할 수 있는지가 문제가 될 터인데, 트랜스휴머니즘은 고도의 입체현미경 기술을 가지고 뇌를 3차원의 초고해상도로 스캔할 수 있을 것이라고 본다.—마크 오코널, 앞의 책, 81쪽 참조.

18 전통적인 이원론의 극단은 그노시즘(Gnosticism, 영지주의)이라고 할 수 있다. 그노시즘에 따르면 영혼은 선한 신에 의해 창조된 것인 반면에 신체는 악한 신에 의해 창조된 것이어서, 우리는 거룩한 영혼을 가졌지만 악한 육신에 갇혀 있다. 트랜스휴머니즘에 인간 신체의 불완전성에 대한 불만이 극단적으로 나타나고 있다는 점에서 일부 연구자들은 트랜스휴머니즘을 이러한 그노시즘적인 사고방식의 변형이라고 본다.—마크 오코널, 앞의 책, 93쪽 참조.
다른 한편으로 트랜스휴머니즘은 인간의 정신을 추상적인 정보패턴으로 보고 인간의 몸은 그것을 담지하는 물리적인 것으로 간주한다는 점에서 데카르트적인 이원론의 연장이라고도 할 수 있다.—이종관, 「테크노퓨처리즘과 네오휴머니즘의 대결, 그리고 그 화해를 향하여—트랜스휴머니즘, 인공생명, 하이데거를 중심으로—」, 《철학과 현상학 연구》 59집(2013), 40쪽 이하 참조.
나아가 트랜스휴머니즘은 정신과 몸의 이원론뿐만 아니라 세계를 참된 세계와 가상의 세계로 나누는 형이상학적인 이원론에도 빠져 있다고 할 수 있다. 트랜스휴머니즘은 세계는 결국 수학적인 알고리즘으로 표현할 수 있는 정보로 구성되어 있다고 본다. 우리가 육안으로 지각하는 세계는 이러한 참된 세계의 희미한 반영일 뿐이다. 트랜스휴머니즘은 그러한 정보는 우리의 육안이 아니라 순수한 지성에 의해서만 파악될 수 있으며, 따라서 우리 인간의 참된 본질이라고 할 수 있는 지능이 최고의 수준에 도달하기 위해서라면 육신은 사라져도 좋다고 본다. 물론 인간은 이원론적인 형이상학이 말하는 순수 영혼으로 존재하지 않고 거대한 초고속 슈퍼컴퓨터에 업로드되어 있는 정보 패턴으로서 존재하게 된다. 그렇다 하더라도, 트랜스휴머니즘은 세계를 순수한 정신에 의해서만 파악되는 참된 세계와 육신에 의해서 지각되는 거짓된 세계로 나누는 형이상학적인 이원론의 변형이라고 할 수 있다.

19 마크 오코널, 앞의 책, 19쪽 참조.

20 마크 오코널, 앞의 책, 39쪽.

21 마크 오코널, 앞의 책, 45쪽.

22 마크 오코널, 앞의 책, 46쪽 이하.

23 마크 오코널, 앞의 책, 71쪽.

24 에리히 프롬, 『희망이냐 절망이냐』(종로서적, 1983), 209쪽에서 재인용.

25 에리히 프롬, 앞의 책, 217쪽.

26 이종관, 앞의 글, 13쪽 참조.

27 마크 오코널, 앞의 책, 9쪽 참조.

28 The Body as Gift, "Resource or Commodity? Heidegger and the Etics of Organ Transplantation", *Bioethical Inquiry*(2010. 07), p.169 참조.

29 마크 오코널, 앞의 책, 96쪽.

30 M. Heidegger, *Grundbegriffe der Metaphysik*, 전집 29/30권, p.312 참조.

31 M. Heidegger, 앞의 책, p.319 참조.

32 M. Heidegger, 앞의 책, p.327 참조.

33 "최근 연구에 따르면 가드너 세이셸 개구리는 청각기관이 없는 것으로 알려졌지만 듣는 능력은 있는 것으로 밝혀졌다. 연구에 따르면 이들은 머리와 입을 통해 소리를 인식한다."—이종관, 앞의 글, 29쪽.

34 하대청, 「슈퍼휴먼이 된 장애인: 〈아바타〉, 트랜스휴머니즘, 교정의 명령」,

한국포스트휴먼연구소·한국포스트휴먼학회 편저, 『포스트휴먼 시대의 휴먼』 (아카넷, 2016), 66쪽 참조.

35 Gavin Rae, "Heidegger's influence on postmodernism: The destruction of metaphysics, technology and the overcoming of anthropocentrism", *History of the Human Sciences*, Vol. 27(2014), p.170 참조.

36 Fredrik Svenaeus, "What is an organ? Heidegger and the phenomenology of organ transplantation", *Theor Med Bioeth* 31(2010), p.194 참조.

37 이런 맥락에서 백종현도 이렇게 말하고 있다. "'두뇌의 어떤 부분이 손상되면 마음에 어떤 변화를 가져온다는 사실'이 곧 마음이 두뇌작용에 불과함을 뜻하는 것은 아니다. 마음의 표현은 두뇌활동을 매개로 해서 드러나지만, 그렇다고 마음이 곧 두뇌활동이라고 단정할 수 없기 때문이다."—백종현, 「포스트휴먼 사회와 휴머니즘 문제」, 한국포스트휴먼연구소·한국포스트휴먼학회 편저, 『포스트휴먼 시대의 휴먼』(아카넷 2016), 91쪽.

38 마크 오코널, 앞의 책, 86쪽 이하 참조.

39 E. Cassirer, *Philosophie der Symbolischen Formen, Dritter Teil: Phänomenologie der Erkenntnis*(Darmstadt: 1994), p.84 참조.

40 E. Cassirer, 앞의 책, p.78 참조.

41 E. Cassirer, 앞의 책, p.135 참조.

42 E. Cassirer, 앞의 책, p.510 참조.

43 E. Cassirer, 앞의 책, p.544 참조.

44 이런 맥락에서 박승억도 이렇게 말하고 있다.
    "계산주의 모델이든 신경망 모델이든 혹은 통속 심리학적 모델이든 현상학적 심리학의 모델이든 어느 하나가 인간의 의식이나 마음을 남김없이 설명함으로써 모종의 배타적인 권리를 갖는 것이 아니라, 그 각각이 의식이나 마음의 특정 현상들을 설명하는 부분적인 설명 모델이라는 것이다."—박승억, 「인지과학과 현상학적 심리학」, 《철학과 현상학 연구》 32권(2007), 82쪽.

45 Ciano Aydin, "The Posthuman as Hollow Idol: A Nietzschean Critique of Human Enhancement", *Journal of Medicine and Philosophy*, Volume 42(2017), p.318 이하 참조.

46 그 결과 유발 하라리가 말하듯이 미래에도 로봇과 인간 사이의 갈등보다는

"알고리즘으로 증강된 소수의 슈퍼휴먼 엘리트와 무력해진 다수 하위 계층의 호모 사피엔스 간 갈등"이 더 큰 문제가 될 것이다. —유발 하라리, 전병근 옮김, 『21세기를 위한 21가지 제언—더 나은 오늘은 어떻게 가능한가—』(김영사, 2018), 370쪽.

47 마크 오코널, 앞의 책, 185쪽 참조.
두뇌와 신체의 변형기술들에 관한 많은 연구가 미국과 미국 동맹국들의 슈퍼 솔저(supersoldiers)들을 위해 미국 국방부에서 후원하여 진행되었으며, 미국의 군 과학자들은 전투를 위해 잠을 자지 않고 최대 168시간 동안 견딜 수 있는 능력증강 방법을 연구하고 있다고 한다. —이혜영·안지현·유수연·김예원, 『트랜스휴머니즘과 포스트휴머니즘』(한국학술정보, 2018), 70쪽 이하 참조.

48 로랑 알렉상드르·장 미셸 베스니에, 양영란 옮김, 『로봇도 사랑을 할까—트랜스휴머니즘, 다가올 미래에 우리가 고민해야 할 12가지 질문들』(갈라파고스, 2016), 99쪽 참조.

49 트랜스휴머니스트들은 "삶은 유한하기에 의미가 있다든가 영원히 사는 것은 지옥 같은 일이다."와 같은 논리는 "황당할 만큼 유치하고 어리석은" 합리화라고 본다. 그들에게 죽음은 우리를 사로잡고 고문하는 것이며, 죽음이 유의미하다고 보는 사람은 죽음에 대해 일종의 스톡홀름 증후군을 겪고 있다는 것이다. —마크 오코널, 앞의 책, 257쪽 참조.
이에 반해 장 미셸 베스니에는 죽음이 갖는 의의에 대해 이렇게 말한다. "우리가 문화(죽음이 더 이상 존재하지 않는다면 회화, 음악, 문학 등, 그 어떤 예술작품이 태어날 수 있겠습니까?)와 공동체적인 삶(우리 각자가 불멸의 존재로서 자급자족하게 된다면 여럿이 같이 살 필요가 있을까요?)이라는 상징적인 삶의 발현 속에서 생활할 수 있는 것은 오롯이 죽음 덕분입니다. 불멸은 욕망의 죽음과 다르지 않습니다. 상대의 부재를 애달파하거나 절대적인 결합을 갈망하는 이유 따위가 다 하찮게 여겨지기 때문이죠."—로랑 알렉상드르·장 미셸 베스니에, 앞의 책, 107쪽.
"[……] 정신분석가 자크 라캉은 어떻게 해서 죽음이 우리를 살도록 도울 수 있으며, 왜 끝이 없으면 삶이 끔찍해질 수 있는지를 설명했습니다. 정신분석은 우리에게 구속이 없다는 것이 얼마나 큰 불안감의 원천이 될 수 있는지를 가르쳐주었습니다. [……] 여기서 한 가지 확실한 건, 정신과 의사는 분명 미래에도 살아남을 직업이라는 점입니다!"—로랑 알렉상드르·장 미셸 베스니에, 앞의 책, 208쪽.

드레이퍼스 역시 우리가 생물학적 몸에서 벗어나 불사의 존재가 되면 "우리는 적절성에 대한 감각, 기량을 습득할 능력, 현실이 가지는 저항성에 대한 감각, 최대한 유의미한 헌신을 하는 능력, 그리고 삶에 진지한 의미를 주는 신체화된 기분을 잃어버릴 것"이라고 말한다.—휴버트 드레이퍼스, 최일만 옮김, 『인터넷의 철학』(필로소픽, 2015), 26쪽 이하; Pederson, Hans, "Heidegger and Korsgaard on Death and Freedom: The Implications for Postmodernism", *Human Studies*, Volume 39, Issue 2(May 2016), p.269 참조.

50 Michael E. Zimmerman, "Last Man or Overman? Transhuman Appropriations of a Nietzschean Theme", *The Hedgehog Review*(Summer 2011), p.33; Ciano Aydin, "The Posthuman as Hollow Idol: A Nietzschean Critique of Human Enhancement", *Journal of Medicine and Philosophy*, Volume 42(2017), p.318; Mariano Rodríguez, "Book Review of Nietzsche and Transhumanism. Precursor or Enemy?", Yunus Tuncel(ed.), *Logos, Anales del Seminario de Metafísica*, 51(2018), p.410 참조.

51 Elaine Graham, "'Nietzsche gets a Modem': Transhumanism and the Technological Sublime", *Literature & Technology*, Vol. 16, No. 1(March 2002), p.76 참조.

52 Miloš Agatonović, "The Case of Transhumanism: The Possibility of Application of Nietzsche's Ethics and Critique of Morality Today", *Philosophy and Society*, Vol. 29, No. 3(2018), p.432.

3장

1 존 어리, 『모빌리티』(아카넷, 2014).

2 "따라서 교육해야 할 후손들에게 미지의 상태를 대비시켜줄 교육학이 필요하다. 그런 교육학에서는 우리에게 친숙한 모름, 정보 수요는 중요하지 않다.

그런 교육학은, 더 많은 정보는 인지적인 수용능력을 곧바로 초과할 것이기 때문에, 즉 더 이상 지식으로 변환될 수 없을 것이기에, 부족한 정보로 버텨야 한다는 통찰이 중요하기는 하다. 하지만 이보다 중요한 통찰은 미래의 미지 상태가 하나의 자원이라는 점이다. 즉, 결정을 내리게 될 가능성의 조건이라는 것이다. 그 통찰의 결과는 '앎'의 학습이 '결정함'의 학습, 즉 '모름'의 최대 활용으로 대체되어야 할 것이라는 점이다."—니클라스 루만, 이철·박여성 옮김, 『사회의 교육체계』(이론출판, 2015), 252쪽.

3 장준호, 「아리스토텔레스의 정치철학」, 《OUGHTOPIA》, 26(1)(2011).

4 알렉산드라 뤼테로, 박현준 옮김, 「디지털 기술이 이끄는 시민정치」, 《이코노미인사이트》 85호(2017.06.01), http://www.economyinsight.co.kr/news/articleView.html?idxno=3588.

5 한국 정치벤처 와글(http://www.wagl.net/).

6 박충식, 「소셜 머신 또는 사회적 기계」, 《이코노믹리뷰》(2018.11.01), http://www.econovill.com/news/articleView.html?idxno=348436.

7 김재희, 「발명 개념에 대한 철학적 탐구」, 《철학연구》 112(2016), 175쪽.

8 김익현, 「스피노자와 매체: 스피노자의 윤리학과 정치학을 중심으로」, 《시대와 철학》 14(1)(2003), 88쪽.

9 이지영, 「스피노자: 언어의 힘과 공동체」, 《철학연구》 126(2013), 295쪽.

10 박기순, 「스피노자에서 언어와 정치」, 《시대와 철학》 18(2)(2007), 219쪽.

11 양현정, 「신수사학과 데카르트 철학—카임 페렐만의 관점에서 바라본 데카르트의 철학」, 《수사학》 12(2010.03), 159쪽.

12 Brynjolfsson, Erik·Andrew Ma Afee, "Race research gainst The Machine", Research Brief, A major research initiative at the MIT Sloan School of Management(MIT center for Digital Business, 2012).

13 박상돈, 「헌법상 자동 의사결정 알고리즘 설명 요구권에 관한 개괄적 고찰」, 《헌법학연구》 제123권 제13호(2017.09).

14 권중혁, 「"저는 '인간' 정치인과는 다릅니다." 뉴질랜드 AI 정치인 등장」, 《국민일보》, 2017.11.26, http://news.kmib.co.kr/article/view.asp?arcid=0011932469.

4장

1 사실 포스트휴먼에 관한 논의에는 트랜스휴머니즘, 비판적 포스트휴머니즘 등의 여러 갈래가 있다. 이 글에서 주로 논의하는 대상은 인간과 기계의 존재론적 결합을 통한 인간 향상(human enhancement)을 도덕적 목적으로 삼으려는 트랜스휴머니즘의 한 갈래다. 포스트휴먼과 포스트휴머니즘에 관한 다양한 논의를 다루는 책들이 많이 나와 있지만, 아래의 책들이 도움이 된다. Pramod K. Nayar, *Posthumanism*(Polity Press, 2014); 로지 브라이도티, 이경란 옮김, 『포스트휴먼』(아카넷, 2015·2013); 한국포스트휴먼연구소·한국포스트휴먼학회 편저, 『포스트휴먼 시대의 휴먼』(아카넷, 2016).

2 Lucy Suchman, *Human-Machine reconfigurations: Plans and situated actions* 2nd edition(Cambridge University Press, 2007), p.240.

3 이상욱, 「인공지능의 한계와 일반화된 지능의 가능성: 포스트휴머니즘적 맥락」, 《과학철학》 12(1)(2009), 49-70쪽.

4 John Carson, "The Culture of Intelligence", *The Cambridge history of science*, vol.7, Theodore M. Porter and Dorothy Ross eds.(Cambridge University Press, 2003).

5 Harry M. Collins, "Expert systems and the science of knowledge", in *The social construction of technological systems*, Wiebe E. Bijker, Thomas Parke Hughes, Trevor Pinch eds.(The MIT Press, 2012).

6 심지어 이렇게 한정된 의미의 지능이 인간의 능력을 평가하는 척도가 되어, 지능에 따라 인간을 위계화하는 것이 마치 공정한 일인 듯 여겨지고 있다. —Freedman, David H., "The War on Stupid People", The Atlantic(2016) 참조, https://www.theatlantic.com/magazine/archive/2016/07/the-war-on-stupid-people/485618/(검색일 2018.10.02).

7 백종현, 「인공지능의 출현과 인간 사회의 변동」, 한국포스트휴먼연구소·한국포스트휴먼학회 편저, 『포스트휴먼 시대의 휴먼』(아카넷, 2016).

8 Lucy Suchman·Jutta Weber, "Human—machine autonomies." In N. Bhuta·S. Beck·R. Geiβ·H. Liu·C. Kreβ eds., *Autonomous Weapons Systems: Law, Ethics, Policy*(Cambridge: Cambridge University Press,

2016), pp.75-102.

9 Lucy Suchman · Jutta Weber, 앞의 글.

10 Stuart J. Russel · Peter Novig, *Artificial Intelligence: A Modern Approach* 3rd ed.(Pearson Education, Inc, 2010).

11 인공지능 연구자뿐만 아니라 포스트휴먼을 연구하는 인문학자 또한 새로운 자율적 존재를 정의하려고 한다. 포스트휴먼 이론가인 캐서린 헤일즈는 무인 비행기들이 의식(consciousness)은 없어도 인지(cognition)는 할 수 있다고 본다. 이들은 선택적으로 인지할 수 있는 능력을 가지고 있으며 프로그램화된 선택을 하지만, 환경 변화에 따른 예상 불가능성을 늘 내포하고 있다. —Katherine. Hayles, N. "The Cognitive nonconscious: Enlarging the mind of the Humanities," *Critical Inquiry* 42(2016), pp.783-808 참조.

12 제리 카플란, 신동숙 옮김, 『인공지능의 미래』(한스미디어, 2017).

13 Bruno Latour, *Reassembling the Social: An Introduction to Actor-Network-Theory*(Oxford University Press, 2005); Andrew Pickering, *The Mangle of Practice: Time, Agency, and Science*(Chicago and London: The University of Chicago Press, 2002); Lucy Suchman, 앞의 책, 참조.

14 Edwin Hutchins, "How a Cockpit Remembers its Speeds," *Cognitive Science* 19(1995), pp.265-288.

15 Hélène Mialet, *Hawking Incorporated: Stephen hawking and the anthropology of the knowing subject*(Chicago and London: The University of Chicago Press, 2012).

16 하대청, 「루프 속의 프레카리아트: 인공지능 속 인간 노동과 기술정치」, 한국포스트휴먼연구소 · 한국포스트휴먼학회 편저, 『인공지능과 새로운 규범』(아카넷, 2018), 189-220쪽.

17 전치형, 「포스트휴먼은 어떻게 오는가: 알파고와 사이배슬론 이벤트 분석」, 《일본 비평》 17호(2017), 18-43쪽.

18 Lisa Parks · Nicole Starosielski eds. *Signal Traffic: Critical studies of media infrastructure*(Urbana, Chicago and Springfield: University of Illinois Press, 2015); Nicole Starosielski, *The Undersea Network*(Durham: Duke University Press, 2015).

19 Bruno Latour, trans. by Catherine Porter, *We have never been modern*(Harvard University Press, 1993·1991); *Pandora's Hope: Essays on the Reality of Science Studies*(Harvard University Press, 1999).

20 Asaro, Peter M. "What should we want from a robot ethics?", *International review of information ethics* 6(2006), pp.9-16.

21 Lucy Suchman·Jutta Weber, 앞의 글.

22 Jennifer Holt·Patrick Vonderau, ""Where the internet lives": Data centers as cloud infrastructure," in Parks, Lisa·Starosielski, Nicole 앞의 책; Lilly Irani, "Difference and dependence among digital workers: The case of Amazon Mechanical Turk," *South Atlantic Quarterly* 114(1)(2015), pp.225-234; 하대청, 「웨어러블 자기추적 기술의 배치와 각본: 초연결 시대의 건강과 노동」, 한국포스트휴먼연구소·한국포스트휴먼학회 편저, 『4차 산업혁명과 새로운 규범』(아카넷, 2017); 하대청, 「루프 속의 프레카리아트: 인공지능 속 인간 노동과 기술정치」, 한국포스트휴먼연구소·한국포스트휴먼학회 편저, 『인공지능과 새로운 규범』(아카넷, 2018), 189-220쪽.

23 하대청, 앞의 글.
소셜 미디어 기업에서 고용하는 콘텐츠 조정자들의 노동 현실에 대해선 다음을 참조하라. Newton, Casey, "The trauma floor: The secret lives of Facebook moderators in America" *The Verge*(2019), https://www.theverge.com/2019/2/25/18229714/cognizant-facebook-content-moderator-interviews-trauma-working-conditions-arizona(검색일 2019.03.02).

24 실비아 페데리치, 황성원 옮김, 『캘리번과 마녀』(갈무리, 2011).

25 Lisa Parks·Nicole Starosielski, 앞의 책.

26 Michael Erard, "Why Sign-Language Gloves Don't Help Deaf People", *The Atlantic*(2017), https://www.theatlantic.com/technology/archive/017/11/why-sign-language-gloves-dont-help-deaf-people/545441/(검색일 2018.10.02).

27 Aimi Hamraie·Kelly Fritch, "Crip technoscience manifesto" *Catalyst: Feminism, Theory, Technoscience* 5(1)(2019), pp.1-34.

28 하대청, 「슈퍼휴먼이 된 장애인: 〈아바타〉, 트랜스휴머니즘, 교정의 명령」, 한국포스트휴먼연구소·한국포스트휴먼학회 편저, 『포스트휴먼 시대의 휴먼』 (아카넷, 2016).

29 수전 웬델, 강진영·김은정·황지성 옮김, 『거부당한 몸: 장애와 질병에 대한 여성주의 철학』(그린비, 2013 · 1996); 베네딕테 잉스타·수잔 레이놀스 휘테, 김도현 옮김, 『우리가 아는 장애는 없다: 장애에 대한 문화인류학적 접근』 (그린비, 1995); 톰 세익스피어, 이지수 옮김, 『장애학의 쟁점: 영국 사회모델의 의미와 한계』(학지사, 2013).

30 Taeyoon Choi, "Artificial advancements", *The Critical Inquiry*(2018), https://thenewinquiry.com/artificial-advancements/(검색일 2019.01.05).

31 Cary Wolfe, "Learning from Temple Grandin: Animal Studies, Disability Studies,. and Who come after the subject", *What is Posthumanism* (University of Minnesota Press, 2010), pp.127-142.

32 Lennard J. Davis, "The end of identity politics and the beginning of dismodernism", *Bending over backwards: disability, dismodernism, other difficult positions*(New York University Press, 2002).

33 의존성에 기초한 연대는 거래나 교환과는 다르기 때문에, 상호의존 관계에 있는 인간과 비인간들은 동등하지 않을 수 있고 그 관계의 결과도 대칭적이지 않을 수 있다. 예를 들어, 우리는 스마트폰에 의존하면서 우리의 이전 기억력을 유지하길 점차 포기한다.

34 Donna Haraway, *When Species Meet Minneapolis*(London: University of Minnesota Press, 2008).

35 Donna Haraway, *Staying with the trouble: Making kin in the Chthulucene* (Durham: Duke University Press, 2016), p.22.

36 Donna Haraway, 앞의 책.

37 Beth Greenhough·Emma Roe, "From ethical principle to response-able practice", *Environment and Planning D: Society and Space* 28(2010), p.44.

38 Sue Austin, "Deep sea diving... in a wheelchair." *Ted Talk*(2012), https://www.ted.com/talks/sue_austin_deep_sea_diving_in_a_wheelchair(검색일

2016.05.20).

39 물론 이 기술이 항상 자유와 가능성만을 제공해준다고 보지는 않는다. 장애
인과 휠체어는 서로 적응과 변용이라는 오랜 과정을 거쳐오고 있고 그 결
과는 새로운 가능성을 열어주지만, 동시에 새로운 세계의 가능성을 제약하
기도 한다. ─ Myriam Winance, "Trying out the wheelchair: The mutual
shaping of people and devices through adjustment", *Science, Technology
& Human Values*, Vol. 31(1)(2006), pp.52-72 참조.
문제는 우리가 보통 비장애인의 시각에서 기술과 장애의 몸이 함께 만들어내
는 새로운 자유와 가능성을 짐작조차 하지 못하고 있다는 점이다.

40 학습 데이터의 편향으로 인공지능이 편향적인 예측과 결정을 내린다는 비판
이 심각하게 제기되는 현상황에서는 인공지능을 훈련하는 과정에서 자주 제
외되는 장애인, 소수인종, 여성들에 관한 데이터를 어떻게 포함시킬 것인지
를 고민하는 것이 대안적인 형상화를 실제로 구현하는 한 방안이 될 수 있다.
─ 오요한·홍성욱, 「인공지능 알고리즘은 사람을 차별하는가」, 《과학기술학
연구》 제18권 3호(2018), 153-215쪽; 고학수·정해빈·박도현, 「인공지능과
차별」, 《저스티스》 통권 171호(2019), 199-277쪽.

41 Vinciane Despret, 'The Body We Care For: Figures of Anthropo-zoo-
genesis,' *Body & Society* 10(2004), pp.111-134.

5장

1 「생명윤리 및 안전에 관한 법률」(시행 2017.12.12) 제2조 제3호.
인간은 수정-접합체(zygote)-초기 배아(14일 이전의 전능세포)-후기 배아
(14일 이후의 전분화능 세포)-태아-성체의 발달 단계를 거쳐서 탄생한다. 수
정 후 기관들이 형성되는 7~8주까지는 배아, 이후 기관들이 양적으로 성장하
는 분만 전까지의 단계는 태아(fetus)로 분류된다. ─ M. Talbot, *Bioethics: an
introduction*(Cambridge: Cambridge University Press, 2012), p.105 참조.
이 글에서 배아는 수정 후 7~8주까지의 인간배아를 뜻한다.

2 K. L. Moore·T. V. N. Persaud, *The Developing Human: Clinically*

Oriented Embryology(6th edition)(2002); 고재승 외 옮김, 『인체발생학』 (범문사, 2002), 9-11쪽.

3 J. Bryant·L. Baggott la Velle·J. Searle, *Introduction to Bioethics*(John Wiley & Sons Ltd, 2005); 이원봉 옮김, 『생명과학의 윤리』(아카넷, 2008), 281쪽.

4 줄기세포의 특징 및 종류에 대한 개략적인 설명은 김재호, 「줄기세포는 인간에게 친구인가, 적인가?」, 이상목 엮음, 『줄기세포 연구와 생명의료 윤리』(아카넷, 2012), 235-253쪽 참조.

5 문성학, 「인간배아의 도덕적 지위에 관하여」, 이상목 엮음, 『줄기세포 연구와 생명의료 윤리』(아카넷, 2012), 80쪽.

6 T. L. Beauchamp·J. F. Childress, *Principles of Biomedical Ethics*(7th edition)(New York and Oxford: Oxford University Press, 2013), p.65. 강조 원저자.

7 T. L. Beauchamp·J. F. Childress, 앞의 책, p.65.

8 T. L. Beauchamp·J. F. Childress, 앞의 책, p.66.

9 종차별주의 논증에 대해서는 홍석영, 「인간 생명에 대한 결과주의적 접근의 문제점」, 《윤리연구》 제52호(2003), 44-45쪽 참조.

10 인간의 생물학적 속성에 근거한 이론을 비판하는 또 다른 논점은 H. Kuhse·P. Singer, *A Companion to Bioethics*(Wiley-Blackwell, 2001); 변순용 외 옮김, 『생명윤리학』 제1권(인간사랑, 2005), 282-288쪽; G. E. Pence, *Who's Afraid of Human Cloning*(Rowman & Littlefield Publishers, 1998); 이용혜 옮김, 『누가 인간 복제를 두려워하는가』(양문, 2001), 130-136쪽 참조.

11 T. L. Beauchamp·J. F. Childress, 앞의 책, p.69.

12 T. L. Beauchamp·J. F. Childress, 앞의 책, p.69.
"이런 두 번째 유형의 이론들에서 언급되는 속성들은 다음을 포함한다. (1) 자기의식(과거와 미래에 시간을 통해 지속하는 자신에 대한 의식), (2)행위를 할 자유와 목적 있는 행동을 할 수 있는 능력, (3)행위의 이유를 제시하고 평가할 수 있는 능력, (4)믿음, 욕구, 사고능력, (5)언어를 사용하여 다른 사람들과 의사소통할 수 있는 능력, 그리고 (6)합리성과 좀 더 높은 차원의 의지 능력(volition) 등이다."—T. L. Beauchamp·J. F. Childress, 앞의 책, p.69.

13 T. L. Beauchamp·J. F. Childress, 앞의 책, p.71 참조.

14 T. L. Beauchamp·J. F. Childress, 앞의 책, p.72.

15 T. L. Beauchamp·J. F. Childress, 앞의 책, p.73. 강조 원저자.

16 본문에서 비첨과 칠드리스는 감각능력에 근거한 이론에 이어 '관계에 기초한 이론'을 언급한다. 그러나 이 이론은 배아의 도덕적 지위 문제와는 별 상관이 없다. 이 이론에 따르면 도덕적 지위는 행위자와 대상 간의 관계 맺음에서 비롯된다. 그 결과 가령 내가 일상에서 가장 빈번하게 관계하고 중시하며 아끼는 것—예컨대 이 노트북!—이 나의 관심 영역 밖에 있는 사람보다 더 높은 도덕적 지위를 갖게 된다. 필자들에 따르면, 이 이론은 우리가 어떤 특정한 도덕적 권리나 책임을 어떻게 획득하고 상실하는지에 대해 설명해준다. 그러나 이 이론은 "도덕적 지위의 문제는 근본적으로 어떤 존재가 도덕적 지위를 갖는가의 문제인데도 (앞서의 이론들과는 달리) 이 문제를 직접적으로 제기하지 않는다."—T. L. Beauchamp·J. F. Childress, 앞의 책, p.78.

17 T. L. Beauchamp·J. F. Childress, 앞의 책, p.73. 강조 원저자.

18 T. L. Beauchamp·J. F. Childress, 앞의 책, p.75.

19 "필자는 이제 인간이 인간이기 위한 필요조건과 충분조건을 구분하고자 한다." —문성학, 앞의 책, 83쪽 참조.
한편, 문성학은 우리가 예로 든 인지적 속성 대신 조셉 플레처(J. Fletcher)의 개념인 인격성을 속성으로 고려한다. 그는 플레처를 따라 인격성의 목록으로 자의식, 자기통제, 미래감, 과거감, 타인과 관계 맺는 능력, 타인에 대한 관심, 의사소통, 호기심 등을 든다. —문성학, 앞의 글, 81쪽 참조.

20 문성학, 앞의 글, 84쪽.

21 문성학, 앞의 글, 96쪽.

22 문성학, 앞의 글, 97쪽.

23 문성학, 앞의 글, 105쪽 참조.
모체 안에서 발생이 진행됨에 따라 배아(태아)의 도덕적 지위가 높아진다는 동일한 논지의 분석은 C. Strong, "The Moral Status of Preembryo, Embryo, Fetuses, and Infants", *The Journal of Medicine and Philosophy*, Vol 22, Issue 5(1997), pp.457-478에서도 찾아볼 수 있다.

24 이와는 반대의 경우로, 장애 입은 신체를 기계로 대체하는 프로스테시스

(prosthesis) 장치들에 대한 연구는 인간이 인간이기 위해서 호모 사피엔스의 생물학적 속성이 과연 불가결한 것인가에 대해 원리적 차원에서 의문을 제기한다. 이 문제에 대한 간략한 해설은 신상규, 『호모 사피엔스의 미래: 포스트휴먼과 트랜스휴머니즘』(아카넷, 2014), 86-90쪽 참조.

25 앞의 인용문에서도 알 수 있듯이, 문성학은 수정란보다는 배아가, 배아보다는 태아가 더 많은 도덕적 권리를 갖는 식으로 모체 내에서의 발생 정도에 따라 개체는 더 많은 도덕적 권리를 갖는다고 주장한다. —문성학, 앞의 글, 105쪽 참조.

여기서 문제는 인간의 유전적 속성을 가졌으나 아직 인격성을 갖추지 못한 수정란, 배아, 태아가 어떤 이유에서 서로 다른 도덕적 권리(도덕적 지위)를 갖게 되느냐다. 이에 대한 문성학의 대답은 "잠재성의 정도의 차이"를 '개체가 발생을 통해 온전한 인간으로 성장할 가능성의 차이'로 정의하는 것이다. —문성학, 앞의 글, 81·105쪽 참조.

실제로 이 정의에 따르면, 수정란보다는 배아가, 배아보다는 태아가 현실적으로 온전한 인간으로 성장할 가능성이 더 크다고 말할 수 있을 것이다. 그렇다면 이제 문제는 왜 현실화할 가능성이 더 큰 것이 더 높은 도덕적 권리를 가지느냐. 우리가 보기에, 문성학은 이를 전제로 사용할 뿐이지만, 사실 여기에는 "생존 가능성이 더 높은 것에 투자하라."는 또 다른 원리가 작동하고 있다. 예컨대 두 사람이 물에 빠졌을 경우 상황이 다급하다면 우리는 구조할 가능성이 희박한 사람보다는 가능성이 더 큰 사람부터 구조할 것이다. 이렇게 하는 것은 먼저 구조하는 사람이 다른 사람보다 더 높은 도덕적 권리(지위)를 가졌기 때문이 아니다. 이때 제기되는 문제는 대상의 도덕적 권리의 문제가 아니라 구조의 '실현 가능성'의 문제 내지는 그 결과로서 대상의 생존 가능성의 문제다. 두 문제는 완전히 다른 문제다. 그런데 문성학의 경우도 마찬가지다. 그가 주장하듯이 잠재적 생명권에 차등을 두는 이유가 현실화할 가능성의 차이에 있다면, 이것은 생존 가능성의 문제에 관한 것일 뿐, 도덕적 권리의 문제가 아니다. 한편, 이 글에 이어지는 절과 특히 제4절의 분석을 통해 알게 되겠지만 발생의 정도 차이가 도덕적 권리의 차이로 이어질 수 있다는 것은 사실이다. 그러나 이제 보게 되겠지만 이것은 문성학이 주장한 것과는 전혀 다른 이유에서다.

26 이 표현은 E. de Saint Aubert, *Le Scénario cartésien, Recherches sur la formation et la cohérence de l'intention philosophique de Merleau-Ponty*(Vrin, 2005), pp.23-30에서 가져왔다.

27 1643년 6월 28일자 「엘리자베스에게 보낸 편지」 참조; "우리는 오직 삶을 살고 일상적 대화를 나눔으로써만, 그리고 우리의 상상력을 시험하는 문제들을 가지고 사색하고 연구하기를 그만둠으로써만 영혼과 신체의 결합을 인식하기를 배운다."—M. Merleau-Ponty, *L'Union de l'âme et du corps chez Malebranche, Biran et Bergson*(Vrin, 1978), p.15에서 재인용.

28 M. Merleau-Ponty, *Phénoménologie de la perception*(Gallimard, 1945), p.85.

29 이것은 데카르트가 따랐던 길로, 그 이론적 한계는 심신 결합의 문제에 대해 앞서 논의한 대로다. 즉, 정신(적 사건)이 공간의 한 지점을 점해야 하는 모순에 봉착한다는 것이다.

30 "대상(objet)이란 [……] 객관적으로(partes extra partes) 존재하는 것, 그리고 그 결과 그 부분들 사이에서나 다른 대상들과의 사이에서 오직 외적이고 기계적인 관계만을—운동을 받고 전달한다는 좁은 의미에서건 변수에 대한 함수의 관계라는 넓은 의미에서건—받아들이는 것을 말한다."—M. Merleau-Ponty, 앞의 책, p.87 참조.

31 M. Merleau-Ponty, 앞의 책, p.239.

32 M. Merleau-Ponty, 앞의 책, p.239.

33 M. Merleau-Ponty, *Parcours 2, 1951-1961*(Verdier, 2000), p.17.

34 M. Merleau-Ponty, 앞의 책, p.110.

35 M. Merleau-Ponty, 앞의 책, p.106. 강조 원저자.

36 M. Merleau-Ponty, 앞의 책, p.108.

37 메를로-퐁티는 고유한 신체의 영속성 이외에 고전적 심리학이 밝혀낸 또 다른 특성들, 곧 이중 감각(sensations doubles), 감수성(affectivité), 신체 감각(sensations kinesthésiques) 등을 분석하여 대상으로 환원되지 않는 내 신체의 특유성을 뒷받침한다. 이에 대해서는 M. Merleau-Ponty, 앞의 책, pp.106-110 참조.
한편, 고전적 심리학자들이 고유한 신체 현상을 앞서 발견했으면서도, 이 발견의 철학적 의미를 깨닫지 못하고 끝내 신체를 대상으로 간주하는 객관주의적 사고에 머물게 된 이유에 대해서는 M. Merleau-Ponty, 앞의 책, p.111 이하 참조.

38 M. Merleau-Ponty, 앞의 책, p.128.

39 M. Merleau-Ponty, 앞의 책, p.161.
한편, 메를로-퐁티는 후설의 "수행적 지향성(leistende Intentionalität)" 혹은 "기능적 지향성(fungierende Intentionalität)" 개념을 재해석하는 과정에서 이미 신체적 지향성 관념을 만난다. "기능적 지향성"이건 "작용적 지향성(intentionnalité d'acte)"이건 후설의 지향성 개념이 의식의 "종합 작용"을 전제하는 것이라면—이런 의미에서 거기서 세계는 구성하는 의식에 대한 대상으로 정의된다.—메를로-퐁티에게 있어 신체적 지향성 개념은 우리는 이미 그리고 항상 세계 내 존재라는 사실을 표현한다. 메를로-퐁티는 의식의 종합 작용이 없는 이 지향성을 "전이의 종합(synthèse de transition)"으로 정의한다. 이에 대한 좀 더 상세한 분석은 A.L. Kelkel, "Merleau-Ponty et le problème de l'intentionnalité corporelle, Un débat non résolu avec Husserl", A.T. Tymieniecka(ed.), *Maurice Merleau-Ponty, le Psychique et le Corporel*(Aubier, 1988), pp.15-37 참조.

40 M. Merleau-Ponty, 앞의 책, pp.111-112 참조.
"결국 영혼과 신체의 결합은 [……] 데카르트의 생각에 따르면 '사실상의 결합(union de fait)'—인식의 출발점인 사실은 일단 이루어지면 그 결과들로부터 제거되기 때문에 이 사실상의 결합의 원리적 가능성이 세워질 필요가 없는— 으로 이해되었다."—M. Merleau-Ponty, 앞의 책, pp.231-232도 참조.

41 M. Merleau-Ponty, 앞의 책, p.164.
메를로-퐁티는 고유한 신체의 운동성을 그륀바움(A.A. Grünbaum)을 따라 "표상된 공간 영역에서 모든 의미들의 의미(le sens de toutes les significations)가 발생하는 원초적 영역"으로 정의한다. 메를로-퐁티의 운동적 지향성 개념이 형성되는 데 미친 그륀바움의 영향을 보려면 D. Forest, "L'Intentionnalité motrice, Grünbaum et Merleau-Ponty", M. Cariou… (ed.), *Mereau-Ponty aux frontières de l'invisible*(Associazione Cultural Mimesis, 2003), pp.27-42 참조.

42 메를로-퐁티는 첫 번째 저작에서도 데카르트주의의 전복을 시도한다. 거기서 메를로-퐁티는 의식과 신체의 구분을 인간적 질서(l'ordre humain)에서의 "탈통합"(déintégration)으로 기술한다. "우리 신체가 항상 의미를 갖는 건 아니다. 우리의 사고 또한, 예를 들어 소심할 때, 자신 안에서 항상 생명적 표현의 충만을 발견하지 않는다. 이렇듯 통합되지 않은 경우에 의식과 신체는 분명 구분되고, 이것이 이분법의 진리다."—M. Merleau-Ponty, *La Structure du comportement*(P.U.F., 1942), p.226.

43 M. Merleau-Ponty, 앞의 책, p.158.
동일한 맥락에서 인격성이 타인과 관계 맺는 능력, 타인에 대한 관심, 의사소통과 호기심 등으로 정의될 때(주석 20 참조), 메를로-퐁티에 따르면 환자는 인격성의 기초가 되는 타인과의 경험에서도 장애를 겪는데 이 장애의 본질 또한 환자가 현실적인 것에 갇혀 있는 데서 기인한다. "일반적으로 말해, 직접적으로 주어지는 것만이 환자에게 현존한다. 타인의 생각은 그가 그것을 직접적으로 체험하지 않기 때문에 그에게 현존하지 않는다. 그에게 있어 타인들이 하는 말은 정상인의 경우처럼 그가 '그 안에서' 살아갈 수 있는 의미의 투명한 덮개인 대신, 하나하나 해독해야 하는 기호들이다."—M. Merleau-Ponty, 앞의 책, pp.154-155 참조.

44 M. Merleau-Ponty, 앞의 책, p.154.

45 여기서 윤리적인 정당화가 곧바로 법적인 정당화(허용)를 뜻하는 것은 아니라는 사실에 주의할 필요가 있다. 배아 사용이 윤리적으로 정당화된다 해도 법적으로 금지될 수 있고 그 반대의 경우도 가능하듯이, 윤리적 정당화와 법률상 허용 여부는 그 자체로만 보면 별개의 문제다. 사실, 우리의 현행법은 착상된 배아에 한하여 인간 존엄권의 주체성을 부여한다. 동일한 배아라도 착상되지 않은 배아는 기본권 주체성이 부정되며 이로 인해 특정한 조건에서 사용이 허용된다.—정영화, 「현대 헌법의 인간 존엄의 바이오(생명) 윤리 문제에 관한 연구」, 《헌법학연구》 Vol.16, No.4(2010), 265-267쪽; 서종희, 「배아연구와 인간의 존엄과 가치: 헌재 2010.5.27. 선고, 2005헌마346 전원재판부 결정에 대한 검토」, 《원광법학》 Vol.27, No.1(2011), 246-247쪽 참조. 이 글에서 우리의 관심은 배아의 법적 지위 문제와는 상관없이 인간 개념을 중심으로 배아의 도덕적 지위를 살피는 데 있다. 물론 배아의 지위에 대한

윤리적 차원의 분석은 배아의 법적 지위를 재규정하는 데 중요한 근거가 될 수 있다. 그러나 이것은 이 글이 다룰 수 없는 또 다른 문제다.

46 M. Merleau-Ponty, *La Nature, Notes, Cours du Collège de France*(Seuil, 1995), p.269.
    이하 인간의 발생에 대한 이 절에서의 논의는 졸고, 「메를로-뽕띠의 자연개념과 주체의 문제」, 《철학논집》 제27집(2011), 47-77쪽의 내용 일부를 수정하고 발전시킨 것이다.

47 M. Merleau-Ponty, *Résumé de cours—Collège de France, 1952-1960* (Gallimard, 1968), p.177.

48 M. Merleau-Ponty, 앞의 책, p.269.

49 "의식을 가진 인간은 진정 어디에서 나타났는가? 우리는 개체 발생에 있어 의식이 나타나는 순간을 볼 수 없는 것과 마찬가지로 그 '어디에'를 볼 수 없다." ―M. Merleau-Ponty, 앞의 책, p.334 참조.

50 M. Merleau-Ponty, 앞의 책, p.335.

51 유아의 시각(vision)이 어떻게 발생하는지의 문제에 대해 메를로-퐁티가 제시한 다음의 분석은 새로운 장의 분출에 대한 범례적인 설명이 될 수 있다. "살(chair)의 이 배치 속에서 하나의 시각이 나타나고 일어난다. (왜냐하면 우리는 유아의 시각이 엄마의 시각에서 유래한다고 말할 수 없고, 엄마의 영혼 혹은 의식이 유아의 영혼 혹은 의식을 잉태하고 있다고도 말할 수 없기 때문이다.) 탄생이 있다. 다시 말해 어떤 함몰(creux)의 들어섬을 통해, 사이세계(entremonde)로부터 오는 새로운 장의 분출, 설령 이 분출이 선행적인 것들에 의존한다 하더라도 그것들의 결과도 아니고, 그 선행적인 것들을 통한 필연성도 아닌 새로운 장의 분출을 통해 (생명이 물리-화학적인 것 안에서 나타나듯이) 새로운 의식이 나타난다."―M. Merleau-Ponty, 앞의 책, p.271.

52 M. Merleau-Ponty, 앞의 책, p.26.

53 M. Merleau-Ponty, 앞의 책, p.28.

54 "형태(Gestalt, forme)는 [……] '요소들'을 '전체'에 의존하게 만드는 감각장의 자발적 조직이다. 이 조직은 이질적 질료 위에 얹히는 어떤 형식 같은 것이 아니다. 형식이 없으면 질료도 없다. 다소간 안정적이고, 다소간 분절된 조직들만 있다."―M. Merleau-Ponty, *Le Primat de la perception et ses*

conséquences philosophiques(Cynara, 1986·1946), p.25.

55 메를로-퐁티는 『보이는 것과 보이지 않는 것』에서 지각 주체와 대상의 이러한 관계를 살(chair) 개념으로 정의한다. "우리 주위에 있는 보이는 것은 그 자신 속에 놓여 있는 듯하다. 마치 우리의 시각(vision)이 보이는 것의 핵심에서 형성되거나, 또는 보이는 것과 우리 사이에 바다와 해변 사이의 관계처럼 밀접한 관계가 있는 듯하다. 그러나 우리가 보이는 것 속에 녹아든다거나 보이는 것이 우리 속으로 들어온다는 것은 가당치 않다. 그렇게 된다면 보는 자가 사라지거나 아니면 보이는 것이 사라짐으로써 시각은 이루어지는 순간에 스러지고 말 터이다. 그러니까 결국 존재하는 것은 나중에 보는 자에게 제공될 자기동일적으로 존재하는 사물들이 아니며, 처음엔 비어 있다가 나중에 사물들에게 열리게 되는 보는 자가 아니다. 존재하는 것은 우리가 시선으로 어루만짐으로써만 더 가까이 다가갈 수 있는 어떤 것이며, 시선이 감싸고 있고 시선이 자신의 살(chair)로 옷을 입히기에 우리가 결코 완전히 '벌거벗은(toutes nues)' 모습을 볼 수 없는 사물들이다."—M. Merleau-Ponty, *Le Visible et l'invisible*(Paris: Gallimard, 1964), p.173.

56 예컨대 안영하(외 4인)는 바로 이 문제를 지적하고 있다. "[……] 결론적으로 배아와 관련하여서는 배아 자체에 생명권이라는 기본권을 인정하여 보호의 대상으로 삼아야 하는지, 아니면 배아를 생명권의 객체가 아닌 단순한 연구의 대상으로 파악하여, 단순히 배아 연구가 인간의 존엄성을 훼손하게 하지 않도록 하는 규제로 접근하여야 할 것인지, 중간적 단계로서 배아의 생명권을 인정하되, 인간의 생명권과는 다른 차원의 생명권으로 전제한 후, 이 범위 안에서의 적절한 범위로 보호할 것인지의 선택의 문제라고 하겠다."—안영하 외 4인, 「생명윤리 법제에서 나타나는 문제점에 관한 연구」, 《미국헌법연구》 제25권 제2호(2014), 246쪽.
   즉, 배아의 생명권을 부정하고 단순한 연구 대상으로 파악할 때조차 배아 연구가 인간의 존엄성을 훼손하지 않도록 적정한 규제와 제한이 필요하다는 것이다.

57 "배아줄기세포 연구에서 발생하는 윤리적 논란 또한 가치들의 충돌에서 비롯된다. 연구에 대한 허용 여부와 관련된 각자의 의견들은 나름대로 논리적이고 정합적이기 때문에 각각의 의견들은 옳다고 간주될 수 있고, 일면 설득력을 지닌다고도 볼 수 있겠다. 그러나 바로 이 지점에서 우리는 다음의 중요

한 문제점, 즉 각각의 주장들이 반대 주장과 비교해 평가될 합리적 기준을 결여하고 있다는 것에 주목해야 한다. 도덕언어로 표현되는 논쟁들의 대부분은 서로 간의 불일치만을 표현하고 있을 뿐이다."—이향연, 「배아줄기세포 연구의 윤리적 쟁점에 관한 비판적 고찰」, 경북대학교 철학박사 학위논문, 경북대학교 대학원, 2017년 12월, 2-3쪽 참조.

6장

1   권기창·배귀희, 「과학기술 정책의 거버넌스 변화」, 《한국정책과학학회보》 10(3)(한국정책과학학회, 2006); 박희제·김은성·김종영, 「한국의 과학기술 정치와 거버넌스」, 《과학기술학연구》 14(2)(한국과학기술학회, 2014).

2   이덕환, 「대한민국 과학기술의 현주소와 미래를 위한 노력」, 《철학과 현실》 120호(철학과현실사, 2019), 201-203쪽.

3   박희제·김은성·김종영, 앞의 글, 9쪽.

4   박희제·김은성·김종영, 앞의 글, 10-11쪽.

5   박희제·김은성·김종영, 앞의 글, 11쪽.

6   권기창·배귀희, 앞의 글, 46쪽.

7   박희제·김은성·김종영, 앞의 글, 8쪽.

8   박희제·김은성·김종영, 앞의 글, 1쪽.

9   이영희, 『과학기술의 사회학』(한울아카데미, 2000), 259-265쪽.

10 송하중, 「한국 과학기술 거버넌스: 압축성장의 신화와 절박한 미래」, 《과학기술정책》 27(3)(과학기술정책연구원, 2017), 60-61쪽.

11 이덕환, 앞의 글, 204쪽.

12 변화를 꿈꾸는 과학기술 네트워크, 「경제에 종속되어 있는 과학기술 조항 개정을 위한 대한민국 헌법 일부 개정에 관한 청원」, 변화를 꿈꾸는 과학기술인 네트워크 홈페이지(2018); 김성훈, 「기초과학 발목 잡는 헌법 127조 1항을 어쩌나」, 《주간조선》 2490호(2018.01.08); 전치형, 「헌법에 어울리는 과학기술」, 《한겨레》, 2018.01.18 참조.

13 한학수, 『여러분! 이 뉴스를 어떻게 전해드려야 할까요?』(사회평론, 2006) 참조.

14 이덕환은 황우석 사기 사건을 다음과 같이 기술한다.

"심지어 정부가 앞장서서 국민은 물론 전 세계를 상대로 사기극을 벌이기도 했다. 지금도 '논문 조작 사건'으로 알려지고 있는 황우석 사태는 단순한 논문 조작 사건이 아니었다. 전문성은 물론 최소한의 도덕성도 갖추지 못한 엉터리 과학자가 과학기술에 대해 극도로 왜곡된 인식을 가진 정부의 막강한 영향력을 이용해서 전 세계 과학계를 속이고, 국민들에게 공허한 환상을 심어주다가 실패해버린 황당한 시도였을 뿐이다."—이덕환, 앞의 글, 205쪽

그러나 당시 과학계의 놀라운 침묵과 암묵적 지지를 감안하면, 모든 책임을 정부와 부도덕한 개인에게 돌리고 과학계를 희생자로 표현하는 것은 그다지 설득력이 없거나 오해의 소지가 있다. 당시 과학계와 의학계에는 황우석이 거짓을 말하고 있다는 사실을 알 수 있는 사람들이 많았지만 대부분 침묵했다.

15 김건우, 「포스트휴먼의 개념적, 규범학적 의미」, 한국포스트휴먼연구소·한국포스트휴먼학회 편저, 『포스트휴먼 시대의 휴먼』(아카넷, 2016), 29-36쪽.

16 손화철, 「포스트휴먼 시대 앞에 선 기독교 세계관의 과제」, 《복음과 상황》 Vol. 330(2018.03), 41쪽.

17 2017년 통계에 따르면 한국은 노동자 1만 명당 산업용 로봇의 수가 710대로 8년째 세계 1위를 기록하고 있다. 이는 노동자의 임금 수준과 비교해보았을 때도 매우 높은 수치다. 이런 경향은 중국과 타이완, 싱가포르 등에서도 공통적으로 나타나는데, 한국에서 더욱 두드러진다. —곽노필, 「산업용 로봇 밀도, 한국 8년째 1위」, 《한겨레》, 2018.12.03.

18 과거의 기술들과는 달리, 인공지능의 개발과 성공이 모두에게 달갑게만 받아들여지지 않는 이유 중에 가장 대표적인 것이 대규모 실업에 대한 공포다. 실제로 다보스 포럼에 참석한 기업인들은 2025년까지 500만 개의 일자리가 순감소할 수 있다고 경고했다. —김정욱 외, 『2016 다보스 리포트: 인공지능발 4차 산업혁명』(매일경제신문사, 2016), 58-59쪽.

미국 백악관에서 발표한 인공지능 보고서에서도 대규모 실업은 핵심 의제 중 하나다. —Executive Office of the President, "Artificial Intelligence, Automation, and the Economy", White House, 2016.

앞서 언급한 것처럼 이에 대한 한국 정부의 관심은 상대적으로 미미하다.

19 Neil M. Richards·Jonathan H. King, "Big Data Ethics", *Wake Forest Law Review*, Vol. 49(2014), pp.43-44.

20 Julie E. Cohen, "What Privacy Is For", *Harvard Law Review*, Vol.126 (2013), p.1925.

21 Jacques Ellul, *The Technological Society*(Vintage Books, 1954·1964), pp.133-146.

22 Peter Kroes · Anthonie Meijers, "Toward an Axiological Turn in the Philosophy of Technology." *Philosophy of Technology after the Empirical Turn*(Springer, 2016).

23 1975년 아실로마에서는 유전자 조작연구를 일시 중단하기로 결정하기도 했다. —Marcia Barinaga, "Asilomar Revisited: Lessons for Today?", *Science*, Vol. 287, Issue 5458(2000).

24 송경은, 「인간 유전자 편집 모라토리엄 선언」, 《매일경제》, 2019.03.13. 이 사건은 2018년 중국의 한 연구자가 인간배아에 유전자 가위 기술을 적용하여 유전자 변형을 가한 아기를 태어나게 했다고 공표하여 큰 물의를 일으킨 후에 발표되었다. —「中 과학자 "세계 최초 '유전자 편집' 아기 출산 성공」, 《연합뉴스》, 2018.11.26. 해당 연구자는 국제적인 비난을 받았을 뿐만 아니라 중국 당국에 의해 제재를 받고 있는 것으로 알려졌다.

25 Hans Jonas, *The Imperative of Responsibility*, ch. 1(U. P. Chicago, 1984).

26 한재각, 「백캐스팅」, 『에너지 백캐스팅과 방법론 세미나 자료집』(에너지기후정책연구소, 2014), 6쪽.

27 박충식·손화철·하대청, 「정책 제안 1: 인공지능 사용 제품 및 서비스 영향평가」, 『포스트휴먼 사회와 새로운 규범』(아카넷, 2019).

28 박충식·손화철·하대청, 앞의 글, 222-226쪽.

정책 제안 1

1 필자들의 기여는 동일함.
2 손화철, 「인공지능 시대의 과학기술 거버넌스」, 『인공지능과 새로운 규범』(아카넷, 2018).
3 오요한·홍성욱, 「인공지능 알고리즘은 사람을 차별하는가?」, 《과학기술학연구》 18(3)호(한국과학기술학회, 2018).
4 캐시 오닐, 김정혜 옮김, 『대량살상 수학무기』(흐름출판, 2017).
5 하대청, 「루프 속의 프레카리아트: 인공지능 속 인간 노동과 기술정치」, 『인공지능과 새로운 규범』(아카넷, 2018); 아룬 순다라라잔, 이은주 옮김, 『4차 산업혁명 시대의 공유경제: 고용의 종말과 대중 자본주의의 부상』(교보문고, 2016).

정책 제안 2

1 생명윤리법을 제정할 당시의 입법 추진 경과와 입법을 둘러싼 쟁점사항 및 입법 방향에 대해서는 박은정, 「생명윤리 및 안전 관련 입법정책」, 《생명윤리》 제4권 제1호(2003), 91-106쪽 참조.
2 예컨대 2009년 3월 9일 오바마 정부는 전임 부시 정부의 배아줄기세포 연구 규제방침을 폐기하고 연방정부의 연구자금 지원을 허용하는 행정명령에 서명함으로써, 미국이 향후 의료산업의 금광으로 간주되는 세계 줄기세포 시장에서 주도권을 놓치지 않겠다는 의지를 분명히 했다. 그 결과 배아줄기세포 연구의 국가 간 경쟁이 더욱 치열해졌다. ―김민우, 「배아줄기세포 연구의 지원을 위한 법적 과제」, 《법학논고》 제63집(2018), 146-148쪽; 김민우·류화신, 「미국의 인간배아줄기세포 연구의 규제 동향」, 《홍익법학》 제16권 제1호(2015), 39-41쪽 참조.
3 이향연 『배아줄기세포 연구의 윤리적 쟁점에 관한 비판적 고찰』, 경북대학교 철학박사 학위논문, 경북대학교 대학원(2017년 12월), 66-72쪽('2.2. 사용과 추출의 연관성') 참조.

4 김민우, 앞의 글, 53쪽.

한편, 현행 생명윤리법에 규정된 목적을 UNESCO 「생명윤리와 인권에 관한 보편선언」에 부합하도록 전면 개정해야 한다는 주장이 있다. ―김현철 외 3인, 『UNESCO 생명윤리와 인권보편 선언의 국내법적 제도화에 관한 연구』(한국법제연구원, 2016). 특히 4장(333-358쪽) '국내 생명윤리 법제의 개선 방안' 참조.

5 이향연, 앞의 글, 3쪽 참조.

"[……] 그러나 바로 이 지점에서 우리는 다음의 중요한 문제점, 즉 각각의 주장들이 반대 주장과 비교해 평가될 합리적 기준을 결여하고 있다는 점에 주목해야 한다. 도덕언어로 표현되는 논쟁들의 대부분은 서로 간의 불일치만을 표현하고 있을 뿐이다."

6 생명윤리법이 가지고 있는 절차적 요건과 관련한 문제점에 대해서는 안영하 외 4인, 「생명윤리 법제에서 나타나는 문제점에 관한 연구」, 《미국헌법연구》 제23권 제2호(2014), 252-277쪽; 김수갑, 「인간배아 복제의 허용 여부에 관한 법적 쟁점과 과제」, 《법학연구》 제20권 제1호(2009), 22-26쪽 참조.

생명윤리법의 절차적 요건과 관련한 외국의 법제를 비교, 연구한 예로는 정준호·김옥주, 「미국 연구대상자 보호정책의 최신 동향」, 《생명윤리》 제18권 제1호(2017), 63-82쪽; 김옥주·이준석, 「영국의 줄기세포 연구에 관한 윤리와 법정책: 역사적 배경과 현황」, 《생명윤리》 제6권 제1호(2005), 161-176쪽; 정문식, 「독일 줄기세포법상 줄기세포연구중앙윤리위원회의 구성과 사무」, 《헌법학연구》 제11권 제4호(2005), 407-443쪽 참조.

7 한편, 한국 생명윤리법의 목적규정이 가진 문제점, 즉 저 목적규정의 중심에 있는 인간 존엄의 개념이 가진 한계―인간 존엄의 침해가 무엇인지 지극히 불분명하다는 데서 기인하는―를 설득력 있게 논증한 글들이 있다. ―고봉진, 「배아줄기세포 연구와 관련된 바이오 형법에서 규범과 의무」, 《형사법연구》 제19권 제2호(2007), 229-242쪽; 이석배, 「생명윤리에 대한 형법적 보호의 범위와 한계」, 《동아법학》 제42권(2008), 145-170쪽; E. Hilgendorf, 김영환·홍승희 옮김, 「남용된 인간의 존엄―생명윤리 논의의 예에서 본 인간의 존엄이라는 논증점의 문제점」, 한국법철학회·고봉진 엮음, 『생명윤리와 법』(세창출판사, 2013), 72-97쪽 참조.

8 대통령령으로 정하는 희귀·난치병 목록에 대해서는 「생명윤리 및 안전에 관한

법률 시행령」(약칭 「시행령」) 제12조 제1항 참조.

9 난자 이용 요건을 충족하는 연구에 대해서는 「시행령」 제14조 제1항 제2호 참조.

10 임신 이외의 목적으로 배아를 생성한 사람은 3년 이하의 징역에 처한다.(제66조 제1항 제3호)

11 다만, 동의권자가 보존기간을 5년 미만으로 정한 경우에는 이를 보존기간으로 하고, 항암 치료 등 보건복지부령으로 정하는 경우에는 동의권자가 보존기간 을 5년 이상으로 정할 수 있다.(제25조 제1, 2항)

12 '대통령령으로 정하는 유전자 검사'에 관해서는 「시행령」 제20조 참조.

13 김민우·류화신, 앞의 글, 42~43쪽 참조.

14 미국 33개 주의 줄기세포 연구에 대한 입장의 예를 보려면 김혁돈, 「줄기세포 연구와 배아 보호」, 《법학논고》 제32집(2010), 353-356쪽 참조.

15 오바마 대통령의 행정명령(13505호)의 전문을 보려면 박수헌, 「미연방 정부의 자금 지원을 통한 인간배아줄기세포 연구의 규제」, 《토지공법학연구》 제44권 (2009), 408-410쪽 참조.
또 미국 연방정부의 배아줄기세포 연구 규제의 변천에 대한 상세한 설명을 보 려면 이상경, 「미국의 생명공학 연구 규제 입법의 헌법적 함의」, 《공법학연구》 제14권 제2호(2013), 407-432쪽 참조.

16 국립보건원 지침 내용 분석은 "National Institutes of Health Guidelines for Human Stem Cell Research", https://stemcells.nih.gov/policy/2009-guidelines.htm(검색일 2019.06.30) 참조.

17 그러나 2016년 8월 4일, 국립보건원은 키메라 배아 연구에 대한 연구비 지원 중단을 해제할 방침이라고 밝혔다. 「美 국립보건원 "'키메라 배아' 연구비 중단 해제 방침」, 《연합뉴스》, 2016.08.05, https://www.yna.co.kr/view/AKR201 60805010700075?input=1195m#content(검색일 2019.06.30).

18 "Statement on NIH funding of research using gene-edition technologies in human embryos", https://www.nih.gov/about-nih/who-we-are/nih-director/statements/statement-nih-funding-research-using-gene-editing-technologies-human-embryos(검색일 2019.06.30).

19 2017년 2월 국립보건원은 그동안의 입장을 바꿔 인간배아 유전자 편집연구 가 허용될 수 있는 조건을 담은 보고서를 출판하였다. 내용은 엄격한 감독

하에 심각한 질병 예방 및 치료 목적의 경우에만 연구가 가능하며, 인간 강화 목적의 연구는 허용하지 않는다는 것이다. —이수빈·김한나, 「인간배아 유전자 편집기술의 국외 규제 동향 및 시사점」, 《한국의료법학회지》 제26권 제2호 (2018), 82쪽 참조.

즉, 국립보건원 지침은 인간배아에 유전자 편집기술을 사용하는 연구를 허용, 지원하는 쪽으로 나아가고 있다.

20 "Human Fertilisation and Embryology Act 2008"(c.22), https://www. legislation.gov.uk/ukpga/2008/22/pdfs/ukpga_20080022_en.pdf(검색일 2019.06.30).

21 "여기서 허가된 난자란 여성의 난소에서 생산되거나 추출된 것으로, 그것의 핵이나 미토콘드리아 DNA를 변형하지 않은 것을 말한다. 여기서 허가된 정자란 남성의 정소(精巢)에서 생산되거나 추출된 것으로, 그것의 핵이나 미토콘드리아 DNA를 변형하지 않은 것을 말한다. 여기서 허가된 배아란 허가된 난자와 허가된 정자의 수정에서 만들어지는 것으로, 배아(를 이루는 세포들)의 핵이나 미토콘드리아 DNA를 변형하지 않은 것을 말하며, 배아에 배아 자체의 세포들이 분열함으로써 더해지는 것 이외에 어떠한 세포도 더해지지 않은 배아를 말한다."(3.3ZA)

22 HFEA 1990는 체세포핵이식을 금지했는데["어떠한 경우에도 인간배아세포의 핵을 다른 사람의 세포나 배아 혹은 배아의 발생으로부터 추출한 핵으로 대체하면 안 된다." 3.(3)(d)], 이 조항이 HFEA 2008에서는 삭제되었다. —HFEA 2008 3.(3)(a) 참조.

23 핵을 제거한 동물의 난세포에 인간의 체세포 핵을 이식해 분화시키는 인간혼합배아에 대한 규정은 HFEA 2008, 4.4A.(6) 참조.

24 HFEA 2008, Sch. 2, para 1(1) 참조.

25 착상 전 배아의 유전자 이상 여부 탐지를 비롯해 연구가 허용되는 배아 테스트 항목은 HFEA 2008, Sch. 2, para 1(1ZA) 참조.

26 HFEA 2008, Sch. 2, para 3(1) 참조.

2001년부터 2002년까지의 영국의회 줄기세포특별위원회는 보고서에서 인간배아의 파괴를 둘러싼 윤리적 논쟁은 배아줄기세포 연구를 금지할 만큼 설득력이 충분하지 않다고 선언하였다. —류병운, 「인간 복제를 규제하는 국제

규범: 생명윤리 및 안전에 관한 법률의 문제점과 개정 방향 모색」, 《홍익법학》 제15권 제1호(2014), 821쪽 참조.

27 E. Callaway, "UK Scientists gain licence to edit genes in human embryos", Nature, 2016.02.01, https://www.nature.com/news/uk-scientists-gain-licence-to-edit-genes-in-human-embryos-1.19270(검색일 2019.06.30).

28 생명윤리정책연구센터 엮고 옮김, 「배아보호법」, 『각국의 줄기세포 연구 가이드라인』(2008), 181-186쪽 참조.

29 제6조, "다른 배아, 태아, 사람이나 사망자와 같은 유전정보를 가진 인간배아가 발생하도록 인위적으로 야기한 자는 5년 이하의 징역 또는 벌금에 처한다."

30 예를 들어 임신을 목적으로 체외수정한 배아를 더 이상 임신 목적으로 사용하지 않는 것이 확실하고, 줄기세포를 얻기 위해 배아를 넘겨주는 것에 대한 보상이나 그 밖의 금전적 이익을 지불하거나 약속하지 않았을 경우 등(제4조 제2, 3항 참조).

31 생명윤리정책연구센터 엮고 옮김, 「인간배아줄기세포 연구를 위한 ISSCR 가이드라인」, 『각국의 줄기세포연구 가이드라인』(2008), 1-34쪽 참조.

32 핵이식, 단성생식(parthenogenesis), 동성생식(androgenesis), 또는 체외수정의 방식으로 생성된 배아는 14일간 이상이나 원시선이 나타난 이후까지 인간 자궁이나 동물 자궁에 이식되거나 배아 상태로 체외에서 배양할 수 없다. (12.1e)

33 심사를 위해서는 연구가 과학적 정당성, 연구의 사회적·윤리적 측면에 대한 고려, 동일한 연구 목적을 달성하기 위해 다른 방법을 택하지 않은 근거가 분명한지 등을 설명해야 한다.(10.2 cat.2)

34 국제줄기세포학회는 2016년 5월 12일, 기존의 두 가이드라인, Guidelines for the Conduct of Human Embryonic Stem Cell Research(ISSCR, 2006)와 Guidelines on the Clinical Translation of Stem Cell Research(ISSCR, 2008)를 통합, 갱신하는 새 가이드라인(Guidelines for Stem Cell Research and Clinical Translation)을 발표하였다. 새 가이드라인은 그 사이의 과학적 진보를 반영해 인간배아와 배아줄기세포 연구에 대한 폭넓은 허용을 확인하는 한편, 다음 5가지 범주의 연구를 금지하고 있다. ①인간의 착상

전 배아나 그에 상응하는 것을 체외에서 수정 후 14일 이상 혹은 원시선 형성 이후까지 배양하는 행위, ②인간배아나 그에 상응하는 것을 체외나 비인간 동물의 자궁에 임신시키는 행위, ③체세포핵이식 등에 의해 생성된 인간배아를 인간이나 동물의 자궁에 착상시키는 행위, ④유전자가 조작된 인간배아를 인간이나 동물의 자궁에 착상하거나 임신시키는 행위, ⑤인간의 세포가 융합된 동물 키메라를 상호 교배시키는 행위가 그것이다.(2.1.3.3) http://www.isscr.org/docs/default-source/all-isscr-guidelines/guidelines-2016/isscr-guidelines-for-stem-cell-research-and-clinical-translation.pdf?sfvrsn=4(검색일 2019.06.30).

35 김진우, 「인간배아 복제의 규제에 관한 국제적 동향」, 《법조》 제57권 제2호 (2007), 414-415쪽; 류병운, 앞의 글, 814쪽 참조.

36 한편, 최근 들어 유전자 편집기술을 적용한 인간배아 연구와 연계된 광범위한 과학적 성과를 통해 이 14일 규정의 문제점을 지적하는 윤리적, 법적 논의가 활발하다. 이에 대한 논의는 김한나, 「유전자 편집기술의 응용과 인간배아의 14일 연구 규정」, 《생명, 윤리와 정책》 제2권 제2호(2018), 47-64쪽 참조.

37 현 정부는 출범 초기부터 '바이오경제 활성화를 위한 규제 완화'를 정책 목표로 내세웠다. 즉, 정부는 현재 생명윤리법으로 제한되어 있는 잔여배아의 연구 범위(난임치료법 및 피임기술, 근이영양증, 그 밖에 대통령령으로 정하는 희귀·난치병) 및 유전자 치료에 관한 연구 범위[유전질환, 암, 후천성면역결핍증(AIDS), 그 밖에 생명을 위협하거나 심각한 장애를 불러일으키는 질병으로 한정 규제]를 선진국 수준으로 완화하려 한다.―과학기술정보통신부, 「2017년 과학기술 규제 개선방안 마련」, 2017년 12월 8일 참조. http://www.korea.kr/briefing/pressReleaseView.do?newsId=156242264(검색일 2019.06.30).

생명과학기술 연구에 대한 현 정부의 이러한 정책 기조를 어떻게 평가할 것인가는 또 다른 논의를 필요로 하는 문제이나, 앞서의 비교 분석을 통해 그 문제의식은 공유할 수 있다.

38 [표3]의 국제줄기세포학회 입장 참조.

39 2006년 가이드라인 제5.1절과 2016년 가이드라인 제1절('기본적 윤리 원칙') 참조.

40 2018년 11월 26일, 중국의 유명 과학자가 세계 최초로 유전자를 교정한 아기 출산에 성공했다고 주장하면서 큰 파문이 일었다. 그의 주장은 과학계와 국제사회의 지금까지의 보편적 합의를 깬 것으로, 중국 안팎에서 윤리적 논란을 일으켰다. 이에 중국 당국도 즉각 해당 연구자의 주장이 사실이라면 관련 법에 따라 처벌할 것이라며 조사에 착수했다. ―「中 과학자, 세계 최초 유전자 교정 쌍둥이 출산 주장」, 《뉴시스》, 2018.12.01 참조, http://www.newsis.com/view/?id=NISX20181130_0000489444&cID=10101&pID=10100 (검색일 2019.06.30).

41 독일에서는 태어난 인간 및 임신 중인 배아·태아를 대상으로 하는 유전자 검사는 「인간에 대한 유전자 검사에 관한 법률(Gesetz über genetische Untersuchungen bei Menschen)」이, '시험관' 속 배아에 대한 진단인 착상전 유전자 진단(PGD)은 기존의 배아보호법이 규율한다. 이에 대한 자세한 설명은 김나경, 「독일 유전자 검사법의 규율 구조 이해: 의료 목적 유전자 검사의 문제를 중심으로」, 《의료법학》 제17권 제2호(2016), 85-124쪽 참조.

참고문헌

1장

《성서》.

『論語』.

김재희, 『시몽동의 기술철학—포스트휴먼 사회를 위한 청사진』, 아카넷, 2017.

백종현, 『이성의 역사』, 아카넷, 2017.

Anderson, M., Anderson, S. L. (eds.), *Machine Ethics*, Cambridge Univ. Press, 2011.

Aristoteles, *Politica*, ed. by W. D. Ross, Oxford: 1957.

Barrat, James, *Our Final Invention: Artificial Intelligence and the End of the Human Era*, New York: Thomas Dunne Books St. Martin's Griffin, 2013.

Bègue, Laurent, *Psychologie du bien et du mal*, Paris: Odile Jacob, 2011; 이세진 옮김, 『도덕적 인간은 왜 나쁜 사회를 만드는가』, 부키, 2013.

Bryant, John, la Velle, L. B., Searle, J., *Introduction to Bioehtics*, John Wiley & Sons, 2005.

Dawkins, Richard, *The Selfish Gene*(1976), Oxford 2006(30th anniversary edition).

Laertios, Diogenes, *Vitae philosophorum*, ed. Miroslav Marcovich, Stuttgart·Leipzig: 1999.

Flanagan, Owen, *The Really Hard Problem: Meaning in a Material World*, MIT Press, 2007.

Good, Irving John, "Speculations Concerning the First Ultraintelligent Machine", *Advances in Computers*, vol. 6, 1965.

Hinde, Robert, *Why Good Is Good: The Sources of Morality*, London: Routledge, 2002.

Hume, David, *A Treatise of Human Naure*, L. A. Selby-Bigge 원편, P. H. Nidditch 재편, Oxford ²1978.

Johnson, Mark, *Morality for Humans—Ethical Understanding from the Perspective of Cognitive Science*, The University of Chicago Press, 2014; 노양진 옮김, 『인간의 도덕—윤리학과 인지과학』, 서광사, 2017.

Kurzweil, Ray, *The Age of Intelligent Machines*, MIT Press, 1990.

Kant, *Grundlegung zur Metaphysik der Sitten*[*GMS*]; 백종현 옮김, 『윤리형이상학 정초』, 아카넷, 2018(개정2판).

Kant, *Kritik der praktischen Vernunft*[*KpV*]; 백종현 옮김, 『실천이성비판』, 아카넷, 2019(개정2판).

Kant, *Metaphysik der Sitten*[*MS*]; 백종현 옮김, 『윤리형이상학』, 아카넷, 2012.

Putnam, Hilary, *The Collapse of the Fact/Value Dichotomy and Other Essays*(2002); 노양진 옮김, 『사실과 가치의 이분법을 넘어서』, 서광사, 2010.

Tegmark, Max, *Life 3.0: Being Human in the Age of Artificial Intelligence*, New York: Knopf, 2017; 백우진 옮김, 『맥스 테그마크의 라이프 3.0—인공지능이 열어갈 인류와 생명의 미래』, 동아시아, 2017.

Thompson, Willie, *Work, Sex and Power: The Forces that Shaped Our History*, London: Pluto press, 2015; 우진하 옮김, 『노동, 성, 권력』, 문학사상, 2016.

Wallach, Wendell, Allen, Collin, *Moral Machines—Teaching Robots Right from Wrong*, Oxford Univ. Press, 2009.

2장

박찬국, 「인간과 인공지능의 미래: 인간과 인공지능의 존재론」, 《현대유럽철학연구》 50집.

백종현, 「포스트휴먼 사회와 휴머니즘 문제」, 한국포스트휴먼연구소·한국포스트휴먼학회 편저, 『포스트휴먼 시대의 휴먼』, 아카넷, 2016.

박승억, 「인지과학과 현상학적 심리학」, 《철학과 현상학 연구》 32권, 2007.

신상규, 『호모 사피엔스의 미래—포스트휴먼과 트랜스휴머니즘』, 아카넷, 2014.

이종관, 「테크노퓨처리즘과 네오휴머니즘의 대결, 그리고 그 화해를 향하여 —트랜스휴머니즘, 인공생명, 하이데거를 중심으로—」, 《철학과 현상학 연구》 59집, 2013.

이혜영·안지현·유수연·김예원, 『트랜스휴머니즘과 포스트휴머니즘』, 한국 학술정보, 2018.

하대청, 「슈퍼휴먼이 된 장애인: 〈아바타〉, 트랜스휴머니즘, 교정의 명령」, 한국포스트휴먼연구소·한국포스트휴먼학회 편저, 『포스트휴먼 시대의 휴먼』, 아카넷, 2016.

니체, 임수길 옮김, 『반시대적 고찰』, 청하, 1982.

휴버트 드레이퍼스, 최일만 옮김, 『인터넷의 철학』, 필로소픽, 2015.

로랑 알렉상드르·장 미셸 베스니에, 양영란 옮김, 『로봇도 사랑을 할까—트랜스휴머니즘, 다가올 미래에 우리가 고민해야 할 12가지 질문들』, 갈라파고스, 2016.

마크 오코널, 노승영 옮김, 『트랜스휴머니즘』, 문학동네, 2018.

에리히 프롬, 『희망이냐 절망이냐』, 종로서적, 1983.

유발 하라리, 전병근 옮김, 『21세기를 위한 21가지 제언: 더 나은 오늘은 어떻게 가능한가』, 김영사, 2018.

유발 하라리, 조현욱 옮김, 『사피엔스: 유인원에서 사이보그까지, 인간 역사의 대담하고 위대한 질문』, 김영사, 2015.

Agatonović, Miloš, "The Case of Transhumanism: The Possibility of Application of Nietzsche's Ethics and Critique of Morality Today", *Philosophy and Society*, Vol. 29, No. 3, 2018.

Aydin, Ciano, "The Posthuman as Hollow Idol: A Nietzschean Critique of Human Enhancement", *The Journal of Medicine and Philosophy*, Volume 42, 2017.

Bishop, Jeffrey P. "Transhumanism, Metaphysics, and the Posthuman God", *The Journal of Medicine and Philosophy: A Forum for*

Bioethics and Philosophy of Medicine, Volume 35, Issue 6, December 2010.

Cassirer, E., "Philosophie der Symbolischen Formen, Dritter Teil: Phänomenologie der Erkenntnis", Darmstadt: 1994.

Heidegger, M., Grundbegriffe der Metaphysik, 전집 29/30권.

Graham, Elaine, "'Nietzsche gets a Modem': Transhumanism and the Technological Sublime", Literature&Technology, Vol. 16, No. 1, March 2002.

Pederson, Hans, "Heidegger and Korsgaard on Death and Freedom: The Implications for Postmodernism", Human Studies, Volume 39, Issue 2, May 2016.

Rae, Gavin, "Heidegger's influence on postmodernism: The destruction of etaphysics, technology and the overcoming of anthropocentrism", History of the Human Sciences, Vol. 27, 2014.

Rodríguez, Mariano, "Book Review of Nietzsche and Transhumanism. Precursor or Enemy?", Yunus Tuncel(ed.), Newcastle: Cambridge Scholars Publishing, Series: Nietzsche Now, 2017; Logos, Anales del Seminario de Metafísica, 51, 2018.

Spaemann, Robert, Philosophische Essays, Stuttgart: 1994.

Svenaeus, Fredrik, "What is an organ? Heidegger and the phenomenology of organ transplantation", Theor Med Bioeth 31, 2010.

Zimmerman, Michael E., "Last Man or Overman? Transhuman Appropriations of a Nietzschean Theme", The Hedgehog Review, Summer 2011.

3장

김익현, 「스피노자와 매체: 스피노자의 윤리학과 정치학을 중심으로」, 《시대와 철학》 14(1), 2003.

니클라스 루만, 렌첸 엮음, 이철·박여성 옮김, 『사회의 교육체계』, 이론출판, 2015.

미에치슬라브 마넬리, 손장권·김상희 옮김, 『페렐만의 신수사학: 새로운 세기의 철학과 방법론』, 고려대학교출판부, 2006.

알랭 바디우, 김병욱·박성훈·박영진 옮김, 『메타 정치론』, 이학사, 2018.

박기순, 「스피노자에서 언어와 정치」, 《시대와 철학》 18(2), 2007.

박충식, 「소셜 머신 또는 사회적 기계」, 《이코노믹리뷰》, 2018.11.01, http://www.econovill.com/news/articleView.html?idxno=348436.

박충식, 「기계들과의 공존 ─소셜 머신」, 『4차 산업혁명 시대, 인문학에 길을 묻다』, 2018 도서관 '길 위의 인문학' 인문포럼 성과물, 2018.

에릭 브린욜프슨·앤드루 맥아피, 정지훈·류현정 옮김, 『기계와의 경쟁 진화하는 기술 사라지는 일자리 인간의 미래』, 틔움, 2013.

클라우스 슈밥, 송경진 옮김, 『제4차 산업혁명』, 새로운현재, 2016.

이상형, 「윤리적 인공지능은 가능한가? ─인공지능의 도덕적, 법적 책임 문제」, 《법과 정책연구》 16(4), 2016.

이지영, 「스피노자: 언어의 힘과 공동체」, 《철학연구》 126, 2013.

이진순, 『듣도 보도 못한 정치: 더 나은 민주주의를 위한 시민의 유쾌한 실험』, 문학동네, 2016.

장준호, 「아리스토텔레스의 정치철학」, 《OUGHTOPIA》 26(1), 2011.

Athanasopoulos, P., Bylund, E., Montero-Melis, G., Damjanovic, L., Schartner, A., Kibbe, A., Thierry, G., "Two languages, two minds: flexible cognitive processing driven by language of operation", *Psychological Science* 26(4), 2015.

Brynjolfsson, Erik, Andrew Ma Afee, "Race research gainst The Machine", Research Brief, A major research initiative at the MIT Sloan School of Management, MIT center for Digital Business, 2012.

Esposito, Elena, "Artificial Communication? The Production of Contingency by Algorithms", *Zeitschrift für Soziologie* 46(4), 2017.

Hendler, James, Mulvehill, Alice, *Social Machines: The Coming Collision of Artificial Intelligence, Social Networking, and Humanity*, APress,

2016.

Hendler, Jim, Berners-Lee Tim, "From the Semantic Web to social machines: A research challenge for AI on the World Wide Web", *Artificial Intelligence* 174, 2010.

Laboratory for Social Machines, MIT Media Lab, https://www.media.mit.edu/groups/social-machines/overview/.

O'Hara, Kieron, "Social Machine Politics Are Here to Stay", *IEEE Internet Computing*, Volume 17, Issue 2, March-April 2013.

Orestis Palermos, Spyridon, "Social machines: a philosophical engineering", *Phenom Cogn Sci* 16, 2017.

Political Social Machines, https://sociam.org/political-social-machines.

Shadbolt, Nigel, Van Kleek, Max, Binns, Reuben, "The Rise of Social Machines: The development of a human/digital ecosystem", *IEEE Consumer Electronics Magazine*, April 2016.

Social Machine in wikipedia, https://en.wikipedia.org/wiki/Social_machine.

SOCIAM Project, https://sociam.org/, The SOCIAM Project is funded by the UK Engineering and Physical Sciences Research Council (EPSRC) under grant number EP/J017728/2 and comprises the Universities of Southampton, Oxford and Edinburgh.

Zhang, Lei, Tiropanis, Thanassis Hall, Wendy Myaeng, Sung-Hyon, "Introducing the omega-machine", WWW '14 Companion Proceedings of the 23rd International Conference on World Wide Web, 2014.

4장

고학수·정해빈·박도현,「인공지능과 차별」,《저스티스》통권 171호, 2019.

백종현,「인공지능의 출현과 인간 사회의 변동」, 한국포스트휴먼연구소·한국포스트휴먼학회 편저, 『인공지능과 새로운 규범』, 아카넷, 2018.

오요한·홍성욱, 「인공지능 알고리즘은 사람을 차별하는가」, 《과학기술학연구》
　　제18권 3호, 2018.

이상욱, 「인공지능의 한계와 일반화된 지능의 가능성: 포스트휴머니즘적 맥락」,
　　《과학철학》 제12권 1호, 2009.

임소연, 『과학기술의 시대: 사이보그로 살아가기』, 생각의힘, 2014.

전치형, 「포스트휴먼은 어떻게 오는가: 알파고와 사이배슬론 이벤트 분석」,
　　《일본 비평》 17호, 2017.

하대청, 「슈퍼휴먼이 된 장애인: 〈아바타〉, 트랜스휴머니즘, 교정의 명령」,
　　한국포스트휴먼연구소·한국포스트휴먼학회 편저, 『포스트휴먼 시대의
　　휴먼』, 아카넷, 2016.

하대청, 「웨어러블 자기추적 기술의 배치와 각본: 초연결 시대의 건강과
　　노동」, 한국포스트휴먼연구소·한국포스트휴먼학회 편저, 『제4차 산업혁
　　명과 새로운 사회 윤리』, 아카넷, 2017.

하대청, 「루프 속의 프레카리아트: 인공지능 속 인간 노동과 기술정치」, 한국포
　　스트휴먼연구소·한국포스트휴먼학회 편저, 『인공지능과 새로운 규범』,
　　아카넷, 2018.

Asaro, Peter M., "What should we want from a robot ethics?", *International review of information ethics* 6, 2006.

Austin, Sue, "Deep sea diving... in a wheelchair", *Ted Talk*, 2012,
　　https://www.ted.com/talks/sue_austin_deep_sea_diving_in_a_
　　wheelchair(검색일 2016. 05.20).

Braidotti, R., *The Posthuman*, Cambridge: Polity Press, 2013; 이경란 옮김,
　　『포스트휴먼』, 아카넷, 2015.

Carson, John, "The Culture of Intelligence", *The Cambridge history
　　of science*, vol.7. Theodore M. Porter and Dorothy Ross, eds.,
　　Cambridge University Press, 2003.

Choi, Taeyoon, "Artificial advancements", *The Critical Inquiry*, 2018,
　　https://thenewinquiry.com/artificial-advancements/(검색일
　　2019.01.05).

Collins, Harry M, "Expert systems and the science of knowledge", in

Wiebe E. Bijker, Thomas Parke Hughes, Trevor Pinch, eds., *The social construction of technological systems*, The MIT Press, 2012.

Davis, Lennard J., "The end of identity politics and the beginning of dismodernism", *Bending over backwards: disability, dismodernism, other difficult positions*, New York University Press, 2002.

Despret, Vinciane, "The Body We Care For: Figures of Anthropo-zoo-genesis", *Body & Society* 10, 2004.

Erard, Michael, "Why Sign-Language Gloves Don't Help Deaf People", *The Atlantic*, 2017, https://www.theatlantic.com/technology/archive/2017/11/why-sign-language-glo2011.ves-dont-help-deaf-people/545441/(검색일 2018.10.02).

Federici, S., *Caliban and the Witch: Women, the Body and Primitive Accumulation*, Automedia, 2004; 황성원 옮김, 『캘리번과 마녀』, 갈무리, 2011.

Freedman, David H., "The War on Stupid People", *The Atlantic*, 2016, https://www.theatlantic.com/magazine/archive/2016/07/the-war-on-stupid-people/485618/(검색일 2018.10.02).

Greenhough, Beth and Emma Roe, "From ethical principle to response-able practice", *Environment and Planning D: Society and Space* 28, 2010.

Hamraie, Aimi and Kelly Fritch, "Crip technoscience manifesto", *Catalyst: Feminism, Theory, Technoscience* 5(1), 2019.

Haraway, Donna, *When Species Meet*, Minneapolis, London: University of Minnesota Press, 2008.

Haraway, Donna, *Staying with the trouble: Making kin in the Chthulucene*, Durham: Duke University Press, 2016.

Hayles, N. Katherine, "The Cognitive nonconscious: Enlarging the mind of the Humanities," *Critical Inquiry* 42, 2016.

Holt, Jennifer and Patrick Vonderau, ""Where the internet lives": Data centers as cloud infrastructure." in Parks, Lisa & Starosielski, Nicole, eds., *Signal Traffic: Critical studies of media infrastructure*, Urbana, Chicago and Springfield: University of Illinois Press, 2015.

Hutchins, Edwin, "How a Cockpit Remembers its Speeds," *Cognitive Science* 19, 1995.

Ingstad, Benedicte and Susan Reynolds Whyte eds., *Disability and Culture*, Berkeley: University of California, 1995; 김도현 옮김, 『우리가 아는 장애는 없다: 장애에 대한 문화인류학적 접근』, 그린비, 1995.

Irani, Lilly, "Difference and dependence among digital workers: The case of Amazon Mechanical Turk", *South Atlantic Quarterly* 114(1), 2015.

Kaplan, J., *Artificial Intelligence: What Everyone Needs to Know*, Oxford University Press, 2016; 신동숙 옮김, 『인공지능의 미래』, 한스미디어, 2017.

Latour, Bruno, translated by Catherine Porter, *We have never been modern*, Harvard University Press, 1993·1991.

Latour, Bruno, "Why has critique run out of steam? From matter of facts to matters of concern", *Critical Inquiry* 30(2), 2004.

Latour, Bruno, *Reassembling the Social: An Introduction to Actor-Network-Theory*, Oxford University Press, 2005.

Martin, Aryn et al, "The politics of care in technoscience." *SSS* 45(5), 2017.

Mialet, Hélène, *Hawking Incorporated: Stephen hawking and the anthropology of the knowing subject*, Chicago and London: The University of Chicago Press, 2012.

Nayar, Pramod K, *Posthumanism*, Polity Press, 2014.

Newton, Casey, "The trauma floor: The secret lives of Facebook moderators in America", *The Verge*, 2019, https://www.theverge.com/2019/2/25/18229714/cognizant-facebook-content-moderator-interviews-trauma-working-conditions-arizona(검색일 2019.03.02).

Parks, Lisa and Nicole Starosielski eds., *Signal Traffic: Critical studies of media infrastructure*, Urbana, Chicago and Springfield: University of

Illinois Press, 2015.

Pickering, Andrew, *The Mangle of Practice: Time, Agency, and Science*, Chicago and London: The University of Chicago Press, 2002.

Puig de Bellacasa. Maria, "Matters of care in technoscience: assembling neglected things", *SSS* 41(1), 2011.

Russel, Stuart J. and Peter Novig, *Artificial Intelligence: A Modern Approach* 3rd ed., Pearson Education, Inc., 2010.

Shakespeare, T., *Disability Rights and Wrongs*, London: Routledge, 2006; 이지수 옮김, 『장애학의 쟁점: 영국 사회모델의 의미와 한계』, 학지사, 2013.

Starosielski, Nicole, *The Undersea Network*, Durham: Duke University Press, 2015.

Suchman, Lucy and Jutta Weber. "Human-machine autonomies." In Nehal Bhuta, Susanne Beck, Robin Geiβ, Hin-Yan Liu, Claus Kreβ, eds., *Autonomous Weapons Systems: Law, Ethics, Policy*, Cambridge: Cambridge University Press, 2016.

Suchman, Lucy, *Human-Machine reconfigurations: Plans and situated actions* 2nd edition, Cambridge University Press, 2007.

Wendell, S., *The Rejected Body: Feminist Philosophical Reflections on Disability*, New York: Routledge, 1996; 강진영·김은정·황지성 옮김, 『거부당한 몸: 장애와 질병에 대한 여성주의 철학』, 그린비, 2013.

Winance, Myriam, "Trying out the wheelchair: The mutual shaping of people and devices through adjustment", *Science, Technology & Human Values*, Vol. 31(1), 2006.

Wolfe, Cary, "Learning from Temple Grandin: Animal Studies, Disability Studies, and Who come after the subject", *What is Posthumanism*, University of Minnesota Press, 2010.

5장

「생명윤리 및 안전에 관한 법률」(시행 2017.12.12.)

김재호, 「줄기세포는 인간에게 친구인가, 적인가?」, 이상목 엮음, 『줄기세포 연구와 생명의료 윤리』, 아카넷, 2012.

문성학, 「인간배아의 도덕적 지위에 관하여」, 이상목 엮음, 『줄기세포 연구와 생명의료 윤리』, 아카넷, 2012.

박신화, 「메를로-뽕띠의 자연개념과 주체의 문제」, 《철학논집》 제27집, 2011.

서종희, 「배아 연구와 인간의 존엄과 가치: 헌재 2010.5.27. 선고, 2005헌마 346 전원재판부 결정에 대한 검토」, 《원광법학》 Vol.27, No.1, 2011.

신상규, 『호모 사피엔스의 미래: 포스트휴먼과 트랜스휴머니즘』, 아카넷, 2014.

안영하 외 4인, 「생명윤리 법제에서 나타나는 문제점에 관한 연구」, 《미국헌법연구》 제25권 제2호, 2014.

이향연, 『배아줄기세포 연구의 윤리적 쟁점에 관한 비판적 고찰』, 경북대학교 철학박사 학위논문, 경북대학교 대학원, 2017년 12월.

정영화, 「현대 헌법의 인간 존엄의 바이오(생명) 윤리 문제에 관한 연구」, 《헌법학연구》 Vol.16, No.4, 2010.

홍석영, 「인간 생명에 대한 결과주의적 접근의 문제점」, 《윤리연구》 제52호, 2003.

Beauchamp, T. L., Childress, J. F., *Principles of Biomedical Ethics*(7th edition), New York · Oxford: Oxford University Press, 2013

Bryant, J., Baggott la Velle, L., Searle, J., *Introduction to Bioethics*, John Wiley & Sons Ltd, 2005; 이원봉 옮김, 『생명과학의 윤리』, 아카넷, 2008.

De Saint Aubert, E., *Le Scénario cartésien, Recherches sur la formation et la cohérence de l'intention philosophique de Merleau-Ponty*, Vrin, 2005.

D. Forest, "L'Intentionnalité motrice, Grünbaum et Merleau-Ponty", M. Cariou…(ed.), *Mereau-Ponty aux frontières de l'invisible*, Associazione Cultural Mimesis, 2003.

Kelkel, A. L., "Merleau-Ponty et le problème de l'intentionnalité corporelle, Un débat non résolu avec Husserl", A.T. Tymieniecka (ed.), *Maurice Merleau-Ponty, le Psychique et le Corporel*, Aubier, 1988.

Kuhse, H., Singer, P., *A Companion to Bioethics*, Wiley-Blackwell, 2001; 변순용 외 옮김, 『생명윤리학』 제1권, 인간사랑, 2005.

Merleau-Ponty, M., *L'Union de l'âme et du corps chez Malebranche, Biran et Bergson*, Vrin, 1978.

Merleau-Ponty, M., *Phénoménologie de la perception*, Gallimard, 1945.

Merleau-Ponty, M., *Parcours 2, 1951-1961*, Verdier, 2000.

Merleau-Ponty, M., *La Structure du comportement*, P.U.F., 1942.

Merleau-Ponty, M., *Le Visible et l'invisible*, Paris: Gallimard, 1964.

Merleau-Ponty, M., *La Nature, Notes, Cours du Collège de France*, Seuil, 1995.

Merleau-Ponty, M., *Résumé de cours—Collège de France, 1952-1960*, Gallimard, 1968.

Merleau-Ponty, *Le Primat de la perception et ses conséquences philosophiques*, Cynara, 1986(1946).

Moore, K. L., Persaud, T. V. N., *The Developing Human: Clinically Oriented Embryology*(6th edition), 2002; 고재승 외 옮김, 『인체발생학』, 범문사, 2002.

Pence, G. E., *Who's Afraid of Human Cloning*, Rowman & Littlefield Publishers, 1998; 이용혜 옮김, 『누가 인간 복제를 두려워하는가』, 양문, 2001.

Singer, P., *Practical Ethics*, Cambridge University Press(3th edition), 2011; 황경식·김성동 옮김, 『실천윤리학』, 연암서가, 2013

Strong, C., "The Moral Status of Preembryo, Embryo, Fetuses, and Infants", *The Journal of Medicine and Philosophy*, Vol 22, Issue 5, 1997.

Talbot, M., *Bioethics: an introduction*, Cambridge: Cambridge University Press, 2012.

6장

곽노필, 「산업용 로봇 밀도, 한국 8년째 1위」, 《한겨레》, 2018.12.03, http://
www.hani.co.kr/arti/science/future/872757.html#csidx8801aa3d54c0
fceb6dcfdebbd881f2e(검색일 2019.04.15).

권기창·배귀희, 「과학기술 정책의 거버넌스 변화」, 《한국정책과학학회보》
10(3), 한국정책과학학회, 2006.

김건우, 「포스트휴먼의 개념적, 규범학적 의미」, 한국포스트휴먼연구소·한국
포스트휴먼학회 편저, 『포스트휴먼 시대의 휴먼』, 아카넷, 2016.

김성훈, 「기초과학 발목 잡는 헌법 127조 1항을 어쩌나」, 《주간조선》 2490호,
2018.01.08, http://weekly.chosun.com/client/news/viw.asp?ctcd=c0
2&nNewsNumb=002490100015—(검색일 2019.04.16).

김정욱 외, 『2016 다보스 리포트: 인공지능발 4차 산업혁명』, 매일경제신문사,
2016.

랭던 위너, 손화철 옮김, 『길을 묻는 테크놀로지』, 씨아이알, 1986·2010.

박재현, 「구글은 알고 있다, 내가 모르는 나의 과거를」, 《한국일보》, 2017.07.
15, http://www.hankookilbo.com/News/Read/201707150416360339
(검색일 2019.03.15).

박충식·손화철·하대청, 「정책 제안 1: 인공지능 사용 제품 및 서비스 영향
평가」, 『포스트휴먼 사회와 새로운 규범』, 아카넷, 2019.

박희제·김은성·김종영, 「한국의 과학기술 정치와 거버넌스」, 《과학기술학연구》
14(2), 한국과학기술학회, 2014.

변화를 꿈꾸는 과학기술인들, 「경제에 종속되어 있는 과학기술 조항 개정을
위한 대한민국 헌법 일부 개정에 관한 청원」, 변화를 꿈꾸는 과학기술
홈페이지, 2018, http://www.esckorea.org/board/debate/668(검색일
2019.04.01).

손화철, 「포스트휴먼 시대 앞에 선 기독교 세계관의 과제」, 《복음과 상황》 Vol.
330, 2018.03.

송경은, 「인간 유전자 편집 모라토리엄 선언」, 《매일경제》, 2019.03.13, https://
www.mk.co.kr/news/it/view/2019/03/152470/(검색일 2019.04.01).

송하중, 「한국 과학기술 거버넌스: 압축성장의 신화와 절박한 미래」, 《과학기술정책》 27(3), 과학기술정책연구원, 2017.

연합뉴스, 「中 과학자 "세계 최초 '유전자 편집' 아기 출산 성공"」, 2018년 11월 26일, https://www.yna.co.kr/view/AKR20181126074451097(검색일 2019.03.15).

이덕환, 「대한민국 과학기술의 현주소와 미래를 위한 노력」, 《철학과 현실》 120호, 철학과현실사, 2019.

이영희, 『과학기술의 사회학』, 한울아카데미, 2000.

전치형, 「헌법에 어울리는 과학기술」, 《한겨레》, 2018.01.18, http://www.hani.co.kr/arti/opinion/column/828407.html(검색일 2019.04.16).

한재각, 「백캐스팅」, 《에너지 백캐스팅과 방법론 세미나 자료집》, 에너지기후정책연구소, 2014.

한학수, 『여러분! 이 뉴스를 어떻게 전해드려야 할까요?』, 사회평론, 2006.

Barinaga, Marcia, "Asilomar Revisited: Lessons for Today?", *Science*, Vol. 287, Issue 5458, 2000.

Cohen, Julie E., "What Privacy Is For", *Harvard Law Review*, Vol. 126, 2013.

Ellul, Jacques, *The Technological Society*, trans. by John Wilkinson, Vintage Books, 1954·1964.

Executive Office of the President, "Artificial Intelligence, Automation, and the Economy", White House, 2016, https://obamawhitehouse.archives.gov/sites/whitehouse.gov/files/documents/Artificial-Intelligence-Automation-Economy.PDF(검색일 2019.04.16).

Kroes, Peter, Meijers, Anthonie, "Toward an Axiological Turn in the Philosophy of Technology", *Philosophy of Technology after the Empirical Turn*, Maarten Franssen et. al. eds., Springer, 2016.

Jonas, Hans, *The Imperative of Responsibility: In Search of an Ethics for the Technological Age*, trans. by Hans Jonas, David Herr, U. P. Chicago, 1984.

Franssen, Maarten et. al. eds., *Philosophy of Technology after the*

Empirical Turn, Springer, 2016.

Richards, Neil M., King, Jonathan H., "Big Data Ethics", *Wake Forest Law Review*, Vol. 49, 2014.

정책 제안 1

박충식·이창후, 「기계도덕지수」, 《제4차 산업혁명 시대 인문정책 방향》, 경제 인문사회연구회 인문정책연구총서 2017-02, 경제인문사회연구회, 2017.

손화철, 「인공지능 시대의 과학기술 거버넌스」, 한국포스트휴먼연구소·한국 포스트휴먼학회 편저, 『인공지능과 새로운 규범』, 아카넷, 2018.

오요한·홍성욱, 「인공지능 알고리즘은 사람을 차별하는가?」, 《과학기술학 연구》 18(3)호, 한국과학기술학회, 2018.

하대청, 「루프 속의 프레카리아트: 인공지능 속 인간 노동과 기술정치」, 한국포 스트휴먼연구소·한국포스트휴먼학회 편저, 『인공지능과 새로운 규범』, 아카넷, 2018.

아룬 순다라라잔, 이은주 옮김, 『4차 산업혁명 시대의 공유경제: 고용의 종말 과 대중 자본주의의 부상』, 교보문고, 2016.

캐시 오닐, 김정혜 옮김, 『대량살상 수학무기—어떻게 빅데이터는 불평등을 확산하고 민주주의를 위협하는가』, 흐름출판, 2017.

정책 제안 2

「생명윤리 및 안전에 관한 법률」

「생명윤리 및 안전에 관한 법률 시행령」

Gesetz zum Schutz von Embryonen.

Gesetz zur Sicherstellung des Embryonenschutzes im Zusammenhang mit Einfuhr und Verwendung menschlicher embryonaler Stammzellen.

Guidelines for Stem Cell Research and Clinical Translation.

Guidelines for the Conduct of Human Embryonic Stem Cell Research.

Human Fertilisation and Embryology Act 2008.

National Institutes of Health Guidelines for Human Stem Cell Research.

Statement on NIH funding of research using gene-edition technologies in human embryos.

고봉진, 「배아줄기세포 연구와 관련된 바이오 형법에서 규범과 의무」, 《형사법연구》 제19권 제2호, 2007.

과학기술정보통신부, 「2017년 과학기술 규제 개선방안 마련」, 2017년 12월 8일.

김나경, 「독일 유전자 검사법의 규율 구조 이해: 의료 목적 유전자 검사의 문제를 중심으로」, 《의료법학》 제17권 제2호, 2016.

김민우, 「배아줄기세포 연구의 지원을 위한 법적 과제」, 《법학논고》 제63집, 2018.

김민우·류화신, 「미국의 인간배아줄기세포 연구의 규제 동향」, 《홍익법학》 제16권 제1호, 2015.

김수갑, 「인간배아 복제의 허용 여부에 관한 법적 쟁점과 과제」, 《법학연구》 제20권 제1호, 2009.

김옥주·이준석, 「영국의 줄기세포 연구에 관한 윤리와 법정책: 역사적 배경과 현황」, 《생명윤리》 제6권 제1호, 2005.

김진우, 「인간배아 복제의 규제에 관한 국제적 동향」, 《법조》 제57권 제2호, 2007.

김한나, 「유전자 편집기술의 응용과 인간배아의 14일 연구규정」, 《생명, 윤리와 정책》 제2권 제2호, 2018.

김혁돈, 「줄기세포 연구와 배아 보호」, 《법학논고》 제32집, 2010.

김현철 외 3인, 『UNESCO 생명윤리와 인권보편 선언의 국내법적 제도화에 관한 연구』, 한국법제연구원, 2016.

뉴시스, 「中 과학자, 세계 최초 유전자 교정 쌍둥이 출산 주장 」, 2018년 12월 1일.

류병운, 「인간 복제를 규제하는 국제규범: 생명윤리 및 안전에 관한 법률의 문제점과 개정 방향 모색」, 《홍익법학》 제15권 제1호, 2014.

민경식·이정환, 「인간배아 복제연구에 관한 헌법학적 고찰」, 《법학논문집》 제38집 제1호, 2014.

박은정, 「생명윤리 및 안전 관련 입법정책」, 《생명윤리》 제4권 제1호, 2003.

박수헌, 「미 연방정부의 자금 지원을 통한 인간배아줄기세포 연구의 규제」, 《토지공법학연구》 제44권, 2009.

이상경, 「미국의 생명공학 연구 규제 입법의 헌법적 함의」, 《공법학연구》 제14권 제2호, 2013.

이향연, 「배아줄기세포 연구의 윤리적 쟁점에 관한 비판적 고찰」, 경북대학교 대학원 철학박사 학위논문, 경북대학교 대학원, 2017년 12월.

안영하 외 4인, 「생명윤리 법제에서 나타나는 문제점에 관한 연구」, 《미국헌법연구》 제23권 제2호, 2014.

연합뉴스, 「美 국립보건원 '키메라 배아' 연구비 중단 해제 방침」, 2016년 8월 5일.

이석배, 「생명윤리에 대한 형법적 보호의 범위와 한계」, 《동아법학》 제42권, 2008.

이수빈·김한나, 「인간배아 유전자 편집기술의 국외 규제 동향 및 시사점」, 《한국의료법학회지》 제26권, 제2호, 2018.

정문식, 「독일 줄기세포법상 줄기세포연구중앙윤리위원회의 구성과 사무」, 《헌법학연구》 제11권 제4호, 2005.

정준호·김옥주, 「미국 연구대상자 보호정책의 최신 동향」, 《생명윤리》 제18권 제1호, 2017.

최진일, 「헌재 2010.5.27. 선고, 2005헌마346 전원재판부 결정내의 인간배아 발생의 자연과학적 인식에 대한 비판적 고찰」, 《인간연구》 제33호, 2017.

Callaway, E., "UK Scientists gain licence to edit genes in human embryos", *Nature*, 2016.02.01.

Hilgendorf, E., 김영환·홍승희 옮김, 「남용된 인간의 존엄―생명윤리 논의의 예에서 본 인간의 존엄이라는 논증점의 문제점」, 한국법철학회·고봉진 엮음, 『생명윤리와 법』, 세창출판사, 2013.

찾아보기

저자약력

백종현(白琮鉉)·교신저자

서울대학교 명예교수. 한국포스트휴먼학회 회장. 서울대학교 철학과에서 학사·석사 과정 후 독일 프라이부르크 대학에서 철학박사 학위를 받았다. 인하대·서울대 철학과 교수, 서울대 철학사상연구소 소장, 서울대 인문학연구원 원장, 한국칸트학회 회장, 한국철학회 『철학』 편집인·철학용어정비위원장·회장 겸 이사장을 역임하였다.

주요 논문으로는 "Universality and Relativity of Culture"(*Humanitas Asiatica*, 1, Seoul, 2000), "Kant's Theory of Transcendental Truth as Ontology"(*Kant-Studien*, 96, Berlin &New York, 2005), "Reality and Knowledge"(*Philosophy and Culture*, 3, Seoul 2008) 등이 있으며, 주요 저서로는 *Phänomenologische Untersuchung zum Gegenstandsbegriff in Kants "Kritik der reinen Vernunft"*(Frankfurt/M. &New York, 1985), 『독일철학과 20세기 한국의 철학』(1998/증보판 2000), 『존재와 진리─칸트 〈순수이성비판〉의 근본 문제』(2000/2003/전정판 2008), 『서양근대철학』(2001/증보판 2003), 『현대한국사회의 철학적 문제: 윤리 개념의 형성』(2003), 『현대한국사회의 철학적 문제: 사회 운영 원리』(2004), 『철학의 개념과 주요 문제』(2007), 『시대와의 대화: 칸트와 헤겔의 철학』(2010), 『칸트 이성철학 9서5제』(2012), 『동아시아의 칸트철학』(편저, 2014), 『한국 칸트철학 소사전』(2015) 『포스트휴먼 시대의 휴먼』(공저, 2016), 『이성의 역사』(2017), 『제4차 산업혁명과 새로운 사회 윤리』(공저, 2017), 『인공지능과 새로운 규범』(공저, 2018) 『인간이란 무엇인가─칸트 3대 비판서 특강』(2018), 『한국 칸트사전』(2019) 등이 있고, 역서로는 『칸트 비판철학의 형성과정과 체계』(1992)//『임마누엘 칸트─생애와 철학 체계』(F. 카울바흐, 2019), 『실천이성비판』(칸트, 2002/개정2판 2019), 『윤리형이상학 정초』(칸트, 2005/개정2판 2018), 『순수이성비판 1·2』(칸트, 2006), 『판단력비판』(칸트, 2009), 『이성의 한계 안에서의 종교』(칸트, 2011), 『윤리형이상학』(칸트, 2012), 『형이상학 서설』(칸트, 2012), 『영원한 평화』(칸트, 2013), 『실용적 관점에서의 인간학』(칸트, 2014), 『교육학』(칸트, 2018) 등이 있다.

박신화

서울대학교 철학사상연구소 책임연구원

연세대학교 사회학과에서 학사, 서울대학교 철학과에서 석사를 마친 후 프랑스 파리1대학에서 철학박사학위를 받았다. 현상학과 현대 프랑스 철학이 주요 연구 분야이며, 현재는 현상학적 관점에서 포스트휴머니즘의 여러 문제를 진단하는 연구에 집중하고 있다. 메를로-퐁티의 철학에 관한 다수의 논문을 썼다.

박찬국

서울대학교 철학과 교수

서울대학교 철학과를 졸업하고 동대학원에서 석사학위를, 독일 뷔르츠부르크 대학교에서 철학박사학위를 받았다. 니체와 하이데거의 철학을 비롯한 실존철학이 주요 연구 분야이며 최근에는 불교와 서양철학 비교를 중요한 연구 과제 중 하나로 삼고 있다. 2011년에 『원효와 하이데거의 비교연구』로 제5회 '청송학술상', 2014년에 『니체와 불교』로 제5회 '원효학술상', 2015년에 『내재적 목적론』으로 제6회 '운제철학상', 2016년에 논문 「유식불교의 삼성설과 하이데거의 실존방식 분석의 비교」로 제6회 '반야학술상'을 받았으며, 『초인수업』은 중국어로 번역되어 대만과 홍콩 및 마카오에서 출간되었다. 저서로는 위의 책들 외에 『그대 자신이 되어라—해체와 창조의 철학자 니체』, 『들길의 사상가, 하이데거』, 『하이데거는 나치였는가』, 『하이데거의 《존재와 시간》 강독』, 『니체와 하이데거』 등이 있고, 주요 역서로는 『니체 I, II』, 『근본개념들』, 『아침놀』, 『비극의 탄생』, 『안티크리스트』, 『우상의 황혼』, 『상징형식의 철학 I』, 『상징형식의 철학 II』 등 다수가 있다.

박충식

유원대학교(아산캠퍼스) 스마트IT학과 교수

한양대학교 전자공학과를 졸업하고, 연세대학교 전자공학과(인공지능 전공)에서 공학박사를 취득하고, 1994년부터 유원대학교(구, 영동대학교) 교수로 스마트IT학과에 재직하고 있다. 구성주의적 관점의 인공지능 구현을 연구하고 있으며, 인문사회학과 인공지능의 학제적 연구에도 관심을 가지고 있다. 프란시스코 바렐라의 『윤리적 노하우』(갈무리, 2009)를 공역했고, 『제4차 산업혁명과 새로운 사회 윤리』(아카넷, 2017), 『인공지능의 존재론』(한울아카데미, 2018), 『인공지능과 새로운 규범』(아카넷. 2018)을 공저했다. 2016년 8월부터 현재까지 《이코노믹 리뷰》에 '박충식의 인공지능으로 보는 세상'을 연재하고 있다.

손화철

한동대학교 교양학부 교수(철학)

서울대학교 철학과를 거쳐 벨기에 루뱅대학교 철학부에서 '현대 기술과 민주주의'라는 주제로 박사학위를 취득했다. 세부 전공은 기술철학이고, 주요 연구 분야는 기술철학의 고전이론, 기술과 민주주의, 포스트휴머니즘, 빅데이터와 인공지능의 철학, 미디어 이론, 공학윤리, 연구윤리 등이다. 『랭던 위너』(컴북스, 2016)와 『현대기술의 빛과 그림자: 토플러와 엘륄』(김영사, 2006)을 썼고, 공저로 『4차 산업혁명이라는 거짓말』(북바이북, 2017), 『포스트휴먼 시대의 휴먼』(아카넷, 2016), 『과학기술학의 세계』(휴먼사이언스, 2014), 『한 평생의 지식』(민음사, 2012), 『과학철학: 흐름과 쟁점, 그리고 확장』(민음사, 2011) 등이 있으며, 닐 포스트먼의 『불평할 의무: 우리 시대의 언어와 기술, 그리고 교육에 대한 도발』(씨아이알, 2016)과 랭던 위너의 『길을 묻는 테크놀로지』(씨아이알, 2010)를 번역했다.

하대청

광주과학기술원(GIST) 기초교육학부 교수(과학기술학)

서울대학교 기계공학과를 졸업하고 미국산 쇠고기의 광우병 위험 논쟁을 연구한 논문으로 서울대학교에서 박사학위를 받았다. 지구적 위험 정치, 생의료기술의 윤리와 정치, 알고리즘과 데이터 정치, 포스트휴먼의 대안적 형상화에 대해 연구하고 있다. 최근에는 생존기증자 장기이식의 생명정치, 장애와 기술의 물질정치 등을 현장연구 하면서 글쓰고 있다. 『생명정치의 사회과학』, 『포스트휴먼 시대의 휴먼』, 『제4차 산업혁명과 새로운 사회 윤리』, 『인공지능과 새로운 규범』 등을 공저했다.

포스트휴먼사이언스 05

인공지능과 포스트휴먼 사회의 규범 3
포스트휴먼 사회와 새로운 규범

1판 1쇄 찍음 | 2019년 10월 24일
1판 1쇄 펴냄 | 2019년 10월 31일

엮은이 | 한국포스트휴먼연구소 · 한국포스트휴먼학회
펴낸이 | 김정호
펴낸곳 | 아카넷

출판등록 | 2000년 1월 24일(제406-2000-000012호)
주소 | 10881 경기도 파주시 회동길 445-3
전화 | 031-955-9511(편집) · 031-955-9514(주문)   팩시밀리 | 031-955-9519
www.acanet.co.kr

ⓒ 한국포스트휴먼연구소 · 한국포스트휴먼학회, 2019

Printed in Seoul, Korea.

ISBN 978-89-5733-651-9 94300
ISBN 978-89-5733-524-6 (세트)

이 도서의 국립중앙도서관 출판예정도서목록(CIP)은 서지정보유통지원시스템 홈페이지(http://seoji.nl.go.kr)와
국가자료공동목록시스템(http://www.nl.go.kr/kolisnet)에서 이용하실 수 있습니다.(CIP제어번호: CIP2019041310)

이 저서는 2016년 대한민국 교육부와 한국연구재단의 지원을 받아 수행된 연구임
(NRF-2016S1A6A7931386)